Jobs für Kommunikationstalente und Quasselstrippen

campus concret
Band 57

Uta Glaubitz hat sich nach ihrem Philosophiestudium als Berufsberaterin selbstständig gemacht. Sie bietet ihren Workshop *Individuelle Berufsfindung* – auch in Zusammenarbeit mit Schulen und Universitäten – im gesamten Bundesgebiet an. Bei Campus erschien ihr Bestseller *Der Job, der zu mir passt* (1999).
Information: www.berufsfindung.de

Uta Glaubitz

Jobs für Kommunikationstalente und Quasselstrippen

Machen Sie Ihre Stärke zum Beruf

Campus Verlag
Frankfurt/New York

Die Deutsche Bibliothek – CIP-Einheitsaufnahme

Ein Titeldatensatz für diese Publikation ist bei
Der Deutschen Bibliothek erhältlich
ISBN 3-593-36547-2

Umschlagmotiv: © The Image Bank
Umschlaggestaltung: Guido Klütsch
Satz: Fotosatz L. Huhn, Maintal-Bischofsheim
Druck und Bindung: Media-Print, Paderborn
Gedruckt auf säurefreiem und chlorfrei gebleichtem Papier.
Printed in Germany

Inhalt

Teil I
Machen Sie Ihre Stärke zum Beruf

Teil II
Reportagen

Teil IV
Service

Teil I

Machen Sie Ihre Stärke zum Beruf

Lieber arbeiten als sich langweilen.

Gustave Flaubert

Wenn ich so viel Erfolg hatte, dann nur, weil ich nie auf die Leute gehört habe, die dauernd sagten, was ich machen muss, um Erfolg zu haben.

Jack Nicholson, Hollywoodstar

Reden ist Silber. Schweigen ist Gold. Denken ist Platin – und alles zu seiner Zeit von unschätzbarem Wert.

Weisheit

1.

Mit Reden Geld verdienen

Macht es Ihnen Spaß, viel zu reden? Halten Sie mit Ihrem großen Kommunikationstalent ungern hinterm Berg? Haben Sie schon einmal darüber nachgedacht, aus diesem Talent einen Beruf zu machen? Dann hilft Ihnen dieses Buch, einen Job zu finden, der zu Ihnen passt.

Wenn Kommunikation Ihre große Stärke ist, bieten sich zahlreiche Karrieren an: Denken Sie nur an den Kontakter einer Werbeagentur, der zehn Stunden täglich per Telefon oder in Meetings mit Kunden, Grafikern und Textern spricht. Denken Sie an den Talkshowmaster, der mit flotten Sprüchen seine Gäste und das Publikum vor laufender Kamera unterhält. Oder an Kabarettisten, Autoverkäufer, Künstleragentinnen, an Leute, die auf Messen Software und im Kaufhaus Kosmetik vorführen, und schließlich an Politiker, Kommunikationstrainerinnen und Pressesprecher.

Auf den folgenden Seiten begegnen Sie Leuten, die in diesen Bereichen tätig sind – und quasseln. Außerdem machen wir Sie mit Berufen bekannt, von denen Sie noch nie im Leben gehört haben. Oder wissen Sie bereits, was eine Warm-Upperin, ein Art-Consultant oder ein Frauencoach macht? Oder wieso gerade Diskjockeys, Skilehrerinnen und Energieberater gut reden können müssen?

Worum geht's?

»Arbeit muss wehtun.« Und: »Qualität kommt von quälen.« Mit diesen und ähnlichen Sätzen sind die meisten von uns groß geworden. Kein Wunder also, dass viele blockiert sind, wenn es darum geht, ein eigenes Berufsziel zu finden, das nicht nur das nötige Kleingeld ins Portemonnaie schafft, sondern auch Spaß macht und ein erfülltes berufliches Leben verspricht. Traditionell läuft Berufsfindung etwa so: Man fragt sich:

- Was könnte ich mit dieser oder jener Ausbildung werden?
- Welche Stellen könnte es für mich geben?
- Was kann ich mit meinem Schulabschluss werden?
- Was kann ich mit meinem Notendurchschnitt studieren?
- Was kann ich mit meinem Studium werden?
- Welche Weiterbildungen werden vom Arbeitsamt angeboten?
- Was raten meine Eltern, meine Freunde, mein Partner, meine Partnerin?
- In welchen Berufen hat man heute die größten Chancen?

Leider helfen solche Fragen überhaupt nicht dabei herauszufinden, welcher Job wirklich zu Ihnen passt. Dieses Buch geht daher anders vor. Es fragt: Was für ein Typ sind Sie? Und welcher Beruf passt dazu? Zur Anregung finden Sie zahlreiche Berichte über Leute, die mit viel Reden viel Geld verdienen und eine Anleitung, wie Sie aus Ihrem kommunikativen Talent einen Job machen.

Dabei kommt es nicht darauf an, ob Sie bereits in einem Beruf arbeiten – und möglicherweise keinen Spaß daran haben – oder ob Sie als Schülerin, Student oder Arbeitsloser auf der Suche sind nach einer Tätigkeit, die zu Ihnen passt.

Berufliche Chancen für Quasselstrippen

Wenn Sie sich für dieses Buch entschieden haben, dann können und wollen Sie aller Wahrscheinlichkeit nach viel, ausdauernd und gut reden. Sie haben Lust am Quatschen und müssen sich nie überwinden, irgendwo mit irgendjemandem ein Gespräch zu beginnen. Einladungen, über dieses oder jenes zu parlieren, nehmen Sie bereitwillig an. Zeitgleich reden und denken stellt für Sie keine besondere Herausforderung dar.

Über das persönliche Gespräch hinaus schöpfen echte Quasselstrippen die Möglichkeiten moderner Telekommunikation voll aus. Ohne Telefon zu leben erscheint den meisten von ihnen schlicht unmöglich. Zusätzlich zum täglichen Redepensum neigen sie dazu, zahlreiche E-Mails (per Rechner) oder SMS (per Handy) durch die Welt zu schicken und sich in Internet-Chatrooms zu vergnügen.

In fast allen beruflichen Bereichen sind kommunikative Fähigkeiten heute unverzichtbar. Ob als Stewardess, Tauchlehrer oder Arzthelferin – überall treffen Sie mit anderen Menschen zusammen. Selbst ein Schriftsteller muss, zumindest zu Beginn seiner Karriere, bei einem Verlag für sein Manuskript werben. Ein Arzt muss im Gespräch mit Patienten mehr über die Krankheit und deren Ursachen herausbekommen. Darüber hinaus sind kommunikative Stärken auch für die Zusammenarbeit mit anderen hilfreich. Schließlich ist niemand sonderlich erpicht darauf, seinen Kollegen und Kolleginnen jedes Wort einzeln aus der Nase ziehen zu müssen.

Für echte Vielredner aber reicht ein normal kommunikativer Beruf möglicherweise nicht aus: Der richtige Job für eine echte Quasselstrippe ist der, in dem Kommunikation nicht lediglich ein Nebenprodukt darstellt. Kommunikation soll – im besten Fall – die Hauptrolle spielen.

Auf den ersten Blick bieten sich an: Radio und Fernsehen, Werbung und Marketing, Beratung und Weiterbildung, telefonischer Service, Politik, Training, Verkauf, Unterhaltung – das Einsatzgebiet für Quasselstrippen auf dem Arbeitsmarkt ist groß. Das Talent, viel und gut zu reden, hat Showgrößen wie Thomas Gottschalk und Harald Schmidt, Politiker wie Joschka Fischer und Regine Hildebrandt oder Trainerinnen wie Vera Birkenbihl ganz groß herausgebracht. Aber auch in weniger glamourösen Arbeitsgebieten wie in Verkauf und Beratung arbeiten Vielredner und Vielrednerinnen. Sie lösen die Probleme ihrer Kunden, verkaufen das richtige Produkt an den richtigen Käufer und leisten telefonischen Service. Public-Relations-Fachleute halten Medien und Öffentlichkeit über die Geschehnisse in einem Unternehmen, einer Organisation auf dem Laufenden. Berater für alle Lebenslagen, seien es berufliche Engpässe, Beziehungs- oder Motivationsprobleme, unterstützen ihre Klienten – vorwiegend redend.

Natürlich reicht kontinuierlicher Small-Talk für den beruflichen Erfolg nicht aus. Entscheidend ist, dass Sie etwas zu sagen haben, dass Sie wissen, wovon Sie reden und dass andere Ihnen folgen können. Eine Politikerin muss einen neuen Gesetzentwurf sehr genau verstanden haben, bevor sie ihn auf einer Pressekonferenz der Journalistenschaft präsentiert. Und ein Fernseh-Buchkritiker muss die zu besprechenden Bücher (und viele andere) gelesen und damit seine Hausaufgaben gemacht haben.

Was tun, wenn die entscheidende Qualifikation fehlt?

Wer gerade die Schule beendet hat und auf der Suche nach dem richtigen Job ist, kann sich durch eine Ausbildung oder ein Studium das Zusatzwissen aneignen. Viele Berufstätige aber schrecken davor zurück, noch einmal die Schulbank zu drücken.

Praxis-Box

Matthias Klopp (matthiasklopp@knackdienuss.com) ist Unternehmens- und Ideenberater in Berlin. Wir haben ihn gefragt, woher man zusätzliche Qualifikationen bekommt. Seine Antwort:

»Stellen Sie sich vor, Sie haben endlich einen Beruf gefunden, in dem Sie Ihr kommunikatives Talent Gewinn bringend einsetzen können. Doch Sie fühlen sich nicht ausreichend qualifiziert. Ihnen fehlt die Ausbildung, sie ist zu teuer oder würde zu lange dauern. Für dieses Problem gibt es eine effektive Lösung: das eigene Projekt.

Ein Projekt bietet Ihnen die Möglichkeit, im Kleinen das zu lernen, was Sie später im Großen machen wollen. Sie bilden sich selbst aus, sammeln erste praktische Erfahrung und erlernen alle Grundbegriffe Ihres zukünftigen Berufs. Bei einem ersten Auftritt im Offenen Kanal oder auf einem Straßenfest, beim Verkauf von selbst gebrautem Glühwein auf dem Weihnachtsmarkt oder als Sprecher einer Bürgerinitiative lernen Sie mehr über Ihren zukünftigen Beruf in Moderation, Verkauf und Politik als in einer langwierigen Fortbildung.

Sie sind außerdem nicht darauf angewiesen, dass das Arbeitsamt eine entsprechende Maßnahme anbietet. Stattdessen gestalten Sie sich Ihr eigenes Projekt so, wie es Ihnen am besten gefällt. Die Grundidee ist einfach: Am Anfang lernt man an kleinen Dingen, mit der Erfahrung steigern sich die Dimensionen.

Das Ausbildungsprinzip Projekt lässt sich in fast allen Bereichen umsetzen. Sie wollen Musikmanager werden? Organisieren Sie eine Konzertreihe in einer Kneipe. Sie wollen als Kommunikationstrainer arbeiten? Warum veranstalten Sie nicht in Ihrer Schule, Universität, Partei, Kirche oder im Verein Ihr erstes Seminar? Mit einem eigenen Projekt schaffen Sie sich Ihre berufliche Visitenkarte. Sie zeigen, was Sie können, indem Sie etwas ganz alleine auf die Beine stellen. Häufig werden andere durch eine solche Aktion auf Sie aufmerksam. Auch der Comedystar Olli Dietrich wurde auf einer Hamburger Kleinkunstbühne entdeckt.

Mit dieser Erfahrung im Rücken können Sie Ihrer beruflichen Zukunft viel gelassener entgegensehen. Sie haben gelernt, wie typische Abläufe Ihres Berufs aussehen und kennen auch die besonderen Probleme. Sie haben sich außerdem mit dem Branchenjargon vertraut gemacht. Damit steigern Sie ganz erheblich die Chancen, in Ihren neuen Beruf einzusteigen. Denn jeder, der sich später für Sie als Bewerber entscheidet, will sicher sein, dass er mit Ihrer Einstellung keinen Fehler macht.

Warten Sie also nicht darauf, dass andere Ihnen eine Ausbildung geben. Suchen Sie sich eine Aufgabe, die den Anforderungen Ihres zukünftigen Berufs entspricht, und bilden Sie sich in Ihrem eigenen Projekt selbst aus. Viel Spaß und viel Erfolg dabei!«

Warum reden manche viel und andere wenig?

Die meisten Kinder finden nichts dabei, auf wildfremde Leute zuzugehen und sie neugierig anzusprechen. Doch in vielen Fällen wird diese natürliche Kontaktfreudigkeit im Laufe der Entwicklung unterdrückt. »Da kannst du doch nicht einfach so hinlaufen und drauflos plappern. Du gehst dem doch auf die Nerven«, pfeifen Eltern ihre Kinder zurück.

Bei vielen Menschen wird so der Drang zur Kommunikation frühzeitig – und völlig unnötig – gebremst. Kein Wunder also, dass viele heute gehemmt sind, andere anzusprechen oder etwas vorzutragen. In einer Umfrage »Wovor haben Sie am meisten Angst?« rangiert auf Platz 6 *Krankheiten*, auf Platz 7 der *Tod*, auf Platz 1 jedoch: *vor anderen reden.*[1]

Über Leute, die viel reden, existieren zahlreiche Vorurteile. Die beiden häufigsten lauten: Quasselstrippen sind weiblich. Und: Quasselstrippen können nicht zuhören.

Damit wir im 2. Teil auch männliche Quasselstrippen und Meister im Zuhören vorstellen können, ein schneller Blick auf diese Vorurteile.

Vorurteil Nr. 1: Quasselstrippen sind überwiegend weiblich.

»Notwendige Voraussetzung zum Vielreden ist die Zugehörigkeit zum weiblichen Geschlecht.« Oder: »Mein Vater wurde vor

Jahren von einem Freund zur Rede gestellt, weil er meiner Mutter offensichtlich nicht zugehört hatte. Er antwortete aus tiefstem Herzen: ›Wenn ich meiner Frau immer zugehört hätte, wäre ich längst tot.‹« So lauten typische Sprüche zum Thema Quasseln.

Um das alte Vorurteil, Frauen würden per se mehr reden als Männer, zu überprüfen, haben wir eine kurze, nicht repräsentative Umfrage gestartet: Welche Prominente fallen Ihnen zum Begriff Quasselstrippe ein? Das Ergebnis:

1. Thomas Gottschalk
2. Regine Hildebrandt
3. Gabi Köster
4. Dieter Thomas Heck
5. Gisela Schlüter
6. Bärbel Schäfer
7. Elke Heidenreich
8. Verona Feldbusch
9. Harald Schmidt
10. Guido Westerwelle
11. Giovanni Trappatoni
12. Karl Lagerfeld

Aus dieser Liste wird bereits ersichtlich: Die Neigung zum Vielreden ist keinesfalls geschlechtsspezifisch verteilt.

Vorurteil Nr. 2: Quasselstrippen können nicht zuhören

Zugegeben: Manche Quasselstrippen reden lieber selbst, als den Worten anderer geduldig zu lauschen. Die Kritik an diesem Verhalten ist in vielen Fällen berechtigt. Trotzdem gilt für die meisten Vielredner: Wer gerne redet, ist darauf angewiesen, dass andere ihm ebenso gerne zuhören. Demzufolge sind die meisten Quasselstrippen durchaus bereit, anderen ihre Aufmerksamkeit zu schenken. Schließlich könnte sich aus dem Gehörten ein ganzer Wust von neuem Kommunikationsbedarf ergeben.

Nur wer gut zuhört, ist auch ein guter Gesprächspartner – und für Quasselstrippen ist es quasi existenziell notwendig, von anderen für eine fantastische Gesprächspartnerin, einen superben Gesprächspartner gehalten zu werden.

Über dieses Buch

Sie möchten wissen, wie man mit Vielreden Geld verdient? Der zweite Teil des Buchs präsentiert Ihnen Jobs für Kommunikationstalente und Quasselstrippen. Dabei haben wir darauf geachtet, überwiegend Berufe zu präsentieren, die sich auch für Umsteiger eignen, für die Sie also nicht unbedingt eine weitere formale Ausbildung oder ein zusätzliches Studium benötigen. Das bedeutet allerdings nicht, dass Sie keinerlei Fachkenntnisse brauchen. In den meisten Fällen werden Sie sehr viel dazulernen müssen. Ob Sie dafür jedoch (noch einmal) eine Ausbildung machen oder eine Universität besuchen, liegt ganz an Ihnen. In jedem Fall finden Sie Hinweise, wo es das nötige Zusatzwissen gibt und wie Sie Ihre Fähigkeiten ausbauen können.

Die vorgestellten Tätigkeiten werden durch konkrete Beispiele und Interviews mit Leuten aus der Praxis illustriert. Die großen Bereiche dabei sind:

- Radio, Fernsehen, Medien
- Politik
- Werbung & Öffentlichkeitsarbeit
- Verkauf
- Personalwesen
- Tourismus, Freizeit, Unterhaltung

Tipps von Experten, Literaturangaben, Adressen und Informationen runden den zweiten Teil ab.

Die vorgestellten Berufe dürfen jedoch über eins nicht hinwegtäuschen: Keines der Beispiele erspart es Ihnen, sich über den Job, der zu Ihnen passt, eigene Gedanken zu machen. Im dritten Teil finden Sie daher einen Workshop, der Ihnen zeigt, wie Sie sich ein individuelles Berufsziel erarbeiten. Schritt für Schritt erklären wir Ihnen, wie Sie klar über Ihre Fähigkeiten und Motivationen nachdenken können.

Im Schlusskapitel geht es darum, wie echte Quasselstrippen ihr wichtigstes Werkzeug, die Stimme, ordentlich hegen und pflegen. Denken Sie daran: Wenn Sie mit Reden Geld verdienen wollen, ist Ihre Stimme ein nicht zu ersetzendes Kapital. Tun Sie also, was Sie können, um Ihr Sprachorgan zu pflegen.

Die Arbeitswelt von heute ist voll von Anglizismen. Niemand bemüht sich mehr, deutsche Ausdrücke für Relocation oder Casting zu finden. Weil nicht jeder alles wissen kann, gibt es am Ende des Buchs ein kleines Wörterbuch für die im Text gebrauchten Begriffe.

Noch ein Tipp, bevor Sie mit dem Lesen beginnen: Umgeben Sie sich während der Lektüre dieses Buchs mit Leuten, die nicht nur reden, sondern Ihnen wirklich etwas zu sagen haben, und die Sie unterstützen. Bremsklötze mit ihrem ewigen »das bringt doch sowieso nichts« oder »das schaffst du nie« können Sie jetzt nicht brauchen. So habe auch ich mich während des Schreibens streng an diesen Grundsatz gehalten.

Viele Leute erscheinen heute in einem anderen Licht. Ich weiß jetzt, dass es kaum eine bessere Expertin in Verkauf und Marketing gibt als die Fachautorin Andrea Dornseif. Das gilt auch und vor allem für den Bereich Tourismus. Sämtliche Vorüberlegungen wurden maßgeblich durch die Kurverwaltung Usedom unterstützt. Was zu Beginn nach einer flüchtigen Schnapsidee aussah, entwickelte sich zu einem wichtigen Kapitel.

Bei den Prominenteninterviews mit Jörg Kachelmann, Werner Hansch und Regine Hildebrandt denke ich an Thorsten Reinke, der als Autor und Reporter der ARD anscheinend etwas gelernt hat. Für dieses Buch ist es ihm gelungen, den VIPs Anekdoten zu den Themen Quasseln und Beruf zu entlocken. Ihre Spürnase und ihr Spezialwissen um politische Skandale setzte Ulrike Hofmann diesmal dafür ein, Tätigkeitsfelder in der Politik zu recherchieren. Tausend Dank an alle.

2.

Fünf Fragen zu *Jobs für Kommunikationstalente und Quasselstrippen*

In diesem Buch geht es um die Frage, wie Sie für sich selbst ein Berufsziel erarbeiten – auch wenn Sie noch keinen blassen Schimmer haben, in welchem Bereich Sie Ihr Redetalent einsetzen könnten. Bevor Sie sich im Folgenden von Fernsehmoderatoren, Politikern und Trainern zu eigenen Berufsplänen inspirieren lassen, hier noch einige Antworten auf häufig gestellte Fragen.

Für wen eignet sich dieses Buch?

Dieses Buch gibt Berufssuchenden ein Werkzeug an die Hand, eigene berufliche Ziele auszuloten. Damit ist *Jobs für Kommunikationstalente und Quasselstrippen* geeignet für alle, die sich beruflich orientieren oder umorientieren möchten: Berufstätige und Arbeitslose, Schüler und Schülerinnen, Studenten und Studentinnen. Sie lernen, sich systematisch mit der Frage auseinander zu setzen, wie Sie Ihr berufliches Leben gestalten möchten. Dabei setzt die im zweiten Teil des Buchs geschilderte Methode der Individuellen Berufsfindung keine bestimmten Qualifikationen voraus, sondern die Bereitschaft, Ihre bisherige Biografie zu durchleuchten und neue Wege der Berufsfindung zu gehen.

Muss man heute nicht froh sein, überhaupt einen Job zu haben?

Wer heutzutage über Befriedigung im Beruf, Spaß an der Arbeit und vielleicht sogar über Traumberufe spricht, wird schnell mit Resignation und Aggressivität konfrontiert. »Heute kannst du froh sein, wenn du überhaupt etwas kriegst«, lautet die gängige Antwort. Auf der Suche nach echten Motivationen und Herzenswünschen wird man schnell zum Spinner abgestempelt.

Ist die Suche nach dem maßgeschneiderten Beruf nur etwas für gute Zeiten? Ganz sicher nicht. Denn gerade in schwierigen Situationen ist es für den Berufssuchenden notwendig, sich zu orientieren und konkret darüber nachzudenken, auf welchem Gebiet er wirklich arbeiten will. Schließlich ist er nur dort in der Lage, mit (zwangsläufig auftretenden) Rückschlägen fertig zu werden und langfristig gute Arbeit zu liefern. Dabei kann es sich niemand leisten, auf den Zufall zu hoffen und sich ohne einen konkreten Plan ziellos in der Arbeitswelt zu bewerben.

»Arbeit muss wehtun. Und wenn du mit etwas, was du gerne tust, dein Geld verdienst, macht es dir spätestens dann keinen Spaß mehr.« Solche und ähnliche Sprüche geistern durch die Welt der Berufsberatung. Bei unseren Recherchen haben wir jedoch eins festgestellt: Keine der befragten Quasselstrippen stöhnte über das mit den beruflichen Aufgaben verbundene Redepensum – im Gegenteil: Gerade der verbale Austausch mit anderen macht echte Kommunikationswunder am Arbeitsplatz zufrieden. Schließlich denkt auch niemand, Mick Jagger habe keine Lust mehr zum Singen, Oliver Bierhoff keine Lust mehr zum Fußballspielen und Jil Sander keine Lust mehr auf Mode. Die persönliche Leidenschaft und der Spaß an der Aufgabe sind vielmehr Voraussetzung für den beruflichen Erfolg.

Ist es nicht gefährlich, sich festzulegen?

Stellen Sie sich vor, Sie geben Ihr berufliches Ziel in einen Computer ein und starten ein Programm, mit dem der Computer automatisch den besten Weg findet, dieses Ziel auch zu erreichen. Das hört sich gut an? So einen Computer besitzen Sie bereits: Es ist Ihr Gehirn. Wenn Sie Ihrem Gehirn ein klar definiertes Ziel vorgeben, wird es auch einen Weg finden, dieses Ziel zu erreichen. Bleibt Ihre Software jedoch ohne klare Zielvorgabe, kann sie keinen Lösungsweg finden.

»Ich möchte gern etwas mit Medien machen« zählt noch nicht als klare Zielangabe. Denn oft ist die Spezialisierung einer Journalistin, eines Conférenciers oder Rechtsanwalts der Schlüssel zum Erfolg. Herkömmliche Berufsratgeber empfehlen oft das Gegenteil einer Spezialisierung: »Bleiben Sie flexibel, legen Sie sich nicht zu sehr fest, und halten Sie sich möglichst viele Optionen offen.« Diese Strategie bringt jedoch einen entscheidenden Nachteil mit sich: Als Bewerber, der sich alle Möglichkeiten offen hält, werden Sie bei Ihrer Arbeitssuche stets auf viele hundert andere Bewerber treffen, die sich ebenfalls alle Optionen offen gehalten haben. Arbeitgeber suchen aber nicht Leute, die sich alle Optionen offen halten, sondern Arbeitskräfte, die für ein ganz bestimmtes Problem in ihrem Betrieb, ihrer Redaktion oder Agentur eine Lösung anbieten können.

Wer garantiert mir, dass das Konzept der Individuellen Berufsfindung auch funktioniert?

Mithilfe der Individuellen Berufsfindung legen Sie zwei Dinge fest: Ihr persönliches berufliches Ziel und den Weg dorthin. Damit allein haben Sie Ihre Chancen auf dem Arbeitsmarkt bereits um ein Vielfaches erhöht, und zwar denen gegenüber, die weder über ein Ziel noch über eine Strategie verfügen – und das sind viele.

Der Rest wird sich an Ihrem persönlichen Einsatz, Ihrem Durchhaltevermögen und Ihrer Fähigkeit zur Überwindung des inneren Schweinehunds entscheiden. Wenn Ihnen auf dem Weg zu Ihrem beruflichen Erfolg Zweifel kommen, so akzeptieren Sie diese als vollkommen normale Erscheinung. Die meisten haben jahre- und jahrzehntelang diverse Abwehrmechanismen trainiert, wenn es darum geht, das eigene Schicksal selbst in die Hand zu nehmen. Einer dieser Mechanismen ist die Produktion von Versagensängsten.

Sind Sie wieder einmal an dem Punkt angelangt, an dem Sie »ganz sicher« sind, dass Ihre beruflichen Pläne niemals funktionieren werden, halten Sie sich eine Situation vor Augen, in der Sie etwas geschafft haben, das Sie (und alle anderen) vorher für unmöglich hielten. Dann wird Ihnen wieder bewusst, dass man so ziemlich alles schaffen kann, wenn man es sich erst einmal in den Kopf gesetzt hat. Und noch etwas: Alle erfolgreichen Quasselstrippen, die in diesem Buch vorgestellt werden, haben auch einmal klein angefangen.

Wer hilft mir, wenn ich nicht weiterkomme?

Zu Beginn Ihres Berufsfindungsvorhabens engagieren Sie ein Unterstützungskomitee von etwa zwei bis vier Freundinnen und Freunden, die Ihnen während Ihrer Berufsfindung zur Seite stehen. Niemand bleibt von Phasen verschont, in denen es schwierig wird, den nächsten Schritt zu planen, oder in denen Sie sich einfach nur wenig zuversichtlich fühlen.

Häufig scheitert ein Vorhaben daran, dass der Berufssuchende einen wahren Fundus an Vermeidungsstrategien bereithält, um gerade erst beschlossene Schritte auf keinen Fall in die Tat umsetzen zu müssen. Daher empfiehlt es sich, einen Freund einzuschalten, der einem gegebenenfalls auf die Füße tritt. Rufen Sie ihn an, sobald Sie eine Entscheidung gefällt haben. Teilen Sie ihm mit, bis wann welche Schritte in die Tat umgesetzt sein sollen. Verabreden Sie, dass er anruft und kontrolliert, ob Sie alles erledigt haben. Sie können Ihrem Freund, Ihrer Freundin auch eine Kopie Ihres schriftlich ausgearbeiteten Plans schicken. Bei Ankunft des Briefs gilt der Inhalt als verbindlich.

Diffuse Motivationsprobleme lösen Sie also am besten, indem Sie über andere Leute Verbindlichkeiten schaffen. Das Wichtigste aber ist: Wenn in Ihrem Berufsfindungsprozess Probleme auftauchen, so ist das für Sie noch lange kein Grund aufzugeben. Beweisen Sie stattdessen Problemlösungskompetenz, und finden Sie Mittel und Wege. Wenn Ihnen keine einfallen, fragen Sie jemanden, der erfahrener ist als sie. Aber lassen Sie sich nicht auf halbem Weg von lösbaren Problemen entmutigen.

Teil II
Reportagen

Die besten Berufe für Quasselstrippen? Frisör, da läuft vor jedermanns Auge gleich ein Film ab, genauso wie Propagandist (Kosmetik, Gemüsehobel oder Bananen), Telefonzentrale, Vorzimmer, Sprechstundenhilfe, Anwaltsgehilfe, Anwalt, Apotheker, Kräuterladen und natürlich diese Leute, die Zeit schinden bei den Call-Centern.

Regina-C. Henkel, Wirtschaftsjournalistin

In Zeiten drahtloser Telekommunikation eignen sich als Jobs für Quasselstrippen vermutlich auch: Tiefseetaucher, Forscher in einer Antarktisstation, Einsiedler, Sennerin oder Eremit.

Ines Bergfort, Übersetzerin

Alles, was man *weiß* und nicht bloß rauschen oder brausen hört, lässt sich in drei Worten sagen.

Ludwig Wittgenstein

3.
Radio, Fernsehen, Medien

Nachrichtensprecherin, Talkshowmaster, Sportreporterin, Kabarettist – die Jobs der Medienlandschaft lesen sich wie eine Liste der Traumberufe für Quasselstrippen. Kein Wunder also, dass Vielredner wie Thomas Gottschalk, Gabi Köster oder Sabine Christiansen es hier zu Ruhm gebracht haben. Weitere prominente Quasselstrippen aus Funk und Fernsehen: Dieter Thomas Heck, Gabi Töpperwien, Harald Schmidt, Gisela Schlüter, Verona Feldbusch und Stefan Raab. International bekannt sind die amerikanische Reporterin Oprah Winfrey, Late-Night-Moderator David Letterman und ABC-Nachrichtensprecher Peter Jennings.

Auch exotische Jobs hat die Branche zu bieten. Beispiel: Jürgen Kuttner. Er ist Deutschlands profiliertester Moderator für Talk-Radio, ein Radioprogramm, in dem fast ausschließlich geredet wird. Oder Jörg Kachelmann: Der Schweizer verdient mit seinen Wetterpräsentationen inzwischen Millionen. Oder Alfred Biolek: Der Doktor der Juristerei wurde nicht nur als Talkshow-Host, sondern auch als Fernsehkoch berühmt. Gemeinsam ist den Jobs in der Medien- und Unterhaltungsbranche ein Hauch von Glamour und die Möglichkeit, berühmt zu werden.

Info-Box

Informationen zur Ausbildung in Medienberufen bei:

Ausbildung in Medienberufen –
KoordinationsCentrum
Im Mediapark 7
50670 Köln
Telefon: (0221) 5743232
Telefax: (0221) 5743239
www.aim-mia.de

Evangelische Medienakademie
Emil-von-Behring-Str. 3
60439 Frankfurt/Main
Telefon: (069) 58098207
Telefax: (069) 58098254
www.gep.de

Dorothee Berendes, *Top Medien 2000. Die wichtigsten Adressen und Ansprechpartner*, Frankfurt/Main 2000

Jürgen Deters, Carsten Winter (Hg.), *Karriere in der Medienbranche. Anforderungen, Schlüsselqualifikationen, Ausbildungssituation*, Frankfurt/New York 1997

Radioreporter

Auch Frauke Gust redet gern und viel. Das gehört zu ihrem Beruf: Sie ist Reporterin bei Radio 88.8 vom Sender Freies Berlin. Dort berichtet sie über alles, was die Hauptstadt und das Umland bewegt: Politik und Wirtschaft, Kunst und Kultur, Nachrichten und bunte Geschichten. Sie redet mit Betroffenen und Politikern, Augenzeugen und Prominenten. Ihr Job ist zu fragen, was den Zuhörer interessiert: Was ist geschehen? Wann? Wo? Wie viele? Warum?

Gusts Karriere begann mit einer Kleinanzeige im Berliner Stadtmagazin *Tip*: »Neues Radioprojekt sucht Mitarbeiter«. »Das war damals ein gutes Sprungbrett für mich. Schnell durfte ich Redaktionsarbeit leisten, moderieren und mich schließlich auch als Programmleiterin bewähren«, erzählt Gust. Nach einem Jahr eröffnet sie ein kleines Journalistenbüro, schreibt für Zeitungen und Magazine und arbeitet als Freie für den öffentlich-rechtlichen Rundfunk.

Um heute als Radioreporterin gute Beiträge zu liefern, muss Gust vor allem auf Menschen zugehen können. Dabei hält sie Umfragen für die beste Übung: »Wildfremde Leute auf offener Straße ansprechen und fragen, das übt. Rangehen, dranbleiben, sage ich immer. Und sich nicht abschrecken lassen.« Manchmal erzählen Leute der Reporterin ganz persönliche Geschichten. »Meine Fragen sind durch meine Arbeit legitimiert, nichts muss mir peinlich sein. Das Mikrofon ist dann Waffe und Versicherung zugleich«, beschreibt Gust ihren Job. Vom Blindenheim in Hohenschönhausen bis zur Berlinale-Pressekonferenz mit Bruce Willis beackert sie jedes Thema, das ihr interessant scheint.

Für eine wichtige Job-Voraussetzung hält Gust den selbstbewussten Umgang mit Frustrationen: »Wenn ein Themenvorschlag oder eine Idee abgelehnt wird, kann man nicht gleich verzweifeln. ›Bestimmt hat eine andere Redaktion Interesse‹, denke ich mir dann.« Und Gust erzählt, wie einer ihrer Artikel über die Verwendung von russischen Elementen in der Werbung überall abgelehnt wurde. Trotzdem war sie von dem Thema überzeugt und schickte ihre Zeilen an den *Spiegel*. Auch von dort bekam sie eine Ablehnung, diesmal aber mit einem freundlichen und persönlichen Brief. »Weiter so«, stand drin, »und ich erkannte: Auch Absagen können motivieren.«

Neben dem Spaß, den sie an ihrer Arbeit als Radioreporterin hat, sieht Gust ihren Beruf auch kritisch: »Leider ist es häufig Fast-Food-Journalismus. Für einen Beitrag hast du zwei Stunden Zeit, da bleibt nur wenig Raum für eine langfristige Konzentration auf Themen und Menschen.« Oft möchte Gust Sachen genauer wissen, tiefer nachfragen und recherchieren. Im Tagesjournalismus ist das wegen des Aktualitätsdrucks jedoch nicht immer möglich.

Gusts persönlicher Tipp für Leute, die sich für die Radiomoderation interessieren: »Wenn du Lust hast, etwas aus dir rauszulassen, dann lass es raus. Und denke nie ›Das kann ich nicht‹.« Sie selbst befolgt diesen Rat und arbeitet zusätzlich für die Abteilung Hörfunkfeature und als Moderatorin der wöchentlichen Satire Sendung *Das war's, war's das?*

Info-Box

Gute Einstiegsmöglichkeiten bieten nichtkommerzielle Radioprojekte wie Bürgerfunk oder Uniradio.

Seminare für Profis und Einsteiger bietet an:

Deutsche Hörfunkakademie
Nollendorfplatz 2
44339 Dortmund
Telefon: (02 31) 98 89 00
Telefax: (02 31) 9 88 90 25
www.hoerfunkakademie.de

Eine Weiterbildung zum Rundfunkredakteur gibt es bei der:

Journalistenschule Lernradio
Bruchsal
Karlsruher Str. 20
76646 Bruchsal
Telefon: (0 72 51) 9 12 30
Telefax: (0 72 51) 91 23 50
www.radio-aus-bruchsal.de

Axel Buchholz, Walther von LaRoche, *Radio-Journalismus. Ein Handbuch für Ausbildung und Praxis im Hörfunk*, München 1993
Heinz Pürer, *Praktischer Journalismus in Zeitung, Radio und Fernsehen*, Konstanz 1996
Udo Zindel, Wolfgang Rein, *Das Radio Feature. Inkl. CD mit Hörbeispielen. Ein Werkstattbuch*, Konstanz 1997

Fußballkonferenzschaltungsreporter

Eine ganz besondere Spezies unter den Reportern ist der Fußballreporter. Oder besser noch: der Fußballkonferenzschaltungsreporter. Zu bestaunen jeden Samstagnachmittag auf allen öffentlichrechtlichen Radiosendern. Selbst Anti-Fußballer haben oft Spaß an den schnellen, aufgeladenen Reportagen aus den Stadien der Bundesliga. Schnell wird zwischen den einzelnen Reportern hin und her geschaltet (»Ich höre, es gibt Strafstoß in München«), um die spannendsten Augenblicke der Sportereignisse live über den Sender zu schicken. Hier mitreden zu dürfen ist ein echter Traumjob für Quasselstrippen.

Interview

Werner Hansch ist eine Art Kultfigur unter den Fußballkonferenzschaltungsreportern. Der eingefleischte Schalke-04-Fan gilt mit seinem Ruhrgebietsakzent als Urgestein des deutschen Sportjournalismus.

Frage: War Fußballkonferenzschaltungsreporter schon immer Ihr Traumberuf?

Hansch: Um ehrlich zu sein: Ich war ein Spätstarter. Mit vierzig stand ich zum ersten Mal vor einem Radiomikrofon, gleich bei einem echten Skandalspiel: 2. Liga, Preußen Münster gegen Bayer Leverkusen. Das war am 4. November 1978, ein Tag, den ich nie vergessen werde. Ein Spiel mit vier Roten Karten, und ich als Anfänger. Nach dem Spiel dachte ich mir: »Das war's, Werner, das erste und letzte Mal Fußball-Live-Reporter!« Zu meiner Überraschung sagte mein Chef bei der anschließenden Redaktionskonferenz: »Gut gemacht, Junge!« Danach dauerte es keinen Monat mehr bis zu meiner ersten Bundesliga-Konferenzreportage.

Frage: Brachten Sie wenigstens einen Lebenslauf mit, der den Redaktionsleiter überzeugte?

Hansch: Mitnichten! Denn eigentlich kam ich nicht vom Ball, sondern vom Sattel. Während meines Studiums verdiente ich mir meine Sporen als Rennbahnkommentator. Sie hätten mich nachts wecken können und ich hätte die Tiere am Hufklang erkannt, so routiniert war ich, als WDR-Sportchef Kurt Brumme bei einem Dienstausflug auf die Trabrennbahn Gelsenkirchen kam. Obwohl ich dem Mann erklärte, dass auch ich manchmal nur schemenhaft erkennen konnte, wer gewonnen hat, fand er meine Laufreportagen »ungeheuer flüssig« und gab mir seine Karte. Ich solle doch mal anrufen. Das habe ich dann getan. Auch von der Ausbildung her sah es nicht so aus, als würde ich mal Fußballkommentator. Ein Jura- und Geschichtsstudium musste ich abbrechen, als meine Eltern kurz hintereinander starben. Erst viel später habe ich ein zweites Studium angefangen, um Lehrer zu werden. Da traf ich dann, schicksalshaft, den Sportchef des WDR.

Frage: Haben Sie auch als Kind viel geredet?

Hansch: Im Gegenteil! Ich war ein ruhiges Kind mit Berufswunsch Lokomotivführer; keine Spur von Quasselstrippe und nervig. Das mit dem Reden muss sich erst später entwickelt haben.

Frage: Kann man viel reden lernen?

Hansch: Ich glaube, dass jeder auf dem Gebiet Fähigkeiten entwickeln kann. Zum Vielreden gehört zunächst erst einmal Sicherheit. Ein Vielredner muss sich wohl fühlen in der Situation und in der Rolle, in der er sich befindet. Dabei muss sich eine Art Routine herausbilden, mit der die Quasselstrippe dann arbeiten kann. Wenn ein gewisser Automatismus einsetzt, lässt es sich besser an den wichtigen Feinheiten arbeiten, wie Betonung, Stimmhöhe oder Wortwitz.

Frage: Welchen Tipp geben Sie jemandem, der Fußballkommentator werden will?

Hansch: Wenn du die Routine vor dem Mikro hast, versuche deinen Stil zu entwickeln. Deine Stimme muss unverwechselbar werden. Wie oft du dich versprichst ist zweitrangig. Hauptsache, du bist sicher in der Geschehensaufnahme, kannst erfassen, abspulen und unmittelbar umsetzen, was du gesehen hast. Ohne Stimme gibt es keine Karriere, aber die Stimme kommt mit der Persönlichkeit, die du mit einbringst. Deine Wortwahl, dein Wortwitz und deine Betonung: All das sind Teile deiner Persönlichkeit, und die gilt es herauszuarbeiten. Nicht gekünstelt und gestelzt, sondern ehrlich als ein Teil von dir – individuell und unverwechselbar.

Info-Box

Josef Hackforth, Christoph Fischer, *ABC des Sportjournalismus*, Konstanz 1994

Josef Hackforth, Michael Schaffrath, *Ein Blick zurück nach vorn. Sportjournalisten erinnern sich*, Berlin 1998

Fernsehmoderator

Wie kommt ausgerechnet Thomas Gottschalk auf Platz 1 der Liste prominenter Quasselstrippen? Eine Vermutung liegt nahe: Showmaster personifizieren wie niemand sonst das Prinzip Erfolg durch Vielreden. Dabei stellen Prime-Time-Sendungen wie Linda de Mols *Traumhochzeit* oder Dieter Thomas Hecks *Melodien für Millionen* den Höhepunkt einer Moderatorenkarriere dar. Der Weg nach oben führt in der Regel über zahlreiche Talk-, Spiel- und Late-Night-Shows, Nachrichten und Boulevardmagazine. Hier moderieren Eintagsfliegen oder die Stars von morgen.

Fernsehmoderatoren führen den Zuschauer durch die Sendung. Sie schaffen Überleitungen, moderieren Themen an und ab, stellen Gäste vor und führen Interviews. Viele arbeiten auch redaktionell oder bereiten Themen in enger Zusammenarbeit mit den Autoren und Redakteuren auf. Da Moderatoren für das Publikum einen emotionalen Bezugspunkt zum Programm darstellen, nennt man die profiliertesten unter ihnen auch Anchorman oder Anchorwoman.

Anchorwoman des *Abendjournals* beim Ostdeutschen Rundfunk Brandenburg ist Madleine Wehle. Die Sendung läuft täglich um 19 Uhr, berichtet wird über Neuigkeiten und bunte Geschichten aus Berlin und Brandenburg. Wehles Schlüsselerlebnis in punkto Reden liegt allerdings schon weit zurück: In der Arbeitsgemeinschaft Junge Rezitatoren musste sie im zarten Alter von zehn Jahren Prosa vortragen und dabei auf Melodie und Rhythmus achten. Danach hörte sie bei Fernsehmoderatoren immer genau hin und bewertete kritisch, ob sie falsch oder korrekt betonen.

Wehle war nicht immer eine Vielrednerin. »Früher hielt ich mich für einen introvertierten Kopfmenschen. Da schien mir die Arbeit am Schreibtisch statt vor der Kamera viel erstrebenswerter«, erklärt sie ihren ursprünglichen Berufswunsch Redakteurin. Zu einem Casting gebeten fand sie sich »einfach erschütternd bekloppt«. Doch ein Anfang war gemacht – Spannung und Neugier spornten sie an, sich weiter vor der Kamera zu versuchen.

Welche Voraussetzungen man für die Fernsehmoderation benötigt? Man müsse den Zuschauer in kurzer Zeit an ein Thema heranführen, es erklären und spannend machen, so Wehle. Daher ist es wichtig, pointiert zu formulieren. »Im Bild muss es immer so aussehen, als wäre das Thema *dein* Ding schlechthin, von dem *du* die Ahnung hast. Schließlich ist der Moderator in dem Moment Experte«, erklärt sie ihren Job.

Außerdem wichtig: Interesse an Neuem, schauspielerisches Können in Mimik und Gestik, sprachliche Fertigkeiten, also richtig sprechen und betonen zu können. Die Zuschauer müssen über Bild und Ton an die Sendung gebunden werden, sonst schalten sie um. »Natürlich gehört auch ein tief sitzender Wunsch und die wohlige Vorstellung dazu, von vielen Menschen wahrgenommen zu werden. Menschen, die dir im besten Fall zuhören«, beschreibt Wehle die Lust am Lampenfieber, an dem »gewissen Kick, wenn das Rotlicht angeht«.

Wie überall im Fernsehen gehört auch zur Moderation eine Menge Stress. »Täglich um Punkt soundso viel Uhr sendest du, egal was vorher alles schief gelaufen ist. Das Ergebnis lässt sich sehen und kritisieren, sofort und unmittelbar.« Besonders aufregend sind Live-Sendungen mit Studiopublikum. Da ist der Kontakt ohne Umwege und der Applaus direkt zu hören.

Wehles Tipp für Leute, die sich für die Fernsehmoderation interessieren? »Als oberstes Gebot gilt: Machen, machen, machen! Jedes Casting mitnehmen, jede Chance wahrnehmen. Vor allem private Sender bieten dazu eine Menge Möglichkeiten.«

Info-Box

Eine gute Möglichkeit, erste Erfahrungen vor der Kamera zu sammeln, sind Offene Kanäle. Unterstützung gibt es durch:

Bildungszentrum Bürgermedien
Prinzregentenstr. 48
67063 Ludwigshafen
Telefon: (06 21) 52 20 15
Telefax: (06 21) 51 09 28
bildung-ok@t-online.de

Bayerische Akademie für Fernsehen
Betastr. 5
85774 Unterföhring
Telefon: (0 89) 4 27 43 20
Telefax: (0 89) 42 74 32 23
www.fernsehakademie.de

Talk-Radio-Moderator

Talk-Radio ist ein speziell für Quasselstrippen entwickeltes Medium. Während nahezu alle Radioprogramme auf Musik setzen, wird beim Talk-Radio, wie der Name schon sagt, geredet: Zu ernsten oder spaßigen Fragen – und manchmal auch ganz ohne Thema – diskutiert ein Moderator stundenlang mit den Anrufern. Die Dialoge werden sämtlich live übertragen, nur ab und zu gönnt ein eingespieltes Musikstück dem Moderator (und den Zuhörern) eine Verschnaufpause.

Talk-Radio gibt es auch im Fernsehen. Besonders bekannt ist die vom WDR parallel in Radio und Fernsehen ausgestrahlte Sendung *Domian*. Über 100 000 Zuhörer und Zuschauer verfolgen zu nächtlicher Stunde Jürgen Domians Gespräche um psychologische Themen, persönliche Probleme, besondere Erlebnisse oder Schwierigkeiten mit der Umwelt. Für harte Fälle stehen im Hintergrund Psychologen bereit, die das Gespräch bei Bedarf übernehmen.

Interview

Jürgen Kuttner von Radio Fritz (ein Jugendprogramm des Ostdeutschen Rundfunk Brandenburg in Potsdam) gilt als Vater des deutschen Talk-Radios.

Frage: Wie sind Sie auf die Idee gekommen, Talk-Radio zu machen?

Kuttner: Am Anfang habe ich in einem Blasorchester gespielt und musste dort die Ansagen übernehmen. Das verlängerte die Aufführungszeit von drei auf zwölf Stunden. Nachdem ich mit dem Blasen nicht so viel Erfolg hatte, wechselte ich zur Zeitung, zur Ost-*Taz*, um genau zu sein. Und über den Radio-Jugendsender DT64 kam ich ans Mikrofon. Dann sah ich den Oliver-Stone-Film *Talk Radio* und dachte mir: »Jooo, Talk-Radio, das müssen wir auch machen.« Nur, wer sollte es machen? Die Redaktion meinte, dass ich sowieso immer am meisten quatsche und deswegen da am besten hinpassen würde.

Frage: Braucht man eine Veranlagung zum Vielreden, um Talk-Radio zu machen?

Kuttner: Zunächst einmal: Ich hasse verbale Wasserwerfer, die nur reden um des Redens willen. Aber wenn es mir um etwas geht, dann bin ich ungerecht, laut, ich unterbreche und rede viel. Privat schätze ich mich eher ruhig ein, in der Öffentlichkeit ist das Vielreden oft einfach eine Frage der Notwehr. Inzwischen erwartet man Schlagfertigkeit und wortreiches Dauerfeuer von mir. Was wichtig ist: Neugier, Kommunikativität und ein Bereich, in dem man sich auskennt, von dem man Ahnung hat. Dann kommt die Vermittlung: Mach den Bereich so interessant, dass auch jemand, der das eigentlich blöd findet, plötzlich am Ball bleibt. Versuch zum Beispiel Fußball einer gut aussehenden Frau auf einer Party so schmackhaft zu machen, dass sie mit dir ab sofort in jede Fankurve geht. Such dir ein Thema, verpack es ordentlich, und schon hast du eine Unterhaltung, in der *du* der Experte bist. Meine Rolle beim Talk-Radio sehe ich dabei nicht als egomaner Dauerredner, eher als behutsamer Performer und Entertainer, der die Leute animiert.

Frage: Was sind Ihre Lieblinsgsthemen beim Talk-Radio?

Kuttner: Natürlich gibt es verschiedene Ansätze für Talk-Radio. Ich würde zum Beispiel niemals politische Diskussionen à la *Internationaler Frühschoppen* machen. Ich will auch keinen Seelen-Talk, ich bin kein Psychiater. Stattdessen bin ich ein Freund der gediegenen Banalität. Die Leute sollen wirklich *Ich* sagen können, ohne ihr Innerstes nach außen zu kehren. Ich bin an ihren Meinungen interessiert, die Mitredner sollen über sich selber reden. Ich nenne das milde Alltagsphilosophie. Ein Thema, das ich gern mal machen würde, ergab sich zum Beispiel heute auf der Straße. Ich bin unterwegs zum Brötchenkaufen, als mir ein BMW auffällt. Auf dem Nummernschild steht KA-RL. Warum hat der auf dem Nummernschild KA-RL?, fragte ich mich. Weil der Fahrer Karl heißt? Aber der Fahrer war eine Frau. Selbstverständliches als Unselbstverständliches oder skurrile Alltäglichkeit – das interessiert mich. Solche Themen entstehen oft am Tag der Sendung.

Frage: Was hat sich in den letzten Jahren geändert?

Kuttner: Das Fernsehen hat das Talk-Radio entwertet. Durch das Bärbel-Schäfer-Syndrom sind die Leute überfüttert, einfach satt. Auch meine Zuhörer sind Medienprofis geworden. Viele rufen an und schneiden ihr eigenes Gespräch mit, um dann stolz zu präsentieren, dass sie wieder mal im Radio waren. Das ist nicht meine Vorstellung von Talk-Radio, das ist nicht ehrlich. Oft klingen Meinungen wie auswendig gelernt, abgedroschen; wie vorher schon mal im Fernsehen gehört und gesehen. Die Authentizität der Zuhörer nimmt ab.

Frage: Wie sehen Sie die Zukunft des Talk-Radios?

Kuttner: Die Zukunft des Talk-Radios ist der Status quo, die Avantgarde ist konservativ. Ich bleibe bei meinem Konzept, ich mache das auch noch in 15 Jahren. Ich will keine Veränderung und unterwerfe mich nicht den Gesetzen des Aktualitätszwangs. Basta!

Info-Box

Jürgen Domian, *Extreme Leben. Protokolle und Kommentare,* Köln 1996

Wolfgang Zbikowski, *Domian*, Köln 2000

Nachrichtenmoderator

»Guten Abend meine Damen und Herren!«, »Nachrichten vom Tag mit Jo Brauner« oder schlicht: »Es folgt – das Wetter«, so lauten die typischen Sätze der Nachrichtenmoderatoren. Zu wenig für eine waschechte Quasselstrippe? Kerstin Fischer von *MDR-aktuell* klärt auf: »Das sind ja nur die Floskeln. Die eigentliche Aufgabe der Präsentation ist es, dem Zuschauer zu vermitteln, warum die vorgestellten Themen gerade jetzt für ihn spannend sind.«

Auch wenn es in den Nachrichten nicht um Privatmeinungen geht: Die Art der Herangehensweise hat viel damit zu tun, was die

Moderatorin über das Thema denkt. Dieselbe Angelegenheit mehrmals hintereinander interessant zu machen ist allerdings schwer. Während des CDU-Parteispendenskandals ab November 1999 beispielsweise wurden beinahe täglich neue Enthüllungen bekannt. »Wer sieben Tage Dienst hat und dreimal am Tag den Schwarzgeldskandal anmoderiert, der muss sich schon etwas einfallen lassen. Sonst sagt man immer wieder das, was man selbst und alle anderen auch schon hundertmal gesagt haben«, erinnert sich Fischer.

Während der Sendung stehen der Moderatorin ein Nachrichtensprecher und ein Sportmoderator zur Seite. Der Trend geht jedoch zur Präsentation aus einer Hand. »In der ARD-Tradition gibt es den Moderator, der sehr nah an den Zuschauern dran ist, und den Nachrichtensprecher, der sich selbst völlig zurücknimmt und ganz neutral die News verliest. Die Überleitung von einem zum anderen bremst allerdings, nimmt Tempo raus und gilt vielen Sendern als nicht mehr zeitgemäß«, erklärt die Leipzigerin. Daher werden *Tagesschau* und *Tagesthemen*, *heute* und *heute journal* in den nächsten Jahren in Bewegung geraten. Die Nachrichten vom Tag werden teilweise aus Bildern bestehen, die ein Sprecher aus dem Off kommentiert.

Wer wie Fischer als Redakteurin im Studio arbeitet, benötigt journalistische Fertigkeiten und Kenntnisse. Zwei Drittel aller Journalisten sind Akademiker.[2] Dabei ginge der Trend, so Fischer, zum multifunktionalen Journalisten, der alles kann, aber nichts besonders gut. Trotzdem hält sie Fachkenntnisse, zum Beispiel aus dem medizinischen, ernährungs- oder naturwissenschaftlichen Bereich für eine gute Voraussetzung. Sie selbst hat Journalistik und Kulturwissenschaften studiert und ihr Volontariat beim Hörfunksender Stimme der DDR in Berlin absolviert.

Fischer ist in punkto Sprechen ein Naturtalent. Einsteigern empfiehlt sie auf jeden Fall den Besuch beim Sprecherzieher. »Die geben schnell ein Feedback, ob man das Zeug dazu hat, mit Sprechen sein Geld zu verdienen«, erklärt sie. Das Äußere dagegen spiele in der Nachrichtenmoderation eher eine untergeordnete Rolle. »In der Maske kann man eine Menge machen. Trotzdem ist es wichtig, seinen eigenen Stil zu entwickeln, was Frisur, Kleidung und

Schminke angeht«, betont Fischer. Für den Einstieg rät sie zu Eigeninitiative und Durchhaltevermögen: »So viel wie möglich zu Castings gehen. Rufen Sie überall an, schreiben Sie überall hin. Früher oder später kriegt man schon seine Chance.« Dabei müsse man damit leben, dass es nicht gleich beim ersten Mal klappt. Jedes Casting ist auch ein Training.

Eins jedoch stört Fischer schon manchmal an ihrem Job: »Wer sein Gesicht in die Kamera hält, hat eine enorme Reichweite. Die Leute draußen kennen einen aus dem Fernsehen und denken oft, man sei so etwas wie eine alte Bekannte, mit der man schon öfter ein Bier trinken war. Manchmal ist das schön. Manchmal nervt es.«

Info-Box

Training vor der Kamera bieten:

Camera-Acting-Centrum
Hansaring 21
50670 Köln
Telefon: (02 21) 9 12 35 80
Telefax: (02 21) 9 12 35 82
www.camera-acting-centrum.de

Logo – Institut für Mediensprechen und Präsentation
Reuterweg 74
60323 Frankfurt/Main
Telefon: (0 69) 49 00 47

Talkshow-Moderator

Talkshow-Moderatoren sind Quasselstrippen in besonderer Mission. Schließlich müssen sie allein durch das Gespräch den Zuschauer am Bildschirm halten. Allerdings: die Sendungen von Vera, Jürgen, Hans und Ilona leiden unter einem schlechten Image – flach, voyeuristisch und reißerisch. Doch einen echten Vielredner braucht das nicht notwendigerweise zu erschüttern. Außerdem gibt es auch hochkarätigere Talkshows à la *Boulevard Bio* oder *Zimmer frei*. Letztere allerdings arbeitet zusätzlich mit Spielshow-

Elementen. Aber auch hier steht im Mittelpunkt: Was fragt der Moderator, und was antwortet sein Gegenüber?

Oder besser: Funktioniert das Gespräch? »Viele haben mir schon gesagt: ›Das kann doch eigentlich jeder, so ein paar Fragen stellen.‹ Aber in Wirklichkeit geht es um viel mehr: nonverbale Kommunikation, Gesprächsführung und eine Menge Selbstreflektion«, erklärt Amelie Fried, Moderatorin der Talkshow *III nach Neun*. Wenn der Gesprächspartner einen nicht ansieht oder wenn man selbst durch verschränkte Arme Unwohlsein ausdrückt, wenn ein Gespräch einem aus der Hand zu gleiten droht, der Gefragte einsilbig wird oder ein Einzelner die Gruppendynamik stört – all das sind Situationen, die die Talkshow-Moderatorin bewältigen muss. »Manchmal stimmt die Chemie zwischen dem Gast und mir und manchmal nicht. Das muss aber nicht unbedingt ein schlechtes Zeichen sein. Oft sind die Gespräche, die man aus kritischer Distanz führt, die besten.«

Wichtig für ihren Job sei, so Fried, sich nach all den Jahren immer noch ein originäres, nicht aufgesetztes Interesse für die Gäste zu bewahren. »Bei vielen Vorschlägen von der Redaktion habe ich am Anfang gedacht: ›Och, na ja, mal gucken‹. Aber je länger ich mich mit den Leuten beschäftige, desto spannender finde ich sie.« Auch das gehöre dazu, sagt sie: Immer den Menschen am interessantesten zu finden, den man gerade vor sich hat. Einer ist ihr jedoch besonders in Erinnerung geblieben: In ihrer letzten Sendung *Live aus der Alten Oper* (die erste bundesweite Talkshow) war Willy Brandt zu Gast. »Bestimmt kein einfacher Mensch, aber eine tolle Begegnung«, so Fried. Tennisstar Boris Becker steht noch auf der Wunschliste.

Die Vorbereitung auf eine Talkshow ist umfangreich: Fried erhält »riesige Pakete mit Informationen« vom Redaktionsteam: Veröffentlichungen und Bücher, CDs und Filme. Die Moderatorin arbeitet alles durch und entscheidet, über welche Aspekte sie in der Show reden möchte, welche Punkte sie am interessantesten findet.

Eigentlich sei die Talkshow-Moderation, so Fried, gar kein Job für Quasselstrippen, sondern für gute Zuhörer. »Ich kann es nicht ausstehen, wenn Moderatoren sich bemühen, möglichst tolle Fragen zu stellen und sich hauptsächlich auf sich selbst konzentrieren. Während der Gast antwortet, feilen die schon wieder an ihrer nächsten originellen Frage.« Nur routinemäßig am Gegenüber interessiert zu sein und vorgefertigte Reaktionen zu zeigen, das würde beim Publikum nicht funktionieren. »Auch beim Moderator muss es mal ein echtes Erstaunen geben«, so Fried.

Wo sie selbst das alles gelernt hat? »Meine Eltern hatten viel Besuch und ein sehr offenes Haus. Ich habe immer geschaut, wer interessant sein könnte, habe dann einen Stuhl geholt, bin hochgeklettert und habe angefangen zu fragen«, erzählt Fried. Ob sie Training in Interviewtechnik und Präsentation bekommen hat? »Im Gegenteil. Alles, was ich dafür können muss, habe ich im Leben gelernt.«

Praxis-Box

Folgende Geschichte ist Fernsehlegende: Vor vielen Jahren hatte sich Stefan Raab als Zuschauer so über einen Moderator aufgeregt, dass er einen wütenden Brief an den WDR schrieb. »Sehr geehrter Chefredakteur, Ihr Moderator ist ein Vollidiot.« Dem Chef gefiel es, und als Antwort bekam Raab die Einladung zu einem Moderatoren-Casting. Ob die Geschichte wahr ist oder nicht – einen Einstieg ins Fernsehgeschäft kann man ruhig unkonventionell wagen. Kai Pflaume begann seine Karriere als Kandidat der Show *Herzblatt.* Als man ihn zum zweiten Mal fragte, ob er nicht Lust habe, Kandidat zu sein, antwortete er: »Nein danke, die nächste Sendung ist meine eigene.«[3]

Society-Reporter

Verona Feldbusch beim Nasepudern auf der Damentoilette nach ihrem Verhältnis zu Dieter Bohlen zu befragen – sieht so der Job einer Society-Reporterin aus? »Es gibt einen großen Unterschied zwischen den Klatschkolumnisten der Yellow Press und den Leuten, die für Hochglanzmagazine arbeiten. Hier muss man mit viel Fingerspitzengefühl vorgehen«, erklärt Sabine Thomas, die als Society-Reporterin für verschiedene Magazine arbeitet. Und sie ergänzt: »Man muss sich das Vertrauen der Leute hart erarbeiten und dabei langfristig denken. Lieber mal etwas für sich behalten – auch wenn es schwer fällt! Dafür wird man irgendwann mit einer heißen Exklusiv-Story belohnt.«

Thomas berichtet im Auftrag von Print-Redaktionen über die Reichen und Schönen, die Stars und Sternchen. Ihr Parkett: Golf- und Tennisturniere, Film- und Theaterpremieren, Benefizveranstaltungen wie die Aids-Gala, Schmuck- und Modepräsentationen, Medienpreise wie der Bambi, der Regenbogen-Award und die Goldene Henne. Auch zum Royal Dinner zugunsten einer Stiftung für Drogensüchtige mit Königin Silvia von Schweden war Thomas schon geladen.

Eine erste wichtige Voraussetzung für den Job einer Society-Reporterin ist es zu wissen, wie man in die exklusiven Events hineinkommt. »Die Veranstaltungsagenturen müssen einen kennen und wissen, dass man schön über solche Events berichten kann«, erklärt Thomas. Manche Veranstaltungen sind jedoch so heiß begehrt, dass an eine Akkreditierung nur schwer heranzukommen ist. Dann wird die Society-Reporterin kreativ. Mehr als »man kann sich einen sündhaft teuren Wagen leihen, auf dem Parkplatz eine wichtig aussehende Person in ein Gespräch verwickeln und so an der Einlasskontrolle vorbeirauschen« will sie allerdings nicht verraten.

Um sich detailiert vorzubereiten, geht Thomas vor einem hochklassigen Ereignis die Gästeliste durch. Entdeckt sie darauf Namen, die sie nicht unmittelbar zuordnen kann, recherchiert sie in den einschlägigen Magazinen (*Bunte*, *Gala*, *Das Neue Blatt*) und sucht nach Fotos. Viele Gäste sind gerade hip, weil sie einen neuen Film gemacht oder einen Preis bekommen haben. »Zu so einem Promi kann man nicht hingehen und fragen: ›Was machen Sie denn so?‹ Da muss man schon wissen, wen man vor sich hat«, erklärt Thomas. Ein gutes Gesichter- und Namensgedächtnis und natürlich ein breites Wissen über Prominente sind Grundlage für den Job.

Thomas arbeitet eng mit einem Fotografen zusammen. Vor dem Event legen die beiden fest, welche Personen unbedingt abgelichtet werden sollen. Oft gibt es nur am Eingang die Möglichkeit dazu. Dort stürzen sich allerdings gleichzeitig alle Redakteure, Fotografen und Kameraleute auf die Promis. »Nachher findet man in jedem Magazin dieselben Red-Carpet-Shots. Darum versuchen wir natürlich immer, außergewöhnlichere Aufnahmen zu machen«, erzählt Thomas. Auch sie selbst ist stets mit einer Minikamera bewaffnet. »Schließlich weiß man nie, was passiert. Manchmal tauchen Promis auf, mit denen keiner gerechnet hat. Einige Namen sind bis zum Ende top secret«, erklärt die Münchnerin.

Die meisten prominenten Partyteilnehmer sind ausgebuffte Medienprofis. Thomas erzählt: »Die wissen, dass sie unter ständiger Beobachtung sind. Und dann stellen sie sich in Konstellationen zusammen, die für die Presse ein gutes Foto abgeben: Loriot und Caroline von Monaco zum Beispiel, oder Harald Juhnke und Doris Schröder-Köpf. Das gibt einfach mehr her als die üblichen Fotos von Gatte mit Gemahlin.«

Eine Society-Reporterin muss sich sicher, aber unauffällig in einem exklusiven Rahmen bewegen können. Schließlich ist nicht die Reporterin der Star, sie darf nicht auffallen, auch nicht als Journalistin. Entsprechende Gaderobe ist gefragt, dazu gute Manieren, Feingefühl, Diplomatie und natürlich kommunikative Stärken. »Man muss richtig gut im Small Talk sein, aber auch bei anspruchsvolleren Themen mitreden können«, betont Thomas.

Und diskret müsse man sein. Denn auch Prominente benehmen sich manchmal daneben. Die Story über den betrunkenen Nachrichtenmoderator, der auf der Tanzfläche herumtorkelt, ist eher etwas für den Klatschkolumnisten. Thomas dagegen würde sich mit einer Veröffentlichung ihre guten Kontakte verscherzen. »Die Agenturen müssen ihre Gäste schützen, auch wenn die sich nach ein paar Gläsern Champagner mal nicht mehr so im Griff haben.«

Apropos Champagner: Auf Kosten des Hauses teure Tropfen zu trinken ist für Thomas nicht drin. Auch sie steht unter ständiger

Beobachtung, und ein einziges Glas, gemischt mit Adrenalin im Blut, kann schon zu viel sein. Sie ergänzt: »Manchmal schämt man sich für Kollegen in Grund und Boden. Die stopfen sich am Büfett den Mund voll, spülen mit Bier hinterher, hauen dann der Gastgeberin auf die Schulter und bedanken sich für die tolle Party. Solchen Leuten wird allerdings schnell die Tür gezeigt.«

Doch auch Thomas sind schon peinliche Fauxpas unterlaufen: Bei einem hochkarätigen Society-Event sprach sie die damals frisch gebackene Kanzlergattin Doris Schröder-Köpf im Eifer des Gefechts mit »Guten Abend, Frau Schröpf« an. Die ehemalige Journalistin nahm es zum Glück mit Humor.

Neben Reportagen schreibt Thomas auch Kurzgeschichten und Kurzkrimis, darunter *Die Königin der Nacht*, zu dem sie sich von vielen High-Society-Erlebnissen inspirieren ließ.[4] Ihr erster Roman hieß *Yaizahs Insel.*

Warm-Upper

Spielshows wie *Mann Oh Mann* und *Traumhochzeit* oder die Fußballshow *ran* leben von der Atmosphäre im Studio. Damit alles vor laufender Kamera funktioniert, stimmen Warm-Upper das Publikum ein. Zunächst ist es ihre Aufgabe, ein paar Benimmregeln zu vermitteln: Fluchtwege müssen frei bleiben, Handys ausgeschaltet und Wintermäntel an der Garderobe abgegeben werden. Der Warm-Upper erläutert darüber hinaus, dass sich bestimmte Sachen im Fernsehen nicht gut machen. (»Wenn Sie ein enges Verhältnis zu ihrem Kaugummi haben, können Sie ihn vor der Show an der Garderobe abgeben.«) Auch das »Hallo, Oma« in die Kamera kommt bei den Zuschauern nicht gut an. Während der Aufzeichnung oder Übertragung kann niemand an der Kamera vorbei auf die Toilette gehen.

Im Mittelpunkt des Warm-Ups steht jedoch das Verbreiten guter Laune. Und davon hat Tony Eisermann, Jahrgang 1955 und einer der Ältesten im Gewerbe, genug. Er präsentiert die Pre-Shows für Hans Meiser und Verona Feldbusch, Harald Juhnke und Johannes B. Kerner, Margarete Schreinemakers und Jörg Draeger. Ein Höhepunkt seiner Laufbahn: die Show-Vorbereitungen für *Mann Oh Mann*, eine Sendung mit 220 meist angetrunkenen Frauen. Schwerstarbeit für Mr. Hunderttausend Volt: Über vier Wochen wurde jeden Tag eine Folge aufgezeichnet, Wochenenden ausgenommen. Bei solchen Shows, so Eisermanns Überzeugung, sei das Warm-Up ein typischer Männerberuf. Seine »etwas derberen« Sprüche würden aus dem Mund von Frauen einfach »nicht so gut kommen«.

Eisermann (www.funnymation.de) moderiert auch Modenschauen, Events, Messestände und Playback-Shows auf Sommerfesten. »Da kann es regnen wie sonst was, an meiner Bühne ist es immer voll.« Auch die Eishockeyspiele der Kölner Haie werden von dem gelernten Maler und Lackierer moderiert.

Extrovertiert und stets gut gelaunt müsse ein Warm-Upper sein, so Eisermann. »Etwas an der Birne muss man schon haben und ein bisschen verrückt sein.« Natürlich gehöre auch ein gewisser Trott zu seiner Arbeit, aber wenn er auf der Bühne steht, dann sei die gute Laune da. Nerven würden ihn viel eher Äußerlichkeiten, wie technische Probleme oder Zeitdruck.

Eisermann dreht nicht immer nur auf. Je nach Thema der Sendung ist es wichtig, dass eine ruhigere Stimmung herrscht, beispielsweise wenn es um schwere menschliche Schicksale geht. Auch dafür ist der Warm-Upper zuständig. »Es gibt einen natürlichen Reflex, dass die Leute losprusten, sobald sie ihr Gesicht auf dem Monitor sehen. Bei manchen Sendungen ist das total unpassend.«

Zum Warm-Up kam der Kölner (»Bei mir ist das ganze Jahr Karneval«) so: Nachdem er Autos verkauft und Ehen vermittelt hatte, arbeitete er fünf Jahre lang als Animateur in einem Ferienclub auf Mallorca. Zurück in Köln hatte ein Freund eine Karte für die Spielshow *Geh aufs Ganze* übrig. Es kam, wie es kommen musste: Eisermann wird auf Anhieb Kandidat und gewinnt ein Auto. In der Pause bietet der Warm-Upper ihm an, für zwei Minuten das Mikro zu übernehmen. Der frisch nach Köln Heimgekehrte nutzt seine Chance und heizt dem Publikum so ein, dass Showmaster Draeger aus der Garderobe gestürmt kommt: »Haltet den Mann fest!« Die Karriere des Warm-Uppers hatte begonnen.

Das Warm-Up ist eine gute Gelegenheit, sich auf der Bühne vor Publikum zu trainieren. Wichtig dabei ist ein guter Draht zum Showmaster, damit beide in dieselbe Richtung steuern. Showgrößen wie Ulla Kock am Brink und Vera Int Veen haben auf diese Weise angefangen.

Wetterfrosch

»Das wichtigste am Programm ist das Wetter.« Woher genau diese Losung unter angehenden TV- und Radio-Journalisten stammt, weiß niemand so recht. Unbestreitbar aber: Das Wetter ist ein zentrales gesellschaftliches Thema. Es sorgt für ständigen Kommunikationsstoff und füllt redaktionellen Raum in aktuellen Medien. Radiostationen bringen ein- bis viermal pro Stunde den Wetterbericht. Auch der Nachrichtensender n-tv unterrichtet seine Zuschauer konstant über Hochs und Tiefs, Sonne und Regen, hier und im Rest der Welt. Jede Tageszeitung hat ihre Vorhersage, das Internet ist voll von meteorologischen Seiten.

Kein Wunder also, dass die einfache Vermittlung von Informationen über das aktuelle und zukünftige Wetter nicht mehr ausreicht, um sich von der Konkurrenz abzuheben. Mit immer präziseren Messmethoden und der unterhaltsamen Präsentation werden neue Zuschauer und Zuhörer gewonnen. Die Wettervorhersage mutiert vom Anhängsel der Nachrichtensendung zu einem eigenständigen Programmbestandteil.

Das Geschäft mit dem Wetter ist so zu einer Branche geworden. Hier tummeln sich neben den traditionellen meteorologischen Diensten wie dem Deutschen Wetterdienst auch private Anbieter. Beispiele: Meteo Consult in Ingelheim, More And More in Ismaning oder Brandt Wetter in Bonn. Sie liefern zusätzlich spezialisierte Wetterprognosen: Reisewetter, Schneebericht, Wassertemperaturen, Windstärke, Pegelstände, Belastung durch Pollen oder Ozon, UV-Strahlung, Smogalarm, allgemeines Wohlbefinden, Wetter für Wetterfühlige, Anpflanzwetter.

Alle reden vom Wetter, auch Jörg Kachelmann. Keiner kann

Schnee, Regen und Graupelschauer so fröhlich ankündigen wie er. Sein Job: Wetterentertainer und Vorhersagemanager. Ein kurzer Blick auf seine beruflichen Stationen: Abgebrochenes Geografie-Studium in Zürich, danach Wetterkartenzeichner bei einer Schweizer Tageszeitung. 1985, anlässlich eines Manövers, erste Wetterberichterstattung im Fernsehen (»Ich war der Wettersoldat«). Eine eigene Wettersendung folgt. Gründung der Wetterfirma Meteomedia. Wetterpräsentationen beim Radiosender SWF 3, gefolgt von Auftritten im ARD-Frühstücksfernsehen und zur Prime-Time vor der *Tagesschau*. Kurzeinlage als Moderator von *Einer wird Gewinnen*. Zwischendurch: Chef eines TV-Wetterkanals und MDR-Riverboat-Moderator. Erklärter Hauptfeind: Der staatliche Deutsche Wetterdienst (»Die schauen nicht mal zum Fenster raus«).

Interview

Jörg Kachelmann ist der bekannteste Wettermann im deutschsprachigen Fernsehen.

Frage: Werden Sie eigentlich gern als Wetterfrosch tituliert?

Kachelmann: Überhaupt nicht! Das ist ein völlig falsches Bild! Wir Meteorologen sind keine grünen Wesen, die schicksalshaft die Leiter hoch und runter laufen, sondern deren Voraussagen auf wissenschaftlich belegten Fakten basieren. Insofern bin ich weder ein Laubfrosch noch eine Kröte. Allerdings hinkt der Vergleich nicht so sehr, wenn ich mir die deutschen staatlich finanzierten Wetterprognosedienste ansehe. Deren Vorhersagen haben oft mehr mit Froschschenkeln zu tun als mit anstehenden Wettertiefs.

Frage: Wie sind Sie Wetterentertainer geworden?

Kachelmann: Frechheit! Ich bin kein Entertainer, ich nehme meine Arbeit ernst! Ich habe Meteorologie und Geografie studiert. In der Schweiz, denn da bin ich her. Leider musste ich für meinen Abschluss in Geografie auch Kartografie einstudieren, kein doppelter Ankommer; und so habe ich das Kartenlegen den Wahrsagern überlassen und bin ohne Abschluss zum Wetterpräsentierer geworden.

Frage: Sie haben eine neue Qualität in die Wetterberichterstattung gebracht: Sie kippten bereits zweimal abrupt nach hinten und landeten im Schnee.

Kachelmann: Was sind denn zwei Schneematratzen bei Tausenden von Wettermoderationen, die ich schon gemacht habe, ich bitte Sie! Aber Sie haben vielleicht Recht: Ich bin kein Beamtentyp, ich brauche auch keine Wettertermini, um mich wichtig zu machen. Ich komme aus einem einfachen Elternhaus, mein Vater war Eisenbahner. Wenn ich dem mit lateinischen Fachausdrücken gekommen wäre, hätte er mir eine Backpfeife verpasst, weil er gedacht hätte, ich würde ihn beleidigen. Nein, Wettervorhersagen haben mit Leidenschaft zu tun, ich erkläre gerne und will, dass die Leute mich verstehen. Ich nenne das immer »das heilige Feuer des Interesses«.

Frage: Was muss man also mitbringen, um so zu werden wie Sie?

Kachelmann: O Gott, ich hoffe, dass keiner so wird wie ich! Was meinen Sie, auf wie viele Partys ich nur einmal eingeladen wurde? Mein Sarkasmus und mein subtiler Humor kann anderen auch bei Bilderbuchwetter die Stimmung vermiesen, das können Sie mir glauben.

Frage: Sie haben einen Bekanntheitsgrad erreicht, der in Amerika längst üblich ist für Leute, die Wettervorhersagen machen. Dort haben lokale Wettermoderatoren einen höheren Bekanntheitsgrad als Bill Clinton. Merken Sie das jetzt auch in Deutschland?

Kachelmann: Nein, mal ehrlich: Ich gehöre in die gute vierte Fernsehgarnitur. Die erste formiert sich um Harald Schmidt und Thomas Gottschalk, in der zweiten Reihe sehe ich Sabine Christiansen, Bronze geht an Gabi Bauer von den Tagesthemen und erst dann kommt der Schweizer Lettermann-Wettermann in Liga vier.

Frage: Wer Interesse hat, sich auch mal bei Windstärke 10 in den Schweizer Alpen auf Ihrer Wetterstation vor laufender Kamera den Mittelscheitel zur Seite wehen zu lassen: Was kann der machen?

Kachelmann: In den Semesterferien keine Weltreise planen, alles vergessen, was er im Studium gelernt hat und mich anrufen. Nehmen Sie das schon mal als Ausgangsrecherche für ein Praktikum. Garantieren kann ich allerdings nichts.

Info-Box

Sie denken, Wetterbericht ist gleich Wetterbericht? Folgende Firmen haben sich der meteorologischen Arbeit verschrieben:

Alfred-Wegener-Institut für Polar- und Meeresforschung
Telegrafenberg
14473 Potsdam
Telefon: (03 31) 28 80
Telefax: (03 31) 2 88 21 22

Deutsches Klimarechenzentrum Hamburg
Bundesstr. 55
20146 Hamburg
Telefon: (0 40) 41 17 33 34
Telefax: (0 40) 41 17 32 70

Deutscher Wetterdienst Frankfurt
Frankfurter Str. 135
63067 Offenbach
Telefon: (0 69) 8 06 20
Telefax: (0 69) 80 62 30 05

Meteomedia
Schwäbrig
CH – 9056 Gais
Telefon: 00 41(71) 7 91 09 09
Telefax: 00 41(71) 7 91 09 10

Meteofax Wetterdienste
Universitätsstr. 142
44799 Bochum
Telefon: (02 34) 9 78 80
Telefax: (02 34) 97 88 12

More And More Communication
Münchener Str. 101
85737 Ismaning
Telefon: (0 89) 96 27 60
Telefax: (0 89) 96 27 61 51

Gästefinder

Fernsehshows haben zwei neue Berufe hervorgebracht: Kandidatenauswähler für Spielshows und Gästefinder für Talkshows. Casting-Agenturen sorgen dafür, dass den Moderatoren für ihre Sendungen, die teilweise täglich laufen, eine ausreichende Zahl von Gästen zur Verfügung steht. Ständig auf der Suche nach Fernsehwilligen und -tauglichen führen sie Vorgespräche und machen Probeaufnahmen mit den Bewerbern. Manche Agenturen erarbeiten ganze Konzepte: vom Thema der Sendung über die Kandidatenauswahl bis hin zur Produktion kleiner Einspieler.

Die Redaktion der Talkshow *Beckmann* dagegen sorgt ohne Hilfe von außen für ihre Gäste. Der Morgen beginnt mit der Lektüre unzähliger Tageszeitungen: *Süddeutsche Zeitung*, *FAZ*, *Bild*, *Frankfurter Rundschau*, *Kölner Stadtanzeiger* und *Berliner Zeitung*. Alle Blätter werden im Schnelldurchlauf durchforstet: Wo gibt es interessante Leute? Wer könnte in die Sendung passen? »Man braucht eine Spürnase dafür, welche Leute spannend sind«, erklärt Janina Köllerwirt vom Redaktionsteam.

Bei *Beckmann* werden meistens Prominente eingeladen, Schauspieler, Politiker, Künstler, aber auch Privatleute, die etwas Besonderes zu erzählen haben: eine Frau, die vor Gericht zieht, um bei der Bundeswehr Dienst an der Waffe zu leisten; die erste Trägerin des Doppelpasses; ein Computerhacker, der seine Dienste zum Schutz vor anderen Hackern anbietet. Jede Sendung präsentiert drei bis vier möglichst unterschiedliche Gäste.

Wer kommen darf, wird im Redaktionsteam entschieden. »Man schlägt zum Beispiel einen Schauspieler vor, der gerade einen neuen Film gedreht hat. Man denkt: Das wäre das allergrößte. Ein Kollege aber hält den Typ für langweilig oder unpassend. Ein dritter findet, genau den könne schon keiner mehr sehen«, beschreibt Köllerwirt die Diskussionen im Team. Natürlich spielen auch persönliche Sympathien eine Rolle. Die müsse man jedoch immer wieder hinten anstellen und nach den Vorlieben der Zuschauer fragen. »Unser Publikum interessiert sich für andere Leute als das von Stefan Raab«, kommentiert Köllerwirt.

Wenn die Hamburgerin endlich das »Okay, recherchier mal weiter« für einen Vorschlag bekommt, macht sie einen ersten Termin und verschafft sich einen persönlichen Eindruck. Sie führt ausführliche Interviews, um herauszufinden, worüber ihr Gegenüber gerne spricht. »Dabei muss man wissen, was im Fernsehen gut ankommt. Am besten sind natürlich Leute mit viel Ausstrahlung, die reden können.« Bei den Vorab-Interviews geht es auch darum, den Gast in spe für die Show zu erwärmen. Schließlich soll er oder sie nicht mit Widerwillen ins Studio kommen.

Bis zur Aufnahme der Show ist eine Vorbereitung und Recherche von drei Wochen notwendig. Gerade bei Prominenten geht es Köllerwirt um Geschichten, die noch nicht jeder kennt. »Man muss sich immer wieder neue Quellen für Informationen erschließen.« Bei einer Schriftstellerin fragt Köllerwirt schon einmal den Verleger, bei Schauspielern ehemalige Kollegen.

Auch ein gutes Allgemeinwissen ist Voraussetzung für den Job. »Wenn einer im Redaktionsteam fragt: ›Was macht eigentlich der Gauck, wollen wir den mal einladen?‹, kann man nicht zurückfragen: ›Wer ist denn Gauck?‹«, erklärt Köllerwirt. Immer auf dem Laufenden zu sein, ein breites Spektrum an Wissen und gute Kontakte zu vielen unterschiedlichen Leuten – das sei das Rüstzeug ihrer Arbeit.

Am Tag der Aufnahme empfängt und betreut die Journalistin ihre Gäste und spricht die letzten Details durch. »Mir ist wichtig, dass die Leute sich bei uns wohl fühlen. Wir lassen niemand ins offene Messer laufen. Wenn jemand über irgendwas nicht reden möchte, dann ist das kein Problem.« Fühlt der Gast sich wohl, sei er auch bereit, sich zu öffnen. »Dann kommen in der Show auch Emotionen rüber. Die Zuschauer gehen danach zufrieden ins Bett und freuen sich, etwas über eine interessante Person erfahren zu haben«, erklärt Köllerwirt. Auch für Beckmann selbst hält sie Vorab-Informationen bereit: Ist der Gast eher schüchtern oder eher selbstbewusst? Ist er arrogant, zickig, schlagfertig oder sensibel?

Natürlich gibt es auch immer Unsicherheitsfaktoren bei der Sendung. Manch ein Kandidat benimmt sich auf einmal anders als gedacht: Er kriegt die Zähne nicht auseinander, er spult einfach ein Programm ab, oder er hat gar keine Lust, im Fernsehen zu sein. »Sobald die Aufnahme läuft, habe ich keinen Einfluss mehr. Wir haben es hier mit Menschen zu tun, und da ist nicht immer alles kalkulierbar.« Damit, so die Gästefinderin, müsse man leben.

Kabarettist

Sein Publikum zum Lachen zu bringen ist viel schwieriger als zum Weinen. Was heute als Binsenweisheit unter Schauspielschülern gilt, stellt Kabarettisten, Schauspieler und Late-Night-Show-Moderatoren regelmäßig vor Probleme. Immer schon Klassenclown gewesen zu sein und ein lockeres Mundwerk zu besitzen alleine reicht nicht.

Einer, der seit Jahrzehnten auf der Bühne seine Zuschauer zum Lachen und vor allem zum Nachdenken bringt, ist Dieter Hildebrandt. Seine Karriere begann er als Platzanweiser in einem Münchner Nachkriegskabarett. 1956 wurde er zum Mitbegründer der Münchner Lach- und Schießgesellschaft und gehört seitdem zu den erfolgreichsten deutschen Kabarettisten. Werfen wir einen Blick auf das, was der Methusalem des Kabaretts zum Thema zu sagen hat.

Interview

Dieter Hildebrandt ist zum Inbegriff des deutschen Berufskabarettisten geworden. Seine erfolgreichste Fernsehsendung: *Scheibenwischer*.

Frage: Wie sind Sie Kabarettist geworden?

Hildebrandt: Ich habe mal Fausts Gretchen gespielt und es sehr eigenwillig interpretiert ... Nein, mal ehrlich: Es hängt mit meinem Anliegen zusammen. Das könnte auch über meinem Badezimmerspiegel als Leitspruch für den Tag hängen: »Lass dir nichts gefallen!« Ich habe bestimmte Werte und Vorstellungen, für die ich einstehe und die ich für verteidigenswert halte. Demokratie und Gerechtigkeit zum Beispiel. Und ich bin in der glücklichen Lage, diese Vorstellungen in meiner Arbeit vertreten zu können. Eigentlich wollte ich ein ganz großer Meisterregisseur werden oder noch besser Generalintendant. Aber das ist dann mein bester Freund geworden, und da blieb für mich nur noch der Kabarettist übrig. Hartes Schicksal, ich weiß. Aber auch mein natürliches Trotzgefühl spielt eine Rolle: Da stand ich plötzlich mit drei professionellen Kabarettisten auf der Bühne und sollte auch mal. Die waren viel besser, und das hat mich so gefuchst, da habe ich mich richtig reingekniet.

Frage: Haben Sie eine Veranlagung zum Vielreden?

Hildebrandt: Sehen Sie, ich unterliege einer gewissen Schizophrenie. In mir wohnen Dr. Jekyll und Mr. Hyde. Wenn Sie mir in Gesprächen zuhören könnten, würden sie feststellen, wie wenig ich rede. Da halte ich mich zurück, das ist auch eine Seite von mir. Aber wenn ich ein Forum habe, eine Bühne zum Beispiel, dann bin ich süchtig danach, meine Fähigkeiten einzusetzen. Und dann sind da wieder diese Werte. Ich halte zum Beispiel unsere demokratische Grundordnung, die im Grundgesetz formuliert ist, für ein absolut verteidigenswertes Gut. Wenn dann von rechts gegen diese Grundwerte geschossen wird (denn von links kommt heutzutage ja nicht mehr viel), dann bin ich da, auf der Bühne und im Fernsehen – darauf können Sie sich verlassen.

Frage: Wollen Sie mit Ihrer Arbeit also einen politischen Willensbildungsprozess in Gang setzen?

Hildebrandt: Willensbildungsprozess? Tolles Wort! Nein, ich will sensibilisieren, aufrütteln, neugierig machen auf etwas, auf das ich selbst auch neugierig bin. Zentrale Fragen wie zum Beispiel »Was passiert mit uns?« oder »Was macht diese Regierung?«, die sind es, die mich beschäftigen und die auch andere beschäftigen sollen. Dazu muss ich übrigens nicht 244 Zeitungen am Tag lesen. Gebrauche deine Augen und deine Ohren und siehe da: Mit ein wenig Grips kannst auch du dir eine Meinung bilden.

Frage: Waren Sie immer schon ironisch oder zynisch veranlagt und polarisieren deswegen?

Hildebrandt: Ironie und Zynismus sind für mich positiv. Ironie zum Beispiel hat auch etwas mit Geradlinigkeit und Ehrlichkeit zu tun. Ich gebe Ihnen ein Beispiel aus meiner Zeit an der Uni. Ich bin wohl der einzige Student, der jemals durch eine Wortmeldung in einer Studentenvollversammlung etwas bewirkt hat. Damals saßen viele gut angezogene Mitglieder aus schlagenden Verbindungen im Saal. Mir fielen plötzlich die zerschnittenen Gesichter auf, und ich dachte an das Blut, das dabei quasi umsonst fließt. Also stand ich auf und sagte: »Lasst das Blut nicht spritzen, geht Blut spenden beim Roten Kreuz.« Als alle verstanden hatten, gab es Applaus und Buh-Rufe, kaum Lacher. Ironie hat eben was mit Ehrlichkeit zu tun, sag ich doch.

Frage: Wie fallen Ihnen Ihre Themen ein?

Hildebrandt: Die ergeben sich aus meinen Grundwerten. Ich werde immer gegen den Rechtsruck kämpfen, ich werde immer gegen eine Einengung des Asylrechts sein, und ich werde mich immer gegen Diktaturen und Monarchisten wenden. Mit diesen Grundeinstellungen lassen sich jede Menge Themen finden. Ich bin einfach neugierig und will Dinge genau wissen.

Frage: Arbeiten Sie auf der Bühne auch mit Leuten zusammen, die anderer Meinung sind?

Hildebrandt: Nein, das würde ich nicht zulassen. Die nachfolgenden Generationen von Verbalvirtuosen auf der Kabarettbühne denken wie ich. Und wenn ich es genau nehme, sind alle meine Kollegen auch gute Freunde von mir. Ich würde niemals jemand auf die Bühne lassen, der einen Ausländer-raus-Standpunkt vertritt. Das kann ich nicht verantworten. Und noch etwas: Wichtig ist für mich auch die Frage: »Wo will ich hin mit dem, was ich sage?« Leute einfach nur zum Lachen zu bringen, einfach nur zum Schenkelklopfen, sieben Tage und sieben Köpfe lang mit Witzen unter die Hose und unter die Röcke, das wäre mir zu wenig.

Info-Box

Ein Online-Infoservice zum Thema Kabarett findet sich unter: www.kabarett-news.de

Verschiedene Ausbildungsangebote im Bereich Comedy bietet:

Köln Comedy Schule
Bremsstraße 12
50969 Köln
Telefon: (02 21) 9 36 83 15
Telefax: (02 21) 3 60 38 39
www.koeln-comedyagentur.de

Workshops für Nachwuchscomedyautoren veranstaltet:

Brainpool TV
Hohenzollernring 79-83
50672 Köln
Telefon: (02 21) 5 72 20
Telefax: (02 21) 5 72 22 22
www.brainpool.de

Weitere Jobs im Bereich Radio, Fernsehen, Medien

Hörbuchsprecher

Groß im Kommen sind Hörbücher, gesprochen auf Audio-Kassette und CD. So können Romane und Erzählungen auch im Auto gehört werden. Per Audio-Lehrbuch können Studierende Mathematik, Medizin oder Französisch lernen – auch während Yoga, Jogging oder Fitnesstraining. Motivations- oder Kreativitätsratgeber können beim Bügeln und Wäschezusammenlegen studiert werden. Hörbücher werden von den Autoren selbst oder von professionellen Sprechern aufgenommen. Übrigens: Deutschland ist der weltweit größte Markt für Kinderkassetten und Märchenplatten.

Stadionsprecher

Jedes Stadion hat einen Stadionsprecher. Kein Fulltimejob, aber eine gute Möglichkeit, sich einem großen Publikum bekannt zu machen. In Berlin wird sogar der S-Bahnhof am Olympia-Stadion nach jedem Heimspiel von Hertha BSC per Lautsprecher beschafft – mit Sportnews, den Ergebnissen der anderen Bundesligaspiele und Musik.

Fernsehshow-Teilnehmer

Manche Leute verdienen ihr Geld als professionelle Fernsehshow-Teilnehmer. Bei den meisten Shows winkt ein Honorar, bei manchen hohe Geldpreise. Echte Quasselstrippen haben auch als Teilnehmer von *Big Brother* eine Chance.

4.
Politik

Eins ist klar: Parteikarrieren haben kein gutes Image. Warum nicht? »Um da etwas zu werden, muss man erst die Ochsentour der Partei durchlaufen« oder »Politiker haben doch alle Dreck am Stecken«, lauten die gängigen Vorurteile gegen Schröder, Kohl & Co.

Doch wie das so ist mit Vorurteilen: in einigen Fällen stimmen sie, in anderen nicht. Politiker wie Willy Brandt oder Sabine Leutheusser-Schnarrenberger und internationale Größen wie Nelson Mandela oder Hillary Clinton stehen für Integrität und eine saubere Weste. Außerdem bietet die Politik nicht nur Platz für den klassischen Berufspolitiker. Ohne die zahlreichen Helfer, Referenten und Mitarbeiter, die »Kulis der Demokratie«, würde Politik nicht funktionieren. Vom professionellen Politikberater über die Pressesprecherin im Ministerium bis zum Wahlkreissekretär eines Abgeordneten: Die Politik eröffnet ein weites Feld an Berufsmöglichkeiten.

Vor allem für Quasselstrippen. Denn ohne kommunikative Fähigkeiten läuft auch – und gerade – in der Politik nicht viel. Doch Vorsicht! Wer glaubt, seinem Redebedürfnis ungehemmt freien Lauf lassen zu können, ist hier fehl am Platz. Um in der Politik Erfolg zu haben und seine Ziele durchsetzen zu können, muss man zuallererst ein guter Zuhörer sein. Daneben sind Sachkompetenz, Überzeugungskraft und Fingerspitzengefühl unabdingbar. In manchen Positionen muss man bereit sein, auch in der zweiten Reihe zu arbeiten und im Hintergrund zu bleiben. Die Lorbeeren für eine gelungene Rede oder einen erfolgreichen Antrag heimst der Politiker ein, auch wenn die eigentliche Arbeit ein anderer leistet.

Einstiegsmöglichkeiten in die Politik gibt es viele. Neben dem Engagement in Ortsverbänden und Jugendorganisationen kommen Parteistiftungen und Arbeitskreise in Frage. Abgeordnete bieten Praktikumsplätze an, und in politischen Hochschulgruppen ist ernsthaft engagierter Nachwuchs Mangelware. Parteien veranstalten Seminare, Wettbewerbe und Projekte – die Teilnahme daran ist ein guter Weg, auf sich aufmerksam zu machen und erste Kontakte zu knüpfen.

Und wie sieht es aus mit der Gesinnung? Für die meisten Positionen ist ein Parteibuch keine zwingende Voraussetzung. Wer für einen Abgeordneten arbeitet oder für eine Partei im Parlament sitzt, sollte allerdings dem Chef oder der Chefin gegenüber loyal sein beziehungsweise parteikompatible Meinungen vertreten. Politische Extrempositionen sind naturgemäß nicht gern gesehen. In Wahlkampfzeiten verwischt die Trennlinie zwischen Partei- und Sacharbeit: In der heißen Phase muss auch die wissenschaftliche Hilfskraft mal mit in den Ortsverein und Bier ausschenken.

Info-Box

SPD
Wilhelmstr. 140
10963 Berlin
Telefon: (0 30) 25 99 10
Telefax: (0 30) 25 99 17 20
www.spd.de

CDU
Klingelhöfer Str. 8
10785 Berlin
Telefon: (0 30) 22 07 00
Telefax: (0 30) 2 20 70 11
www.cdu.de

Bündnis90/Die Grünen
Platz vor dem neuen Tor 1
10115 Berlin
Telefon: (0 30) 28 44 20
Telefax: (0 30) 28 44 22 34
www.gruene.de

FDP
Reinhardtstr. 12-16
10117 Berlin
Telefon: (0 30) 2 84 95 80
Telefax: (0 30) 28 49 58 20
www.fdp.de

PDS
Kleine Alexanderstr. 28
10178 Berlin
Telefon: (0 30) 24 00 90
Telefax: (0 30) 2 49 00 94 00
www.pds-online.de

Das Bundespresseamt hält zahlreiche Veröffentlichungen (zum Beispiel *Blickpunkt Bundestag*) zur politischen Arbeit der einzelnen Institutionen bereit:

Bundespresseamt
Neustädtische Kirchstr. 15
10117 Berlin
Telefon: (0 30) 2 24 40
Telefax: (0 30) 22 44 13 65
www.bundesregierung.de

Politiker

Wie wird man Politiker? Viele halten genau das für eine Geheimwissenschaft. Fest steht nur: Parteiinterne Rituale, Konventionen, gute Kontakte und die richtigen Leute auf seiner Seite gehören aller Wahrscheinlichkeit nach dazu. Dass sich gerade in der Politik begnadete Redner finden, hat eine lange Tradition: Bereits in der Antike galten Staatsmänner wie Cicero in Rom und Demosthenes in Athen als beste Redner ihrer Zeit.

Neben Parteiklüngel entscheidet in einer Demokratie auch immer die Urne über Wohl und Wehe des Politikers. Er oder sie wird beispielsweise vom Wahlvolk per Erststimme in den Bundestag oder von den Mitgliedern des Parlaments in Kanzler- und Ministeramt gewählt. Manche müssen sich erst einmal von der Parteibasis wählen lassen, um überhaupt aufgestellt zu werden, beispielsweise der sozialdemokratische Kandidat für das Amt des regierenden Bürgermeisters von Berlin.

Um eine Wahl zu gewinnen, muss man um die Gunst anderer werben. Das ist in Einzelfällen auch durch Stimmenkauf, Begünstigungen und Mauscheleien zu erzielen. Der reguläre Weg ins politische Amt führt jedoch über Argumente und Überzeugungskraft. Redetalent und vor allem Redeausdauer sind gefragt.

Das Tätigkeitsgebiet von Berufspolitikern ist weit. Es spannt sich von der Kommunalebene über Land und Bund bis hin zu globalen Fragen. Die klassischen Themen sind: Innenpolitik, Außenpolitik, Wirtschaft, Finanzen, Umwelt, Verteidigung, Gesundheit und Soziales, wirtschaftliche Zusammenarbeit (Entwicklungshilfe), Kultur, Familie, Verkehr und Bildung. Alle Themen finden auf mehreren Ebenen statt. Beispiel Kulturpolitik: Sie gilt tendenziell als Ländersache, wird aber auch auf Bundes- und Europaebene betrieben.

Nicht zufällig ist die Nummer zwei unserer Hitliste prominenter Quasselstrippen eine Politikerin. Werfen wir einen Blick darauf, was Regine Hildebrandt zum Thema Politik, Beruf und Vielreden zu sagen hat.

Interview

Regine Hildebrandt war SPD-Sozialministerin in Brandenburg und ist als Vielrednerin bei der Opposition, aber auch in den eigenen Parteireihen gefürchtet.

Frage: Muss man viel reden können, um sich in der Politik durchzusetzen?

Hildebrandt: Für mich gilt das uneingeschränkt: Politik ist Auseinandersetzung, die Vermittlung von Positionen und Meinungen, darauf kommt es an. Strategische Politikführung und Lavieren interessiert mich weniger, auch wenn es dadurch oft zur Konfrontation kommt. Ich habe es mit der Praxis zu tun, nicht mit der Theorie. Und in der Praxis muss ich überzeugen und deswegen reden können und vor allem auch Lust dazu haben. Übrigens unterscheide ich Vielreden von Losplappern.

Frage: Wann haben Sie Ihre Neigung zum Vielreden zum ersten Mal festgestellt?

Hildebrandt: Das hatte mit Politik nichts zu tun. Die letzten 25 Jahre vor der Wende war ich als Biologin für die Betreuung von chronisch kranken Patienten mitverantwortlich. Können Sie sich vorstellen, wie man diabetisch veranlagte Kinder dazu bringt, ihre Krankheit zu verstehen und mit ihr umzugehen?

Diabetes: Das heißt ein Leben lang Spritzen setzen, Eis und Süßigkeiten nur in Maßen, ein Leben nach Plan mit all den Unannehmlichkeiten einer unheilbaren Krankheit. Wenn Sie das einer Gruppe diabeteserkrankter Kinder im Ferienlager beibringen wollen, brauchen Sie Geduld, Einfühlungsvermögen, eine verdammt schnelle Zunge und das Herz am rechten Fleck.

Frage: Reden Sie also nur dann viel, wenn Ihnen etwas am Thema liegt?

Hildebrandt: Wissen Sie, ich kann mich zurückhalten, wenn ich sehe, dass eine Diskussion nichts bringt. Ich kann es jetzt ja sagen, schließlich bin ich nicht mehr Ministerin in Brandenburg: Die Sitzungen und meine Reden im Landtag haben mir gar keinen Spaß gemacht, da habe ich selten meine Redezeit überschritten. Wenn ich im Landtag rede, ist doch längst alles gelaufen. Da gibt es nichts mehr zu bewegen, entscheidende Schritte übernimmt das Ausschusswesen. Andererseits: Unterschätzen Sie mich nicht! Ich wurde neulich gebeten, ein Fußballspiel zu kommentieren: Der Landtag spielte gegen eine brandenburgische Ministerriege. Obwohl ich vom Fußball so viel verstehe wie Sie vielleicht von der Steuerreform, habe ich ununterbrochen geredet. Das geht schon, eine Grundveranlagung ist da auf jeden Fall vorhanden.

Frage: Ist die Grundveranlagung zum Vielreden erblich?

Hildebrandt: In meiner Familie gibt es ziemlich viele Pfarrer. Vielleicht kommt es daher.

Frage: Haben Sie während Ihrer Laufbahn Rhetorik-Kurse besucht, oder sind Sie geschult worden?

Hildebrandt: Niemals! Im Gegenteil: Man hat mir mal angeboten, einen Kurs zu halten. Ich sage es Ihnen nochmals: Das Vielreden hat mit einer grundsätzlichen Veranlagung und einer Position zu tun, einem Standpunkt, den ich vertrete. Stoße ich in einer Diskussion auf ein Brett vor dem Kopf meines Gegenübers, dann sage ich gar nichts mehr. Deswegen fand die Opposition im Landtag oft auch in mir einen sehr ruhigen Gesprächspartner.

Frage: Stört es Sie, als Vielrednerin berühmt zu sein?

Hildebrandt: Überhaupt nicht. Immer wenn ich mich einmische und dauerrede, ist es mir auch wichtig, und die Menschen honorieren das. Und sie sind überrascht, wenn ich mal nichts von mir gebe. Ein Beispiel: Jeden Tag fahre ich mit der Bahn von Erkner nach Berlin. Letzte Woche saßen mir einige Zuggäste gegenüber und musterten mich die ganze Zeit neugierig, aber höflich. Ihr Staunen bemerkte ich, als ich im Abteil meine Arbeitspapiere rausholte und anfing zu lesen. Als wir am Alexanderplatz gemeinsam das Abteil verließen, sagte der eine Fahrgast zum anderen: »Jetzt ham wa ne halbe Stunde neben der Hildebrandt jesessen und die hat keen Wort jesagt. Det glaubt uns keener.« Mich freut so was!

Frage: Könnten Sie es sich vorstellen, einmal eine Talkshow zu moderieren?

Hildebrandt: Durchaus. Aber nur, wenn es sich nicht um eine politisch getarnte Radau-Show handelt. Ich könnte mir vorstellen, eine Talkshow zum Thema Ost-West-Problematik zu moderieren.

Frage: Würden die Gäste in Ihrer Talkshow dann auch zu Wort kommen?

Hildebrandt: Ich kann auch zuhören, wo denken Sie hin? Und außerdem sind Sie doch auch dazu gekommen, in diesem Gespräch Ihre Fragen zu stellen.

Abgeordneten-Mitarbeiter

Lernen, wie Politik funktioniert, und trotzdem nicht die Ochsentour durch die Partei einschlagen. Um Politiker aller Couleur scharen sich Helfer und Helfershelfer, die nicht im Rampenlicht stehen und die doch Politik machen. Der Mandatsträger selbst ist oft überlastet, auf Reisen oder mit Wahlkampf beschäftigt. Seine Mannschaft muss dann selbstständig Aufgaben übernehmen, beispielsweise die Vermittlung zwischen Bürgern und Behörden.

Alle EU-, Bundestags- und Landtagsabgeordneten benötigen Helfer, und zwar in ihrem Abgeordnetenbüro in den Hauptstädten und in ihrem Wahlkreisbüro vor Ort. Jeder erhält dafür ein festes Budget aus der Bundeskasse. Wie viele Angestellte er wo davon wie hoch bezahlt, ist seine Sache.

In den Abgeordnetenbüros gilt es, erst einmal das Sekretariat zu verwalten: Korrespondenz erledigen, Termine koordinieren, Flüge buchen und vergessene Unterlagen hinterhertragen und -schicken. Die wissenschaftlichen Mitarbeiter bereiten ihren Abgeordneten vor allem inhaltlich auf Verhandlungen und Debatten vor. »In der Praxis«, meint Kerstin Burchard, die für eine SPD-Bundestagsabgeordnete in der Hauptstadt arbeitet, »besorgt der wissenschaftliche Mitarbeiter die Sekretariatsarbeit aber oft gleich mit.« Je kleiner das Büro, umso mehr sei man Mädchen für alles.

Gut telefonieren zu können ist für den Mitarbeiter eines Parlamentariers unerlässlich, schließlich fungiert er als Schnittstelle zwischen Bürger und Abgeordnetem. Das bedeutet aber nicht, dass man als professionelle Quasselstrippe seine Telefonpartner zutextet, vielmehr sind Einfühlungsvermögen, Diplomatie und Zurückhaltung sowie ein Gespür für das Machbare gefragt. So ist Burchard beispielsweise häufig mit Einbürgerungswünschen von Ausländern beschäftigt, denn die Anrufe für ihre Chefin landen erst einmal bei ihr.

Der Kontakt zu den Bürgern steht bei Abgeordneten-Mitarbeitern jedoch nicht immer an erster Stelle. So hat Franz Kraus, der für eine CSU-Europa-Abgeordnete in Brüssel und Straßburg arbeitet, weniger mit dem Volk als mit Presse, Ausschusssekretariaten oder Lobbyverbänden zu tun. Auch für ihn ist das Telefon Kommunikationsmittel Nummer eins. »Mittlerweile wurde ein Praktikant für die Anrufe abgestellt, da ich nicht ständig nur am Telefon sitzen kann«, kommentiert er die Lage im Büro.

Zu den Aufgaben eines Assistenten zählt nämlich noch etwas anderes: Kraus geht oft zu Ausschusssitzungen, schreibt mit, holt bei Bedarf seine Chefin oder legt ihr einen Bericht über die Ausschussverhandlungen vor. Auch die Betreuung von Besuchergruppen gehört zum Alltag. Für sie müssen Programme erarbeitet, Führungen und Abendessen organisiert werden. Dabei steht der Assistent als Ansprechpartner zur Verfügung. Hinzu kommt das Recherchieren und das Vorbereiten von Konzepten für Fraktions- und Ausschusssitzungen, außerdem das Verfassen von Reden, Referaten oder Zeitungsartikeln.

Hat sich die Slawistin Burchard mit Entwicklungspolitik, der

Anglist und Historiker Kraus mit Haushaltsrecht, Chancengleichheit und Rentenfonds auseinander zu setzen, brauchen sie mehr Fähigkeiten, als nur gut reden zu können. »Man muss in der Lage sein, sich schnell in fremde und unterschiedliche Sachgebiete einzuarbeiten. Dazu gehört, dass man weiß, auf welche Hilfsmittel man zurückgreifen oder wo man sich schnell Hilfe beschaffen kann«, erklärt Kraus.

Voraussetzung für den Job des wissenschaftlichen Mitarbeiters ist ein Hochschulabschluss. Doch auch wenn viele Politologen und Juristen sich um die Volksvertreter tummeln: Die Fachrichtung ist zweitrangig und hängt von den Vorlieben beziehungsweise Arbeitsgebieten des Parlamentariers ab. »Entscheidender als die Studienrichtung ist, dass die Chemie zwischen Abgeordnetem und Mitarbeiter stimmt. Denn beide stehen in einem engen Arbeitsverhältnis, das oft freundschaftlich ist, in dem es aber auch mal zu Spannungen und Konflikten kommen kann«, erklärt Burchard. Außerdem dürfe man sich als Mitarbeiterin nicht zu fein sein, für seine Abgeordnete mal schnell ein Paar Strumpfhosen zu besorgen.

Wie die meisten Abgeordneten-Assistenten schätzen Burchard und Kraus die Vielseitigkeit ihres Jobs, besonders, dass man mit ganz verschiedenen Leuten, auch in Schlüsselpositionen, in Kontakt kommt. Auf diese Weise kann man sich ein Netzwerk aufbauen und die Mechanismen der Parteipolitik kennen lernen. Die direkten Erfolgserlebnisse, »wenn beispielswiese eine Petition weiterbefördert wird und jemand zu seinem Recht kommt«, nennt Burchard als weiteren Pluspunkt.

Praxis-Box

Tipps für den Berufseinstieg in die Politik:

- Informieren Sie sich (zum Beispiel per Internet) über die Arbeitsschwerpunkte der einzelnen Volksvertreter. Bewerben Sie sich dann direkt bei den Abgeordneten, die auf Ihren Interessengebieten tätig sind.
- Besorgen Sie sich vorab Veröffentlichungen des Politikers.

Darauf können Sie möglicherweise in Ihrer Bewerbung Bezug nehmen.

- Sie können sich zusätzlich bei den Fraktionen bewerben, die Ihre Bewerbung an mehrere Abgeordnete weiterleiten können. Geben Sie immer an, welche Themen Sie interessieren
- Bewerben Sie sich bei einem Politiker vor Ort wie Landrat, Bürgermeister oder den Wahlkreisabgeordneten. Bewerbungen werden nicht selten in den Landesgruppen herumgereicht.
- Besonders für Studierende bietet es sich an, auf einer unteren Ebene als studentische Hilfskraft, Praktikant oder Sachbearbeiter anzufangen und später als Assistent zu einem Abgeordneten zu wechseln.

Wahlkreisbüro-Mitarbeiter

Das Wahlkreisbüro ist die Bodenstation des Abgeordneten. Die Themen sind kommunaler als im Hauptstadtbüro, und die Mitarbeiter haben eher Kontakt zu Parteimitgliedern als zu anderen Abgeordneten. Außerdem findet hier der Wahlkampf um die Erststimme statt: Da werden Infostände auf- und abgebaut, Straßenfeste organisiert, Postkarten entworfen und unter die Leute gebracht. Wer sportlichen Ehrgeiz entwickelt, kann es zum Wahlkampfmanager bringen. Immer ein bisschen besser und erfolgreicher sein und der Konkurrenz einen Wahlkreis abjagen zu wollen – das gehört dazu.

Die Mitarbeiter im Wahlkreisbüro sorgen dafür, dass Chef oder Chefin vor dem Wahlvolk glänzt. Und das bedeutet nicht nur inhaltliche Vorbereitung. Bei den vielfältigen öffentlichen Auftritten stehen Organisation und Public Relations im Vordergrund. Die Kampagneros beraten im Umgang mit Fernsehen und Fotografen und vermitteln zwischen Politikern und Journalisten.

Zwischen den Urnengängen halten die Wahlkreisbüro-Mitarbeiter die Stellung vor Ort. Dazu gehört: Bürgeranfragen beantworten, Hintergründe und Rechtsgrundlagen von Anliegen klären, Terminmanagement, Presseauswertung und das Schreiben von Zeitungsartikeln. Außerdem muss der Abgeordnete regelmäßig mit Informationen aus seinem Wahlkreis versorgt werden.

Unabdingbare Voraussetzung für den Job sind kommunikative und soziale Kompetenzen, so Ingrid Schmidt, Mitarbeiterin im SPD-Wahlkreisbüro im bayerischen Erding. Konkret: Gut reden und mit Leuten umgehen können, vor allem in den Bürgersprechstunden. »Wir sind die ersten Ansprechpartner von wütenden oder Hilfe suchenden Bürgern, die sich mit einem Problem an ihren Abgeordneten wenden«, erklärt Schmidt. Außerdem sollte man gut über das gesellschaftliche und politische Leben des Wahlkreises – Altstadtsanierung, Verwaltungsreform, Jugendarbeitslosigkeit – Bescheid wissen. Das bedeute aber nicht, dass die Politik der Münchener und Berliner Genossen außen vor bleibt: Schließlich müssen die Assistenten in Erding auch Anfragen zum jeweiligen Wahlprogramm beantworten.

Die Arbeit im Wahlkreisbüro ist gekennzeichnet durch den persönlichen Kontakt zu lokalen Größen, wie Unternehmern, Kirchenvertretern und Journalisten. Bürgernah muss man sein und ein Gespür haben für das, was die Leute bewegt. Auch hier ist ein Parteibuch nicht unbedingt notwendig. Allerdings sind die Einbindung in die Partei und Kontakte zum Ortsverein wichtiger als in der Hauptstadt. Letztlich bestimmen jedoch die Abgeordneten selbst, wer sie bei der Wahrnehmung ihres Mandats unterstützt. Bezahlt werden alle Mitarbeiter aus öffentlichen Geldern und nicht aus der Parteikasse. Schließlich soll sich der Abgeordnete nur seinem Gewissen verpflichtet fühlen.

Info-Box

Seminare zum Thema Politik als Beruf bietet die

Akademie für politische Bildung
Buchensee 1
82327 Tutzing
Telefon: (0 81 58) 25 60
Telefax: (0 81 58) 2 56 51
www.ev-akademie-tutzing.de

Politische Presse- und Öffentlichkeitsarbeit

Nicht nur Parteien und Fraktionen beschäftigen Pressesprecher und Kommunikationsfachleute, um ihre Arbeit in der Öffentlichkeit gut dargestellt zu wissen. Auch staatliche Institutionen wie Bundestag, Bundesrat, Länderparlamente oder die verschiedenen Ministerien unterhalten Pressestellen. Die Tätigkeiten in diesem Bereich sind vielfältig und gehen weit über die klassische Parteischiene hinaus.

Bei den staatlichen Institutionen sind die Einstiegsmöglichkeiten unterschiedlich. Wer beispielsweise die Arbeit des bayerischen Kultusministeriums nach außen vertreten möchte, muss eine Beamtenlaufbahn im höheren Dienst einschlagen. Von Vorteil sind eine Lehrerausbildung, gerne mit Germanistikstudium, und einige Jahre Berufserfahrung.

Doch auch Quereinsteiger aus der freien Wirtschaft sind in der politischen Öffentlichkeitsarbeit zu finden. Helke Knütter, zuständig für Kommunikation im Bundesarbeitsministerium, ist von Haus aus Literaturwissenschaftlerin und arbeitete früher in einem Verlag. Von dort aus bewarb sie sich auf die Stelle einer Referentin in Berlin. »Das Studium ist es nicht alleine, was hier zählt. Hinzu kommt Berufserfahrung und ein interessanter Lebenslauf.« Bereits während des Studiums übernahm Knütter Ämter in ihrem Wohnheim, verbrachte einige Zeit in Frankreich, war als Journalistin tätig und arbeitete als wissenschaftliche Mitarbeiterin für einen Abgeordneten.

Um in der Pressestelle eines Ministeriums zu arbeiten, müsse man sich für politische Zusammenhänge interessieren und seine eigene Meinung auch mal zurückstellen, so Knütter. »Nicht das, was ich gut finde, ist vorrangig. Ich bin hier schließlich nicht als Privatperson.« Ihre Aufgabe ist es, die Arbeit des Ministeriums der Öffentlichkeit zu vermitteln. Dazu organisiert sie Kampagnen zu Themen wie Einführung der Green Card, Rente oder Schwarzarbeit.

Knütter ist verantwortlich für Inhalt und Layout von Broschüren und Anzeigen, organisiert und gestaltet Ausstellungen und Filme, kümmert sich um die Abstimmung mit Agenturen und ist Ansprechpartnerin für die Presse. Außerdem sitzt sie schon mal mit im Schneideraum, wenn ein Film produziert wird. Gleichzeitig muss das Marketing nach außen mit den Fachabteilungen im Ministerium besprochen und abgestimmt werden. Das alles funktioniert nur, wenn die Informationen von den Fachreferenten fließen. Daher muss man für all diese Aufgaben »extrem kommunikativ sein und gut reden können«, betont Knütter.

Trotz aller Vorurteile gegenüber dem öffentlichen Dienst ist Knütters Job mit immenser Arbeitsbelastung verbunden, zumal Abendtermine selbstverständlich sind. »Es ist eine sehr kreative Tätigkeit mit einer Mischung aus persönlichen Kontakten zu den verschiedensten Leuten und Büroarbeit.« Und gerade das schätzt die Neu-Berlinerin: keinen reinen Schreibtischjob zu haben.

Protokollmitarbeiter

Beim Protokoll handelt es sich nicht etwa um das Mitschreiben von Reden oder Debatten im Bundestag; es geht vielmehr um die Organisation von politischen Auftritten. Staatliche Würdenträger und Führungspersonen einer Behörde müssen sich und ihr Amt in der Öffentlichkeit darstellen. Und dafür benötigen sie eine Crew, die derartige Repräsentationsveranstaltungen plant und dafür sorgt, dass sie reibungslos ablaufen.

Dabei ist das Protokoll nicht nur eine Art Polit-Knigge, der darüber informiert, wer wann eine Tischrede hält und wo die Dolmetscher sitzen. Das Protokoll ist auch ein Medium der Politik: Wenn zwei Staaten sich in einem Konflikt befinden, bestimmt das Protokoll, wer mit welchen Würden empfangen wird. Dies kann eine entscheidende Rolle für den Verlauf der Verhandlungen spielen.

Alexandra Kretzschmar, Protokollbeamtin im Präsidialbüro des Bundesrats, ist für die Vor- und Nachbereitung von Reisen und Terminen des Bundesratspräsidenten zuständig. Ihren Job beschreibt sie als »echt stressig«. Bei der Vorbereitung eines Termins steht die Arbeit am Telefon im Vordergrund. »Jedes Detail hat hundertprozentig zu stimmen. Sorgfältige Planung und Koordination sind unbedingt erforderlich.« Zu Kretzschmars Aufgaben gehört nicht nur, sich um Hotel, Flugzeug, Catering und Limousinenservice zu kümmern. Ebenso sind Absprachen mit Behörden, besonders mit der Polizei, über Absperrungen und andere Sicherheitsmaßnahmen nötig. Die Abstimmung und der enge Kontakt mit den Protokollmitarbeitern der anderen Gäste beziehungsweise Gastgeber sind unabdingbar.

Wie aufwändig diese Planungen sind, zeigt schon, dass eine einwöchige Reise an vier bis fünf verschiedene Orte eine drei- bis viermonatige Vorbereitungszeit in Anspruch nimmt. Während der Reise sind die Protokollmitarbeiter immer dabei und bewegen sich im Hintergrund. Hier, so die Einschätzung von Kretzschmar, braucht man eine gute Portion Improvisationstalent. Denn der Tagesablauf muss reibungslos funktionieren, die Hintergrundorganisatoren müssen auf alle Eventualitäten gefasst sein. »Man hat auch eine Lösung zu finden, wenn dem Bundesratspräsidenten ein Glas Rotwein über die Hose gegossen wird. Selbst ein harmloser Stau kann die Protokollbeamten zum Rotieren bringen.«

Dies macht deutlich, dass ein Mitarbeiter im Protokoll nicht nur kommunikative Fähigkeiten braucht. Ohne Organisationstalent und Flexibilität geht gar nichts. Viele Veranstaltungen finden am Wochenende oder an Feiertagen statt. Auf private Termine kann wenig Rücksicht genommen werden. »Außerdem ist der Zeitdruck immens, und es gibt wenig Phasen zum Abspannen, zumal der Tag bei Empfängen schon mal von früh um 5 bis 23 Uhr abends dauern kann«, beschreibt Kretzschmar ihre Erfahrungen. Auf der anderen Seite entschädigen die vielfältigen Reisen. Man lernt interessante Orte und Personen – auch hochrangige Persönlichkeiten – kennen, denn der Protokollmitarbeiter ist bei den Gesprächen seines Chefs, seiner Chefin stets anwesend.

Die Möglichkeiten, an einen Protokolljob zu kommen, sind verschieden. Ein politikwissenschaftliches Studium oder ein Studium an einer Beamtenfachschule sind üblich, Quereinsteiger kommen meist aus dem Bereich Öffentlichkeitsarbeit. Fremdsprachenkenntnisse und Parteiengagement sind gern gesehen.

Politikberater

In den USA und in Brüssel ist die Politikberatung ein großes Geschäft, in der Bundesrepublik dagegen steckt sie noch in den Kinderschuhen. »Umso besser«, denken sich ambitionierte Kommunikationstalente, »da ist der Kuchen ja noch nicht so verteilt.« Doch amerikanische Beratungsfirmen sitzen schon in den Startlöchern: Die New Yorker Agentur Sheinkopf unterstützte nach Bill Clinton auch Gerhard Schröder. Eine mit über 100 Mitarbeitern besetzte sozialdemokratische Wahlkampfzentrale mit ausgeklügeltem Gegnerbeobachtungssystem wurde 1998 von den Spindoctors installiert.

Politikberater arbeiten mit unterschiedlichen Schwerpunkten, manche eher inhaltlich, andere eher strategisch. Manche werden von Lobbys oder großen Organisationen angeheuert und vertreten deren Interessen in der Politik (Gesetzes- und Verordnungsberatung). In den USA sind etwa 7000 dieser Consultants tätig.[5]

»Der größte Fehler der deutschen Politiker ist, dass sie immer nur an Umfragen glauben. Dabei sind die meisten Umfragemethoden nicht gerade seriös«, erklärt Hermann Schulte-Vennbur, Geschäftsführer der Politikberatung P-Connex in Bonn. Deshalb sei der Kontakt vieler Politiker zur Öffentlichkeit immer nur ein indirekter. »Die haben teilweise eine völlig verzerrte Wahrnehmung«, erklärt der Berater.

Den Unterschied zu den USA beschreibt Schulte-Vennbur, selbst CDU-Mitglied, so: »In den USA gibt es viel mehr direkt gewählte Politiker. Da ist es ganz normal, sich professionell beraten zu lassen.« Allerdings fuhr bereits in den achtziger Jahren auch der eine oder andere bundesdeutsche Politiker in die USA, um dort Wahlkampfforschung zu betreiben. »Sehr ernsthaft ist man damals aber nicht vorgegangen. Meistens waren das Spaßreisen«, erzählt der Bonner. Einen systematischen Transfer hätte es jedenfalls nicht gegeben.

Politische Consultants beraten Abgeordnete auf Landes-, Bundes- und Europaebene. Sie bereiten Themen auf, beispielsweise Menschenrechte, Einführung des Euro oder Asien. Sie recherchieren, planen und organisieren Konferenzen, formulieren Anträge, Thesenpapiere und Vorträge. Sie arbeiten als Umfrageexperten, Medientrainer und Krisenmanager. Zwar hat jeder Politiker für solche Aufgaben auch seine Assistenten. Doch die sind so in die täglichen Arbeit eingebunden, dass oft gar nicht die Zeit dafür bleibt, auch konzeptionell zu arbeiten. Ein weiterer Vorteil der selbstständigen Politikberater: Viele arbeiten unabhängig und müssen sich nicht in eine Parteihierarchie einfügen.

Schulte-Vennbur berät auch Unternehmen und Verbände, die ihm hierzulande viel zu zahm sind und die er lieber in der Rolle des politischen Mitspielers sähe. »Die sind aber nicht bereit, sich entschieden gegen die Zumutungen der Politik zu wehren. Lieber lassen sie Politik passiv über sich ergehen.« Und er nennt als Beispiel die umstrittenen Castor-Transporte, bei denen die Industrie nicht ausdrücklich genug Stellung im eigenen Interesse bezogen habe.

Die inhaltlichen Schwerpunkte von P-Connex liegen in der Umwelt- und Energiepolitik sowie in der Telekommunikation. Da Konflikte vorprogrammiert sind, nennt er seine Public-Relations-Empfehlungen auch Krisen-PR oder Biss-PR. Apropos Krise: Zur Rehabilitierung des ehemaligen Bundeskanzlers Helmut Kohl rät Schulte-Vennbur: »Auf seine alten Tage sollte er Oberbürgermeister von Ludwigshafen werden. Mit einem politischen Kommando könnte er noch einmal beweisen, was er drauf hat.«

Info-Box

Einige US-Universitäten bilden Politikberater aus:

- Graduate School of Political Management in Washington DC
- Ray C. Bliss Institute for Applied Politics in Akron, Ohio
- University of Florida in Gainesville
- Boston College

American Association of Political Consultants
600 Pennsylvania Av. SE, Suite 330
Washington, DC 20003
Telefon: 001 (202) 5449815
Telefax: 001 (202) 5449816
www.theaapc.org

Winand Gellner, *Ideenagenturen für Politik und Öffentlichkeit*, Opladen 1995
Marco Althaus, *Wahlkampf als Beruf. Die Professionalisierung der Political Consultants in den USA*, Frankfurt/Main 1998

Fachzeitschrift:
Campaigns & Elections (zehn Ausgaben pro Jahr)

Infos im Internet: www.campaignline.com

Mitarbeiter bei politischen Stiftungen

Politische Stiftungen haben den Auftrag, die politische Bildung des Volkes zu fördern. Sie tragen klangvolle Namen wie Friedrich-Ebert-Stiftung, Konrad-Adenauer-Stiftung, Heinrich-Böll-Stiftung und Friedrich-Naumann-Stiftung und gelten als politisch gebunden, nicht jedoch als verlängerter Arm der Partei. Hier wird – zumindest offiziell – kein Wahlkampf gemacht, keine Parteiarbeit geleistet und kein Parteiprogramm verfasst, sondern geforscht, diskutiert und veröffentlicht.

Bei der Heinrich-Böll-Stiftung in Berlin sieht das beispielsweise so aus: »Unsere Arbeit beruht auf den Grundsätzen Ökologie, Demokratie, Solidarität und Gewaltfreiheit«, erklärt Andreas Kahler, einer der 140 Mitarbeiter der Bündnis90/Die Grünen nahe stehenden Stiftung. Die demokratische Willensbildung solle gestärkt, das politische Engagement gefördert werden. Daher stehen Themen wie Zukunft der Arbeit, Zeitgeschichte und Demokratie, Kunst, Kultur und Medien, Geschlechterdemokratie, Bildungspolitik und Internationale Politik auf dem Stiftungsprogramm.

Umgesetzt werden diese Themen in Form von Kongressen, Tagungen, Publikationen und Studien, die teilweise extern in Auftrag gegeben werden. Das Studienwerk der Stiftung vergibt zusätzlich Stipendien und Förderungen. Ein Beispiel: Das politische Institut der Freien Universität Berlin führt ein Krisen-Planspiel am Beispiel des Konflikts zwischen Indien und Pakistan durch. Studierende übernehmen die Rolle von Politikern und Diplomaten und treffen sich – entsprechend gekleidet, versteht sich – an einem Ort außerhalb Berlins, um Verhandlungen zu führen. Das von der Heinrich-Böll-Stiftung unterstützte Projekttutorium besteht seit einigen Jahren, und die Stiftung hat großes Interesse an der Auswertung der Ergebnisse. Außerdem werden politik- und gesellschaftswissenschaftliche Bücher publiziert und Bibliotheken in Osteuropa und Lateinamerika zur Verfügung gestellt, die eine Anschaffung nicht selbst finanzieren könnten.

Die Arbeit einer politischen Stiftung geht weit über das politische Tagesgeschäft hinaus. »Wir denken hier auch darüber nach, was die politischen Fragen der nächsten Jahre sein werden. Wir wollen neue Wege der Auseinandersetzung und des Lernens finden und neue Foren für Ideen schaffen«, erklärt Sachbearbeiter Kahler. Im Arbeitsalltag der Parteipolitiker sei dafür in der Regel kaum Zeit. Als Beispiel nennt er den Begriff der Wissensgesellschaft. »Was für Konsequenzen haben solche Entwicklungen für unser Bildungssystem? Was bedeutet Medienkompetenz?« Und er spricht von einer zweiten Alphabetisierung, in der es nicht mehr darum gehe, lesen und schreiben zu lernen, sondern sinnvoll und selbstbestimmt mit Informationen umzugehen. Auch Lehrerweiterbildung steht bei Böll auf dem Programm.

Die Böll-Stiftung soll in Zukunft zu einer vorwiegend operativen Stiftung werden. »Wir wollen eigene Projekte ins Leben rufen und nicht nur Projekte von anderen finanzieren«, sagt Kahler. Er selbst hat sich bereits während seines Studiums der Philosophie und Linguistik mit Hochschulentwicklung beschäftigt. In einem Projekttutorium veröffentlichte er mit anderen zusammen Broschüren und Reader und managte Workshops und Podiumsdiskussionen. »Die Arbeit im Team, die kriegt man an der Uni nicht mit. Da muss man sich schon selbst etwas einfallen lassen.« Was er für seinen Job in der Stiftung braucht, kann man, so Kahler, »alles unter dem Begriff Kommunikation subsumieren.« Obwohl: Seinen Interessen nachzugehen, auch über lange Zeit, und sich nicht von Misserfolgen entmutigen zu lassen – das sei auch wichtig. Und dafür sei das Studium gut gewesen.

Die parteinahen Stiftungen unterhalten auch Auslandsbüros. Hier werden Entwicklungshilfeprojekte betreut und politische Bildungsarbeit geleistet. Das bedeutet auch: Beratung für Politiker des Gastlandes im Sinne der Partei. Ob man mit so etwas Geld verdienen kann? Wir zitieren den Wirtschaftsjournalisten Hans Eschbach: »Wenn man die parteinahen Stiftungen in Unruhe versetzen will, muss man sie nach den Einkommen fragen, die ihre Auslandsmitarbeiter beziehen. Dann wird glatt gesagt, man möchte keine Zahlen nennen, damit kein Neid aufkommt (Naumann-Stiftung), dann wird nur auf die Bezüge der Botschaftsräte im Auswärtigen Amt verwiesen (Seidel-Stiftung) oder sogar geschwindelt (Ebert-Stiftung).« Bei 5 000 bis 6 000 Euro dürften die monatlichen Bezüge liegen, bei der Heinrich-Böll-Stiftung deutlich darunter.[6]

Info-Box

Friedrich-Ebert-Stiftung
Godesberger Allee 149
53175 Bonn
Telefon: (02 28) 88 30
Telefax: (02 28) 88 36 97
www.fes.de

Konrad-Adenauer-Stiftung
Rathausallee 12
53757 Sankt Augustin
Telefon: (0 22 41) 24 60
Telefax: (0 22 41) 24 65 73
www.kas.de

Heinrich-Böll-Stiftung
Rosenthalerstr. 40-41
10178 Berlin
Telefon: (0 30) 28 53 40
Telefax: (0 30) 28 53 41 09
www.boell.de

Hans-Böckler-Stiftung
Bertha-von-Suttner-Platz 3
40227 Düsseldorf
Telefon: (02 11) 7 77 80
Telefax: (02 11) 7 77 82 10
www.boeckler.de

Friedrich-Naumann-Stiftung
Weberpark Alt Nowawes 67
14482 Potsdam
Telefon: (03 31) 7 01 90
Telefax: (03 31) 7 01 91 88
www.fnst.de

Weitere Jobs im Bereich Politik

Medientrainer

Das Fernsehen ist das einflussreichste Medium in der Öffentlichkeit. Daher ist es gerade für Politiker wichtig, im Fernsehen gut auszusehen. Sie dafür fit zu machen ist die Aufgabe von Medientrainern.

Jobs bei NGOs

Politik wird auch von NGOs (Non Government Organisations) wie Amnesty International, Pro Asyl oder Greenpeace betrieben. Durch ein ehrenamtliches Engagement bekommt man schnell einen Fuß in die Tür.

Parteienbeobachter

Einige Redaktionen (Print, TV) beschäftigen Parteienbeobachter. Diese unterhalten gute Kontakte in eine Partei, in der Regel SPD oder CDU. Es geht dabei viel um informelle Recherche, zum Beispiel an entsprechenden Stammtischen. Sympathie für die Partei ist nicht erforderlich, diplomatisches Geschick schon eher.

5.

Werbung und Öffentlichkeitsarbeit

»Trotz allem finden die meisten Werbemenschen in den Freuden des Agenturdaseins eine mehr als ausreichende Entschädigung für die unmenschlichen Arbeitszeiten, die zweifelhafte soziale Wertung und die wirtschaftliche und psychologische Unsicherheit. Zu den Freuden gehören der Glanz, der die Werbung umstrahlt, und der greifbare Ertrag einer hoch bezahlten Tätigkeit. Im Grunde ist es aber weder die Gloriole noch das Geld, das den Werbemenschen an seine Arbeit bindet und dazu treibt, seine Kräfte vorzeitig zu verschleißen. Die treibende Kraft ist der große Wettkampf der Werbung, die Möglichkeit, sich als Sieger durchzusetzen«, beschreibt Martin Mayer in seinem in den sechziger Jahren berühmt gewordenen Buch *Madison Avenue* die Verfasstheit der Werber.

Auch wenn sich inzwischen einiges verändert hat: Wem es auf geregelte Arbeitszeiten und easy going ankommt, der ist in der Welt der Werbung falsch. Hier warten Vielseitigkeit statt Routine und Zeitdruck statt Ruhe. Dafür entschädigen flache Hierarchien mit viel Kommunikation und menschlichem Kontakt.

Dass die Werbebranche auch Kommunikationsbranche genannt wird, ist bereits ein Zeichen dafür, dass hier Karrierechancen für Kommunikationswunder warten: Texter, Kontakter, Pressesprecher, Promoter und Marktforscher sind klassische Beispiele.

In der deutschen Werbewirtschaft arbeiten 350 000 Menschen, über 30 Milliarden Euro geben die Unternehmen jährlich für Werbung aus.[7] Davon profitieren nicht nur die klassischen Werbeagenturen, sondern auch Marktforschung, Public Relations, Eventveranstalter, Unternehmensberater, Werbefilmer, Modellagenturen und Druckereien. Ein weites Betätigungsfeld also, in dem kommunikative Talente weitgehend unabhängig von ihren sonstigen Qualifikationen gefragt sind.

Denn: Kommunikation findet hier nicht nur nach außen statt. Die Branche wimmelt von Quasselstrippen. Selbst Grafiker und Layouter, die der Laie vielleicht vorwiegend an Zeichenbrett oder Computer vermutet, verbringen Stunden in Meetings, in denen Ideen ausgebrütet, Kundenprofile erstellt oder Kampagnen abgestimmt werden.

So findet man zahlreiche Quereinsteiger in der Branche, die ihr Kommunikationstalent hier erst richtig entfalten können. Mancher Werber war früher Taxifahrer, Kellner, wissenschaftlicher Mitarbeiter oder Künstler. Die Berufsbilder sind nicht starr, gehen fließend ineinander über.

Nicht zuletzt wirbeln technische Innovationen die Branche durcheinander. Stichwörter: interaktives Fernsehen, Multimedia, E-Commerce. So mancher eher zurückhaltende Computerspezialist und Webdesigner findet sich plötzlich in einer Umgebung lebhafter Diskussionen und intensiver Kundengespräche wieder. Viel wichtiger als ein offizielles Ausbildungszertifikat sind eben Kreativität, Lust am Werben und natürlich: eine kommunikative Persönlichkeit.

Praxis-Box

Praxis-Box

Gute Einfälle hat jeder und jede mal. Mit Kreativität Geld zu verdienen bedeutet aber, die Produktion von Ideen nicht dem Zufall zu überlassen. Drei Kreativitätstipps des amerikanischen Marketing-Gurus Jack Foster:[8]

1. Niemals versuchen, *die eine* gute Idee zu erzeugen. Es ist viel einfacher, zehn gute Ideen zu produzieren als eine.
2. Neue Ideen entstehen aus dem Zusammensetzen von bereits Bekanntem. Wenn Sie eine Idee suchen, schauen Sie sich in der Welt um: Gehen Sie ins Museum, blättern Sie

in Zeitschriften, nehmen Sie jeden Tag einen anderen Weg zur Arbeit.

3. Je mehr Sie von einer Sache verstehen, desto einfacher ist es, gute Ideen zu entwickeln. Wenn Sie also etwas nicht genau verstanden haben, recherchieren Sie so lange und fragen Sie so lange nach, bis Ihnen die ersten Ideen kommen.

Einstiegsmöglichkeiten bieten neben den klassischen Werbeagenturen – rund 3 200 »echte« Agenturen teilen sich den deutschen Markt[9] – auch die Werbeabteilungen der Unternehmen, die im Zuge des Lean Managements als Profitcenter eigene Kampagnen erarbeiten. Unternehmensberatungen setzen im Rahmen ihrer Strategien auch begleitende Kommunikationskampagnen, Events und Medienproduktionen für ihre Kunden um. Und schließlich tummeln sich gerade in der Werbung zahlreiche Freelancer, ob nun als Marketingexperten, Grafiker oder freie Texter, die von Fall zu Fall an Projekten mitarbeiten.

Info-Box

Weitere Informationen bei:

Zentralverband der Werbewirtschaft
Villichgasse 17
53177 Bonn
Telefon: (02 28) 82 09 20
Telefax: (02 28) 35 75 83
www.zaw.de

Gesamtverband Werbeagenturen
Friedensstr. 11
60311 Frankfurt/Main
Telefon: (0 69) 2 56 00 80
Telefax: (0 69) 23 68 83
www.gwa.de

Marketing-Akademie Hamburg
Barkhausenweg 11
22339 Hamburg
Telefon: (0 40) 5 36 99 10
Telefax: (0 40) 53 69 91 41
www.marketingakademie.de

Bayerische Akademie für Werbung und Marketing
Orleansstr. 34
81667 München
Telefon: (0 89) 48 09 09 10
Telefax: (0 89) 48 09 09 19
www.baw-online.de

Akademie für Marketing-Komunikation
Elbinger Str. 1
60487 Frankfurt/Main
Telefon: (0 69) 70 40 95
Telefax: (0 69) 7 07 51 67
www.akademie-frankfurt.de

Akademie für Kommunikation Kassel
Hasselweg 31
34131 Kassel
Telefon: (05 61) 93 89 90
Telefax: (05 61) 9 38 99 15
www.akk.de

Düsseldorfer Akademie für Marketing-Komunikation
Graf-Adolf-Str. 61
40210 Düsseldorf
Telefon: (02 11) 37 39 00
Telefax: (02 11) 3 85 81 36
www.damk.de

Südwestdeutsche Akademie für Marketing
Königstr. 1 b
70173 Stuttgart
Telefon: (07 11) 29 17 14
Telefax: (07 11) 2 26 24 24
www.SWD-Akademie.de

Werbefachschule Niedersachsen
Lange Laube 2
30159 Hannover
Telefon: (05 11) 1 72 11
Telefax: (05 11) 1 59 52
www.norddeutsche-akademie.de

Um sich einen Überblick über die Szene zu verschaffen, bieten sich Fachzeitschriften an, zum Beispiel:
Werben + Verkaufen (erscheint wöchentlich)
Horizonte – Zeitung für Marketing (erscheint wöchentlich)

Kontakter

Die Berufsbezeichnung Kontakter lässt das Herz der meisten Quasselstrippen bereits deutlich höher schlagen. »Wenn ich einen Kontakter zeichnen müsste, würde ich mit dem Telefon beginnen«, erklärt André Scherer, der seit zehn Jahren für verschiedene große Agenturen als Kontakter arbeitet. Der Berliner betont: »Natürlich befindet sich der Kontakter fast den ganzen Tag in Gesprächen. Neben eigenen rhetorischen Fähigkeiten ist es aber absolut notwendig, sehr gut zuhören zu können. Kommunikation ist keine Einbahnstraße.«

Der Kontakter ist die Schnittstelle zwischen Agentur und Kunde – für Kommunikationstalente eine strategisch günstige Ausgangsposition. Dort wird der Etat organisiert, den der Kunde für Werbung ausgibt. Die Ansprechpartner des Kontakters sind nach innen die Texter und Grafiker, nach außen die Marketingleiter und Produktmanager der Unternehmen. Umfang und Schwerpunkt der Aufgaben variieren von Agentur zu Agentur, von Kunde zu Kunde erheblich. Etwa ein Viertel aller Werber arbeitet im Bereich Kontakt und Kundenberatung.[10]

Am Anfang steht das Gespräch mit dem Kunden: Was ist das Ziel der neuen Werbekampagne? Soll ein Produkt auf den Markt gebracht oder einer alten Marke ein modernes Image verpasst werden? Will ein Unternehmen bekannter werden oder im Zuge eines Börsengangs Investoren anlocken? »Manchmal sind die Kunden selbst professionelle Marketingleute, die sehr genau wissen, was ihre Werbung bewirken soll. Andere haben keinen blassen Schimmer. Es ist dann meine Aufgabe, im Gespräch herauszubekommen, was der Kunde eigentlich will«, erklärt Scherer.

Die Ergebnisse des Gesprächs fasst der Kontakter in einem Briefing für die Kreativen zusammen. Dann machen sich Texter und Grafiker an die Arbeit und entwickeln erste Ideen. »Der Kontakter steht zwischen ganz vielen Interessen und Denkweisen. Der Kunde möchte so schnell wie möglich ein Ergebnis sehen. Der Produktioner muss Termine halten. Der Grafiker aber kann beispielsweise nur nachts arbeiten und interessiert sich überhaupt nicht für Termine. Und auch nicht für den Text. Der ist für ihn lediglich Grauwert. Für den Texter wiederum ist der Text das Wichtigste auf der Welt«, beschreibt Scherer die Probleme seines Arbeitsalltags.

Um alles zusammenzuhalten und innerhalb knapp gesetzter Termine zu einem guten Ergebnis zu kommen, braucht ein Kontakter Offenheit und Flexibilität. In anderen Berufen gearbeitet zu haben kann daher ein großes Plus darstellen. Scherer, der früher Krankenpfleger und Reiseleiter war, erklärt: »Erstens lernt man in der Betreuung von Reisegruppen viel mehr als im Psychologiestudium darüber, wie Menschen ticken. Weiter lernt man durch das Reisen, dass Deutschland nicht der Nabel der Welt ist und die Art, wie wir hier Dinge tun, nicht die einzige Möglichkeit ist. Wer Reiseleitung in Entwicklungsländern macht, ist außerdem gewohnt, immer wieder neue Wege und Möglichkeiten zu finden. Das schult.«

Seine Erfahrung als Krankenpfleger nutzt er im Kontakt mit Kunden aus der Gesundheitsbranche: Einmal war er damit beauftragt, ein schwedisches Röntgenmittel auf dem deutschen Markt einzuführen. »Zum Glück konnte ich unterscheiden, ob es sich bei den Röntgenaufnahmen, die der Kunde mitgebracht hatte, um Leber oder Niere handelte.« Mit der Terminologie seines Kunden umgehen zu können, ist für Scherer denn auch eine wichtige Voraussetzung, um effektiv zu kommunizieren. In Agenturen, die sich auf bestimmte Branchen spezialisiert haben, können durchaus entsprechend geschulte Fachleute, zum Beispiel Mediziner oder Techniker, als Kontakter arbeiten.

Neben einer breiten Allgemeinbildung müssen Kundenberater über eine große intellektuelle Neugier verfügen. David Ogilvy, eine der großen Figuren der Werbegeschichte, schreibt in seinem Buch *Über Werbung*: »Sorgen Sie dafür, dass Sie bezüglich des Ihnen anvertrauten Werbeetats die bestinformierte Person der Agentur sind. Wenn es sich beispielsweise um einen Etat für Kraftstoff handelt, lesen Sie Bücher über die Erdölgeologie und die Herstellung von Erdölprodukten. Lesen Sie außerdem die einschlägigen Zeitschriften, und verbringen Sie möglichst jeden Samstagmorgen an Tankstellen, um sich mit Autofahrern zu unterhalten. Besichtigen Sie darüber hinaus die Raffinerien und Forschungslabors Ihres Kunden.«

Das Einarbeiten in immer neue Themenfelder ist der Grund für die enorme Vielfältigkeit der Kundenberatung. Darüber hinaus macht der Kontakter sich Gedanken über Trends und Entwicklungen. »Ich muss mir heute schon überlegen, was ein Waschmittelproduzent in zehn Jahren macht, wenn die Wäsche nicht mehr mit Pulver, sondern per Laser gereinigt wird«, gibt Scherer als Beispiel.

Praxis-Box

Vier Kontakter-Tipps von Georg Baums, Deutschlandchef der publicis-Gruppe und Urgestein der deutschen Werbung[11]

1. Trainieren Sie Ihren Schreibstil! Ein Kundenberater muss klar und knapp formulieren können. Je umständlicher Ihre Sprache, desto weniger können Sie bewirken und desto weniger ernst wird man Sie nehmen.
2. Lernen Sie, frei zu sprechen! Nur wer im freien Vortrag geübt ist, kann bei der Präsentation einer neuen Kampagne Eindruck machen. Referate in der Schule oder an der Uni oder das Mitwirken in einer Laienschauspielgruppe können wertvolle Trainingseinheiten bringen.
3. Lernen Sie, fließend Englisch zu sprechen, am besten mit einem längeren Auslandsaufenthalt. Ohne Englisch machen Sie in der Werbung keine Karriere mehr.
4. Lernen Sie, mit dem Computer umzugehen. Textverarbeitung, Tabellenkalkulation, Präsentationsprogramme und Internet sind das Mindeste für einen Kontakter.

Rhetorisch versierte und sehr telefonstarke Kontakter können sich auf den Bereich New Business spezialisieren. Das bedeutet: Sie sind ausschließlich für die Neukundengewinnung per Telefon oder auf Veranstaltungen zuständig. Ist der Kontakt erfolgreich angebahnt, übergeben sie an einen Kundenberater, der dann für die Betreuung im Tagesgeschäft zuständig ist. Eine Karriere als Kontakterin kann über folgende Stationen gehen: Innenkontakterin, Juniorkontakterin (früher: Kontaktassistentin), Kontakterin, Etatdirektorin, Management Supervisor. Viele Agenturchefs und -chefinnen sind aus der Kundenberatung hervorgegangen.

Info-Box

Fachzeitschrift:
Der Kontakter (erscheint wöchentlich)

Werbetexter

Quasselstrippen brauchen keinesfalls zu befürchten, dass sie als Texter den ganzen Tag allein mit ihrer Tastatur zu verbringen. Im Gegenteil: Texter haben vielfältige Kontakte innerhalb und außerhalb der Agentur, sodass es unzählige Gelegenheiten gibt seine kommunikativen Fähigkeiten zu trainieren. Nadja Rishmawi, Juniortexterin bei der renommierten Agentur Scholz & Friends in Hamburg, schätzt, dass sie etwa 50 Prozent ihrer Zeit schreibend und 50 Prozent redend verbringt »mit den Grafikern, mit anderen Textern, mit den Kundenberatern und mit allen anderen, die durch die Agentur laufen«.

Jede Broschüre, jedes Plakat, jeder Werbespot in Radio und Fernsehen arbeitet mit Text. Dabei reicht es nicht aus zu erklären, warum der Kunde gerade dieses Produkt kaufen sollte. Heute geht es in der Werbung darum, dem Produkt eine attraktive Aura zu verleihen und Aufmerksamkeit zu erregen.

Natürlich ist nicht jeder Vielredner auch gleich ein guter Texter. Doch viele Quasselstrippen sind in der schriftlichen Textproduktion ebenso gewitzt wie in der mündlichen. Um gute Texte zu machen und griffige Slogans zu kreieren, benötigt der Texter ein gutes Gefühl für Sprache, einen Sinn für kommende Trends und Spaß am Wortspiel. Wichtig ist auch eine gute Allgemeinbildung. Sie liefert dem Texter einen Fundus an Ideen. »Letztendlich sagen viele Kollegen, dass sie aus der Schule des Lebens das meiste für ihre Arbeit gelernt hätten«, bestätigt Nicole Wanninger, Texterin bei WOB MarketingKommunikation in Viernheim. Daher ist es notwendig, dass Texter auch ein Leben nach der Agentur haben, in dem sie abschalten und mental und kreativ auftanken.

Obwohl Texter Texte machen, müssen sie trotzdem in Bildern denken, damit Text und Bild eine Einheit ergeben. Die Idee für einen neuen Entwurf muss klar und in einem Satz vermittelbar sein. Egal, ob es sich um neue Kosmetik handelt, um ein kompliziertes Stück Technik oder um eine neuartige Form der Geldanlage – Werber müssen »ihr« Produkt sehr genau verstehen. Nur so können sie herausarbeiten, was das ganz Besondere daran ist. Diese USP (Unique Selling Proposition) muss sodann in griffige Formulierungen übersetzt werden. »Und wenn es nichts Neues oder Besonderes gibt, dann muss ich etwas erfinden«, erklärt Rishmawi.

Bevor die Juniortexterin zum Stift greift, schaut sie sich sehr genau das Briefing an, das der Kontakter vom Kunden mitgebracht hat. An welche Zielgruppe wendet sich die Werbekampagne? Jugendliche wollen anders angesprochen sein als Techniker, Mütter anders als die Entscheider in Unternehmen. »Ich überlege, was man mit dem Produkt alles machen könnte und wie es in irgendwelchen lustigen oder zielgruppenadäquaten Situationen aussehen könnte. Wenn ich mit anderen darüber rede, kommen schon die ersten Ideen«, sagt Rishmawi. Wenn ihr nichts einfällt, schreibt sie erst einmal »den ganzen Müll« auf, der ihr durch den Kopf geht, schmeißt alles weg, und denkt von dort aus weiter.

Ein Problem am Texten ist, dass jeder meint, er könne es im Grunde genommen ebenso gut. Auch die Grafiker haben oft wenig Respekt vor dem Text und wollen am liebsten alles so kurz wie möglich. Daher muss ein professioneller Texter jederzeit darauf gefasst sein, dass Geschäftsführung, Kunden, Teamleitung und Schlusslektorat ihm in seine Arbeit hineinreden. Schnelle und präzise Antworten, Selbstbewusstsein und Geduld mit kritischen Stimmen sind in solchen Fällen gefragt.

Am meisten gefällt Rishmawi die Flexibilität ihres Jobs. Wenn sie keine Meetings hat, kann sie ihren Laptop nehmen und arbeiten, wo es ihr gerade gefällt: zu Hause, am Hafen oder im Café. Das gilt natürlich auch für eine spätere Selbstständigkeit. »Man ist nicht so in diese Bürowelt eingebunden«, erklärt sie. Und ihre Kollegin Wanninger denkt noch weiter: »Vielleicht sitze ich in zehn Jahren in Italien am Strand und schreibe über ganz andere Sachen.«[12] So wie die Krimiautorin Dorothy Sayers, die nach zehn Jahren Werbebranche zur erfolgreichen Schriftstellerin avancierte. Ihren eleganten Detektiv Lord Peter Wimsey schickt sie auf seinen Recherchen auch einmal in einer Agentur vorbei.

Info-Box

Große Agenturen veranstalten Kreativ-Workshops, zu denen sie Nachwuchstalente einladen. Auch auf Werbemessen werden Workshops für Nachwuchstexter angeboten:
Convention of Advertising (COA) findet jährlich im Oktober in Düsseldorf statt (www.coa2000.de)
Ein siebenmonatiges Studium zum Werbetexter bietet die

Texterschmiede Hamburg
Hammerbrookstr. 93
20097 Hamburg
Telefon: (0 40) 23 68 83 84
Telefax: (0 40) 23 68 83 85
www.texterschmiede.de

Nina Janich, *Werbesprache. Ein Arbeitsbuch*, Tübingen 1999

Eventmanager

Es soll Leute geben, die noch nie in ihrem Leben eine Party veranstaltet haben, weil es ihnen zu viel Mühe bereitet, hinterher aufzuräumen. Umgekehrt gibt es Menschen, die alle Feste feiern, wie sie fallen und seit früher Jugend jeden Geburtstag zu einem Ereignis werden lassen. Wie gut, dass man heute aus diesem Vergnügen einen Beruf machen kann – ein reiches Betätigungsfeld für Quereinsteiger aller Richtungen.

Prototyp und Meister der Branche sind die Macher der Berliner Love Parade, die innerhalb weniger Jahre aus einem kleinen Umzug ein Millionenspektakel gemacht haben. Selbst kritische Stimmen aus dem Berliner Senat konnten der Mammutveranstaltung von Dr. Motte & Co. nichts anhaben. Im Normalfall ist der Job jedoch nicht immer so spektakulär.

Eventmanager arbeiten meist für andere, organisieren Firmenveranstaltungen, Hausmessen großer Unternehmen oder Kongresse. Sie sind entweder in der Marketingabteilung angestellt oder arbeiten für spezialisierte Werbe- oder Public-Relations-Agenturen.

Das Tätigkeitsfeld ist weit – es kann von der Konzeption besonderer Feste bis zur Organisation und Betreuung von wissenschaftlichen Zusammenkünften reichen. Im ersten Fall ist auch Kreativität gefragt, in jedem Fall Organisationstalent. Dazu die Bereitschaft, kurz vor und während der Veranstaltung die Nächte durchzuarbeiten und einzuspringen, wenn etwas schief geht.

Zum Eventmanagement gehören auch Büroaufgaben, wie die Datenbank potenzieller Gäste zu aktualisieren, Einladungskarten oder Broschüren in Auftrag zu geben sowie Anmeldungen und Rückmeldungen zu verbuchen. Interessanter ist es da schon, Referenten zu gewinnen, Aussteller für eine Messe zu finden, das Unterhaltungsprogramm für ein Fest zusammenzustellen oder beim Caterer die Häppchen zu probieren.

Während der Veranstaltung wird der Manager dann zum Mädchen für alles: Ob es nun gilt, Platz für unerwartete Gäste zu schaffen, Getränkekisten zu schleppen oder am späten Abend einen Elektriker für widerspenstige Haustechnik zu finden. Gefordert sind in diesem Bereich Menschen mit hoher Sozialkompetenz, Stressresistenz, Durchsetzungsvermögen und – unerschütterlicher Freundlichkeit.

Interview

Michael Poschmann ist Geschäftsführer von AVB – Agentur für Veranstaltungen Berlin.

Frage: Was ist ein Event?

Poschmann: Zuerst einmal: Es gibt Einzelevents – man kann sie auch Feuerwerksevents nennen –, die zwar gut aussehen, deren Energie aber sofort verpufft. Wer mehr will, braucht ein Corporate-Event-Design, eine Philosophie, die dahinter steht und die erklärt: Was wollen wir eigentlich mit dem Event? Ein Event im Event-Design zielt darauf ab, eine Face-to-Face-Beziehung zum Kunden und zum Mitarbeiter nachhaltig aufzubauen.

Frage: Wie hat sich das Eventmanagement während der letzten zehn Jahre entwickelt?

Poschmann: Von der Gala zur integrierten Kommunikation. Früher waren wir eine reine Eventagentur, heute beschäftigen wir uns vor allem mit Kundenbeziehungskonzepten (Relationship-Design) und der Durchführung der daraus resultierenden Aktivitäten: Events, Messeauftritte, Roadshows etc. Das sind dann in der Regel kombinierte Ereignisse. In der Zukunft sind Solitär-Events tot. Es gibt nur noch integrierte Events im Marketing.

Frage: Welche Bedeutung haben Events in der Zukunft?

Poschmann: Events, die untereinander verknüpft sind, beispielsweise durch Open-Space-Konferenzen oder Online-Plattformen, bieten ein System für nachhaltigen Beziehungsaufbau und -pflege zwischen Unternehmen, Mitarbeitern, Kunden und Öffentlichkeit. Die Hauptaufgabe eines Eventmanagers ist die Implementierung des Systems ins Unternehmen. Beim Event selbst sorgt er für die Durchführungssicherheit.

Frage: Muss ein Eventmanager gut reden können?

Poschmann: Na klar! Er muss den ganzen Tag mit Leuten reden: Künstler, Locationmanager, Cateringpartner, Zulieferer, Freelancer, Regisseure, Konzeptioner, andere Eventdesigner, Grafiker, Online-Producer, Filmproduzenten, Multimediaproduzenten, Produktionsleiter, Requisiteure, Hostessenagenturen, Busunternehmer, Technische Projektleiter, Techniklieferanten (Ton, Multimedia, Video, IT), professionelle Kongressveranstalter und so weiter. Auf der anderen Seite hat man im Eventmanagement ständig mit dem Kunden und dessen Mitarbeitern und Kunden zu tun.

Frage: Was muss ein Eventmanager sonst noch können?

Poschmann: Singen, tanzen, schauspielern, konzeptionieren, skribbeln, zuhören, Gesagtes in Konzeptideen umwandeln, partnerschaftlich agieren, Projektteams zusammenstellen, andere Eventdesigner verstehen, Kunden verstehen, mit allen oben Genannten zusammenarbeiten!

Info-Box

Informationen bei:

Forum Marketing Eventagenturen
Berliner Str. 26
33378 Rheda-Wiedenbrück
Telefon: (0 52 42) 94 54 24
Telefax: (0 52 42) 94 54 10
famab@t-online.de

Fachmesse:
World of Events
Rheinstr. 20
65185 Wiesbaden
Telefon: (06 11) 14 40
Telefax: (06 11) 14 41 18
www.rhein-main-hallen.de/worldofevents/

Michael Brückner, Andrea Przyklenk, *Event-Marketing. Wenn Werbung zum Erlebnis wird*, Wien, Frankfurt/Main 1998
Oliver Nickel, *Eventmarketing: Grundlagen und Erfolgsbeispiele*, München 1999

Fachzeitschrift:
Event Partner (erscheint zweimal im Monat)

Promoter

Sie kennen die Situation: Abends in der Kneipe bietet Ihnen unverhofft ein fremder Mann, eine fremde Frau Zigaretten an. Dabei handelt es sich nicht etwa um plumpe Anmache, sondern vielmehr um die Promotion-Aktion einer Zigarettenfirma. In diesem Fall genannt: Szene-Promotion. Nach einer vorher ausgearbeiteten Route ziehen Promoter durch das Nachtleben und lassen die Gäste den blauen Dunst mit der neuen Geschmacksnote probieren. Die Bereitschaft dazu wird mit Gratis-Zigaretten und Kugelschreibern belohnt.

Neben klassischen Promotion-Aktionen wie Käsehäppchen im Supermarkt und Gewinnspielen auf Messen lassen sich entsprechende Agenturen auch außergewöhnliche Aktionen einfallen: Für den Gruselsender *13th Street* verschenkte die Nürnberger Promotion-Agentur Litomobil beispielsweise schwarze Rosen und Taschentücher in Kneipen und Diskotheken und verteilte Drohbriefe mit der Aufschrift »Wir kriegen euch alle«.

Auch eine mobile Litfaßsäule, aus der Passanten urplötzlich ein Werbezettel entgegengestreckt wird, ist möglich. »Die Promotion ist ein sehr breit gefächertes Feld. Man erfährt viel über die unterschiedlichsten Branchen und Produkte. Und man lernt wahnsinnig viele Leute kennen«, erklärt Viola Hoessgen, Beraterin bei Litomobil. Für den Reiseveranstalter LTU hat sie mit ihren Kollegen eine mobile Plakatwand entwickelt, die von zwei Promotern durch die Stadt gezogen wird. (»Wer sein Plakat liebt, der schiebt.«) Der Clou sind die in der hauseigenen Schneiderei gefertigten Superman-ähnlichen Kostüme mit der Aufschrift »Strandman«.

Hoessgen hat früher selbst als Promoterin gearbeitet. Daher weiß sie, wie wichtig kommunikative Fähigkeiten sind. »Für die meisten Jobs in der Promotion muss man in der Lage sein, auch von sich aus auf die unterschiedlichsten Leute zuzugehen und sie einfach anzusprechen. Dann kommt eine Reaktion, und man muss sich blitzschnell darauf einstellen können.« Und sie gibt als Beispiel eine sehr erfolgreiche Promotion-Aktion für eine holländische Tabakmarke. Dabei wurden nur Holländer und Holländerinnen eingesetzt, die sich zunächst mit ihrem Namen vorstellten, sagten, dass sie aus den Niederlanden kommen, und fragten, ob sie sich zu einer Gruppe setzen dürfen. »Das kam allein wegen des Akzents einfach unheimlich gut an«, berichtet Hoessgen.

In der Kartei von Litomobil finden sich fast 800 Promoter, teilweise mit Spezialkenntnissen. Diese werden in Verkaufsaktionen eingesetzt, in denen viel Beratung nötig ist, beispielsweise für Software. Alle Promoter werden in hauseigenen Schulungen auf den jeweiligen Einsatz vorbereitet. Ein sicheres und gepflegtes Auftreten ist selbstverständlich. Wer Angst hat, allein in eine fremde Stadt zu fahren, ist bei den bundesweiten Aktionen fehl am Platz. Zuverlässigkeit, Mitdenken, Initiative, das sind weitere Eigenschaften, die sich Hoessgen von ihren Promotern wünscht. Und wenn vor Ort nicht alle Details genau stimmen, dann muss man improvisieren können. Die unregelmäßigen Arbeitszeiten werden durch den Spaß an originellen Aktionen wettgemacht: »Außerdem arbeitet man im Team, ist viel unterwegs und ständig am kommunizieren. Langweilig wird es jedenfalls nie«, erklärt Hoessgen.

Info-Box

Dieter Pflaum, Hartmut Eisenmann, Richard Linxweiler, *Verkaufsförderung. Erfolgreiche Sales Promotion*, Lahnstein 2000

Marktforscher

Welche Partei würden Sie wählen, wenn am Sonntag Bundestagswahl wäre? Welchen Radiosender haben Sie in der letzten Woche mindestens einmal gehört? Benutzen Sie einen Computer und wenn ja, welches Betriebssystem? Wie zufrieden sind Sie damit auf einer Skala zwischen 1 und 10?

Marktforscher werden dafür bezahlt, über solche und ähnliche Fragen mit ihren Mitmenschen zu plaudern. Neben den großen Instituten wie Emnid, Forsa oder Infas arbeiten viele kleine Marktforschungsbüros, die auch weiter gehende Aufgaben, wie beispielsweise Mailings übernehmen.

In der Marktforschung geht es darum herauszufinden, welche Leute welche Meinungen über ein Produkt, eine Entwicklung oder eine Partei haben. Welche Zielgruppe zieht welches Produkt vor? Welches Image hat ein Unternehmen, eine Partei? Mit welchen Sendungen wird ein Fernsehsender in Verbindung gebracht? Welche Werbung bleibt beim Kunden hängen?

Die Aufträge kommen meist aus den Marktforschungsabteilungen von Unternehmen. Diese entwickeln konkrete Fragen oder lassen das Marktforschungsinstitut selbst formulieren. Inhaltlich kann es um alles Mögliche gehen: Bier, Flugreisen, Verhütungsmittel, Haushaltsgeräte. Für eine Telefonaktion werden meistens mehrere Aufträge zusammengefasst.

Mit Papier und Stift arbeitet heute auch in der Marktforschung niemand mehr. Die Antworten werden nach Vorgaben per Maus angeklickt oder bei offenen Fragen mit der Tastatur eingegeben. Das hat den Vorteil, dass der Computer je nach Antwort die passende weiterführende Frage ausspucken kann. Auch gewählt wird nicht mehr per Hand. Der Computer bestimmt per Zufallsgenerator eine Nummer. Tagsüber werden Geschäftsleute angerufen, abends Privathaushalte (Bevölkerungsumfrage).

Nach dem Abheben muss der Telefonist zunächst herausbekommen, ob der Angerufene in seine Zielgruppe passt und ob er bereit ist, die Fragen zu beantworten. »Am Anfang denkt man immer: ›Die sind bestimmt genervt, dass man sie in ihrem Feierabend stört.‹ Aber oft bin ich über die freundlichen Reaktionen überrascht«, erklärt Franziska Fuchs, die bei einem großen Marktforschungsinstitut in Bielefeld arbeitet. Manche antworten klar und ohne Umschweife, andere erzählen ihre halbe Lebensgeschichte. »Da muss ich dann auch schon mal sagen ›Gut, das können wir dann nachher noch besprechen‹.« Die Unterhaltung zu steuern, aber niemals arrogant zu wirken – auch darin besteht die Kunst der Gesprächsführung.

Manchmal sei es schwierig, die 10 bis 30 Minuten, die so ein Interview dauert, gleichbleibend freundlich und neutral zu sein. Wenn Zeitaufwand und Ergebnis in gutem Verhältnis stehen und wenn die Leute nett sind, dann mache es aber viel Spaß. »Meistens ist es so, dass die Gespräche gut laufen, wenn ich selbst gut drauf und optimistisch bin. Wenn ich dagegen schon schlecht gelaunt ins Büro komme, geht auch mal was schief«, erklärt Fuchs. Es sei schon interessant, wie sich Stimmungen übers Telefon mitteilen.

Die Marktforschung ist ein vielfältiger Job, in dem man mit unterschiedlichen Produkten und Branchen in Berührung kommt. Flexible Arbeitszeiten und ein altersgemischtes Team schätzt Fuchs an ihrem Beruf. »Das Schöne ist, dass man mit wahnsinnig vielen Leuten in Kontakt kommt und manchmal viel über sie erfährt. Wenn mir die Leute mal unangenehm sind, denke ich immer: ›Wie gut, dass es noch das Telefon zwischen uns gibt.‹«

Am Anfang sei es »ganz furchtbar« gewesen, bei wildfremden Leuten anzurufen. »Aber man gewöhnt sich daran«, erzählt Fuchs.

»Und man lernt was fürs Leben. Schließlich muss man in allen möglichen Situationen in der Lage sein, unbefangen zum Telefonhörer zu greifen. Nicht bloß in der Marktforschung.« Aber dort lerne man es vielleicht am besten und schnellsten.

Info-Box

Weitere Informationen erhält man bei:

TNS Emnid
Stieghorster Str. 90
33605 Bielefeld
Telefon: (05 21) 92 57-0
Telefax: (05 21) 92 57-3 33
www.emnid.de (mit Links zu anderen Marktforschungsthemen)

Arbeitskreis deutscher Markt- und Sozialforscher
Langer Weg 18
60489 Frankfurt/Main
Telefon: (069) 97 84 31 36
Telefax: (0 69) 97 84 31 37
www.adm-ev.de

Infas-Institut für angewandte Sozialwissenschaft
Margaretenstr. 1
53175 Bonn
Telefon: (02 28) 3 82 24 09
Telefax: (02 28) 31 00 71
www.infas.de

Berufsverband deutscher Markt- und Sozialforscher
Frankfurter Str. 22
63065 Offenbach
Telefon: (0 69) 8 00 15 52
Telefax: (0 69) 8 00 31 43
www.bvm.org

Public-Relations-Manager

Kommunikation ist mittlerweile zum entscheidenden Wettbewerbsfaktor für Unternehmen geworden. In Zeiten, in denen Produkte sich immer mehr ähneln, gewinnen subjektive Werturteile von Kunden und Öffentlichkeit an Einfluss. Darum beschäftigen Unternehmen Pressesprecher – oder Public-Relations-Manager –, die Medien und Öffentlichkeit informieren. Echte Kommunikationstalente sind gefragt.

Angestellte Pressesprecher vermitteln zwischen der Öffentlichkeit – und das bedeutet zumeist Medienvertretern – und den Fachabteilungen ihres Unternehmens. Sie beraten nach innen über die geschickteste Art, Produkte, Forschungsergebnisse oder auch Katastrophen und Fehler in der Öffentlichkeit zu präsentieren. Nach außen sind sie erste Anlaufstelle für Anfragen, geben Pressemitteilungen und Nachrichten aus dem Unternehmen weiter.

Kai Meinschien, Redakteur für Presse- und Öffentlichkeitsarbeit beim ARD-Dauerbrenner *Marienhof* der Münchener Bavaria, findet diese Art der Tätigkeit für echte Quasselstrippen »interessant und abwechslungsreich, aber auf Dauer leider zu sehr an ein Thema gebunden«. Daher plant er neben seiner Tätigkeit für *Marienhof* den Schritt in die Selbstständigkeit. Sein Konzept: In Zukunft als freier PR-Experte verschiedene Serien zu betreuen und in der Öffentlichkeit bekannt zu machen.

In den Verantwortungsbereich von angestellten Pressesprechern und PR-Fachleuten gehört auch die Konzeption von Veranstaltungen wie Pressegespräche, Tage der offenen Tür, Messen und Gewinnspiele. Sie betreuen hauseigene Publikationen wie Videos, CD-ROMs, Geschäftsberichte, Kundenbroschüren und Mitarbeiterzeitungen. Je kleiner die Firma oder die Institution, desto weiter spannt sich der Arbeitsbereich.

Allein die Medienarbeit wird beinahe täglich komplexer. Natürlich gibt es noch die gut formulierte Pressemitteilung, 30 mal 60 Anschläge mit News aus dem Unternehmen, über Fax oder gar per Post verschickt. Doch die Wahl des richtigen Kommunikationsträgers wird zunehmend schwierig. Neue Medien entstehen, alte verändern ihre Struktur. Trotzdem sind persönliche Kontakte immer noch das größte Kapital der PR-Leute – das Wissen, für welchen Pressekollegen welche Nachricht interessant ist.

Auch in der freiberuflichen Pressearbeit findet Kommunikation und Kontaktpflege immer in zwei Richtungen statt: hin zum Kunden, dessen Anliegen verstanden und vertreten werden muss, sowie hin zu den Journalisten, die Nachrichten aus dem Unternehmen möglichst positiv unterbringen sollen. Viele PR-Fachleute kommen daher aus den Medien und kennen die Regeln ihrer Exkollegen von früher. PR-Fachmann Meinschien beispielsweise arbeitet seit dem Abitur im Pressebereich, zunächst als Praktikant, dann als »Feuerwehrredakteur« bei einer Tageszeitung.

An seine heutige Stelle kam er über ein Praktikum. Bereits nach vier Tagen erkannte man sein Talent und bot ihm einen Halbjahresvertrag, später die feste Stelle an. »Dabei wollte ich ursprünglich Karrosseriedesigner bei Daimler-Benz werden«, wundert sich Meinschien noch heute. Wer in seine Fußstapfen treten will, dem empfiehlt er, die Augen nach Chancen offenzuhalten und sich um Praktika bei Firmen zu bewerben, deren Tätigkeitsfeld auf den ersten Blick interessant wirkt und die Neugier weckt, auch mal hinter die Kulissen zu schauen.

Übrigens: Auch Erfahrung und Spezialwissen, das Quereinsteiger in den Beruf des PR-Managers mitbringen, können sinnvoll genutzt werden. Jemand, der die Versöhnung mit einer aufgebrachten Bürgerinitiative erreichen kann, ist für manchen Industriebetrieb nicht mit Geld zu bezahlen. Ein Schreibtalent, das komplizierte technische Zusammenhänge oder Sachverhalte klar und verständlich an den Mann, an die Frau bringen kann, hat ebenfalls gute Chancen. Schon die Fähigkeit, allgemein verständliche Gebrauchsanweisungen zu verfassen, hat für einige Unternehmen heute den Charakter gezielter Öffentlichkeitsarbeit.

Neben guten Umgangsformen sind Verständnis für die jeweilige Zielgruppe oder Teilöffentlichkeit, Organisationstalent und Einfallsreichtum gefordert. Und Einsatzbereitschaft: Die vielfältigen Aufgaben lassen sich selten in einem Acht-Stunden-Tag bewältigen. »Enthusiasmus und die Bereitschaft, einen Vierzehn-Stunden-Tag durchzustehen« hält Meinschien denn auch für eine der außerfachlichen Voraussetzungen für den Job. Dazu kommt – eben – Kommunikationsfähigkeit: »Wenn ich gut drauf bin, kann ich viel und prägnant reden – wenn ich schlecht gelaunt bin, kann ich das gut überspielen«, fasst Meinschien sein Talent zusammen.

Info-Box

Weitere Informationen zum Berufsfeld Public Relations erhält man bei:

Gesellschaft der
Public-Relations-Agenturen
Schillerstr. 4
60313 Frankfurt/Main
Telefon: (0 69) 2 06 28
Telefax: (0 69) 2 07 00
www.gpra.de

Deutsches Institut für Public
Relations
Postfach 10 16 28
41548 Kaarst
Telefon: (0 21 31) 76 89 70
Telefax: (0 21 31) 76 89 71
www.dipr.de

Deutsche Public-Relations-
Gesellschaft
St. Augustiner Str. 21
53225 Bonn
Telefon: (02 28) 9 73 92 87
Telefax: (02 28) 9 73 92 89
www.dprg.de

Call-Center-Agent

Vom Hersteller ohne Umwege direkt zum Kunden: Was wie eine Formel für den Samstagsverkauf vom Biohof klingt, beschreibt in Wirklichkeit eine milliardenschwere Wachstumsbranche: das Direktmarketing. Eng gefasst geht es hierbei darum, dass der Endverbraucher direkt angesprochen wird. Diese Form von Werbung umgeht den Handel und setzt stattdessen auf Response, das heißt auf Antwortelemente für den Kunden, wie beispielsweise eine rückfrankierte Postkarte. Auch Telefonservice-Center und Strukturvertriebe gehören in den weiteren Bereich des Direktmarketings.

Telefonservice – das ist das Stichwort. Für Quasselstrippen gibt es in diesem Bereich ein großes Betätigungsfeld.

Call-Center gelten zu Recht als Jobmaschinen. Und die Jobs dort sind meist besser als ihr Ruf. Es geht nämlich nicht mehr nur darum, möglichst lange Listen von Telefonnummern abzutelefonieren und den Gesprächspartnern Zeitungsabonnements oder Versicherungsverträge schmackhaft zu machen. Zunehmend arbeitet die Branche für Pharmaunternehmen, die ihre ärztlichen Kunden pflegen, für Marktforscher, die Telefonumfragen durchführen, für die Computerbranche oder andere Technologiefirmen, die ihre Hotlines auslagern und Beratung lieber über professionell geführte Call-Center anbieten.

Call-Center-Agents arbeiten entweder inbound, das bedeutet, sie empfangen Anrufe von außen. Wer outbound arbeitet, ruft selber an. »Das macht viel Spaß, ist aber auch sehr anstrengend. Man muss 150-prozentig wach sein, viel Einfühlungsvermögen haben und nach den ersten Sekunden kapieren, was für einen Menschen man am anderen Ende der Leitung hat«, sagt Silke Ploog, die als Outbound-Agent in Berlin arbeitet. Sich schnell auf den Kunden einzustellen und dann individuell auf ihn eingehen zu können, ist für sie die wichtigste Stärke des Agents. Und eine echte Quasselstrippe müsse man sowieso sein, erklärt Ploog.

Der reine Telefondienst ist ein Einstiegsjob in die Branche. Anfänger sollten eine gute Telefonstimme mitbringen. Gesprächsführung wie auch der Umgang mit der Technik werden in Einführungsveranstaltungen vermittelt. Geschult wird auch inhaltlich-fachlich, wenn es darum geht, anspruchsvollere Themen über das Telefon an den Mann und an die Frau zu bringen.

Wer die lebendige Atmosphäre von Call-Centern schätzt, aber auf Karriere statt Quasseln setzt, kann den Aufstieg zum Teamleiter, Supervisor oder Call-Center-Manager anstreben. Hier geht es um Planung und Organisation der Aufträge, die Qualitätssicherung der Beratung und die Absprache mit den Auftraggebern. Wichtiger Bestandteil dieses Jobs: Die Auswahl und Schulung von Mitarbeitern, die Geduld, Freundlichkeit und Stressresistenz mitbringen.

Info-Box

Trainingsprogramme und ausführliche Informationen für Call-Center-Agents bieten:

Call-Center-Akademie
Bergstr. 8
45770 Marl
Telefon: (0 23 65) 94 04 40
Telefax: (0 23 65) 94 04 29
www.cca.nrw.de

Berufs- und Fortbildungszentrum Clausthal
Altenauer Str. 14
38678 Clausthal-Zellerfeld
Telefon: (0 53 23) 93 63 20
Telefax: (0 53 23) 93 63 19
www.bfz-clausthal.de

Telefon-Kundenberater

Jobs für Vieltelefonierer gibt es auch bei den Unternehmen mit telefonischem Service, wie zum Beispiel Direktbanken, die mit Telefon und Internet statt Schalter und Besprechungsraum arbeiten. Oder Hightech-Unternehmen, die per Hotline die technischen Probleme ihrer Kunden lösen.

Auch die Haarkosmetikfirma Guhl bietet Beratung und Information per Telefon. Die kostenlose Servicenummer ist auf Shampoos, Spülungen, Kuren, Colorationen und Heimdauerwellen aufgedruckt. Wie man eine zu dunkel geratene Färbung aufhellen kann oder wie man eine vom Friseur verpatzte Dauerwelle in den Griff bekommt, das sind Fragen, die die Kunden und Kundinnen bewegen. »Haare sind ein heikles Thema. Wenn da etwas schief läuft, reagieren viele ganz empfindlich«, erzählt Ellen Selzer vom Beratungsteam.

Es passiere allerdings selten, dass jemand am Telefon richtig unfreundlich wird. »Die meisten Leute sind auf der Suche nach Hilfe, und ich bekomme eine Menge freundlicher Resonanz von den Anrufern«, sagt Selzer. »Am schönsten ist, wenn einer am Schluss des Gesprächs sagt: ›Sie haben mir heute den Tag gerettet!‹« Fährt doch einmal jemand aus der Haut, hört sie am anderen Ende der

Leitung geduldig zu. »Die meisten Leute beruhigen sich dann. Manche rufen sogar später noch einmal an und entschuldigen sich.«

Selzers Arbeitstag beginnt mit dem Beantworten von Post, Faxen und E-Mails. Dabei müssen häufig noch Unklarheiten beseitigt werden. »Manche fragen nach einer neuen Coloration und vergessen, die Farbe zu nennen. Andere haben Allergien und geben nicht genau an, gegen was.« In diesen Fällen ruft die Haarberaterin bei den Rat Suchenden an und versucht, die fehlenden Informationen zu ermitteln.

Die Anrufer bei Guhl sind übrigens nicht nur Frauen. Gerade bei Älteren herrscht noch die Idee vor, dass Männer am Telefon mehr erreichen können. Ehemänner rufen für ihre Frauen an und fragen nach, wo ein bestimmter Festiger zu kaufen ist. Dabei reicht es nicht aus, nur die Produktinformationen parat zu haben. »Um den Kunden zu beraten, muss ich auch wissen, welche Struktur, Länge und Vorbehandlung das Haar hat«, erklärt Selzer.

Eine Anekdote hat die ehemalige Frisörin auch parat: Ein Guhl-Shampoo gegen Gelbstich in grauen Haaren war umbenannt worden, und eine Kundin rief an, um sich nach dem Verbleib des alten zu erkundigen. »Ich habe ihr gesagt, dass es einen neuen Namen hat und dass ich ihr gern eine Probe zuschicke.« Die Kundin aber meinte, dass sie das Shampoo unbedingt sofort bräuchte, da sie morgen ein Turnier hätte. Und eine Probe wäre auch viel zu wenig, schließlich wasche sie Mähne und Schweif ihres Schimmels damit ...

Info-Box

Udo Haeske, *Erfolgreich telefonieren im Beruf. Informieren, beraten, überzeugen*, Weinheim 1999

Hans-Michael Klein, *Zufriedene Kunden am Telefon. Erfolgreiche Gesprächsführung in Service und Gespräch*, Nürnberg 1999

Helga Schuler, *Erfolgreiches Telefonieren*, Offenbach 2000

Fundraiser

»Sponsorengelder zu sammeln ist ganz einfach. Man muss nur wissen, wen man anspricht.« Dr. Karin Hörner von der Universität Hamburg arbeitet am Orientalischen Seminar und beschafft so ganz nebenbei Mittel für ihr Institut, hauptsächlich für Bücher. Sie hat wenig Zeit für diese Aufgabe und wäre froh, der Fachbereich würde einen hauptberuflichen Spendensammler für Drittmittel einstellen. Doch davon könne man hier nur träumen, sagt sie. In den USA dagegen, wo Fundraising zur Alltagskultur gehört, wenden selbst Unirektoren viel Arbeitszeit auf, um Forschungsgelder oder Spenden zu sammeln.

Dort ist auch die Zahl der hauptberuflichen Spendensammler weitaus größer als hier in Europa. Zwischen 1960 und 1988 stieg die Zahl der Mitglieder des Berufsverbands NSFRE von 197 auf über 10 000. Heute dürften es noch mehr sein, schätzt das *Kursbuch Fundraising* des Fördervereins für Jugend- und Sozialarbeit.

Die Differenzen basieren auf dem unterschiedlichen Staatsverständnis in den USA und Deutschland: Dort greift der Staat nur ein, wenn Finanzierungslücken der privaten Wohltätigkeit zu füllen sind. Hier sind gemeinnützige Organisationen auf den Staat als Geldgeber orientiert und die Bürger nicht darauf eingestellt, selbst in die Tasche zu greifen. Dasselbe gilt für große Teile des staatlich hoch subventionierten Kulturbetriebs.

Doch die Bundesrepbulik holt auf. Wenn der Staat Gelder streicht, bieten sich Chancen für Leute, die sich darauf verstehen, Sponsoren zu gewinnen. Immerhin gut 500 Mitglieder umfasst die 1993 gegründete Bundesarbeitsgemeinschaft Sozialmarketing heute. Die Mitglieder sind hauptamtliche Mitarbeiter von gemeinnützigen Einrichtungen oder freiberufliche Dienstleister.

Fundraiser haben unterschiedliche Spezialisierungen: Da gibt es Experten für Direct-Mail-Aktionen, die das Verschicken von Spendenbriefen an Privathaushalte organisieren. Anschriftenmakler bauen Adressdatenbanken auf und pflegen den Bestand von Anschriften. Andere organisieren Benefizveranstaltungen, helfen kleineren Institutionen bei Anträgen an die etwa 6 000 deutschen Stiftungen oder recherchieren diskret Informationen über reiche Einzelpersonen als Geldgeber.

Da das Fundraising in der Bundesrepublik eine vergleichsweise neue Disziplin ist, bleibt vieles dem persönlichen Know-how des Fundraisers überlassen. Besonders gute Argumente erfordert es beispielsweise, Unternehmen um Spenden anzugehen, wenn es nicht um bekannte, mit Prominenten geschmückte Hilfsorganisationen geht. Doch schließlich ist das Sponsoring für die Unternehmen mit einem Imagegewinn verbunden. Ein Beispiel nach dem Motto »Tue Gutes und rede darüber«: Die örtliche Sparkasse verbindet ihre Weihnachtsgrüße mit dem Hinweis, man verzichte auf die üblichen Präsente und überweise das Geld in diesem Jahr an ein Projekt für Obdachlose. Eine Anregung auch für die Empfänger der Weihnachtsgrüße.

Für Sprechtalente, die ihre berufliche Perspektive mit dem Dienst an der guten Sache verbinden wollen, haben der Berufsverband, das Gemeinschaftswerk der Evangelischen Publizistik und der deutsche Spendenrat die Fundraising-Akademie gegründet. Seit März 2000 können Interessierte dort eine zweijährige Ausbildung zum Fundraiser absolvieren.

Info-Box

Weiterbildung zum Thema Fundraising bietet die

Bundesarbeitsgemeinschaft Sozialmarketing
Bachstr. 10
63785 Obernburg
Telefon: (0 60 22) 68 15 63
Telefax: (0 60 22) 68 15 61
www.sozialmarketing.de

Cashcoop Initiativgruppe Berlin-Brandenburg (Hg.), *Kursbuch Fundraising*, Berlin 1994

Marita Haibach, *Handbuch Fundraising. Spenden, Sponsoring, Stiftungen in der Praxis*, Frankfurt/New York 1999

Manager für Kundenrückgewinnung

Es war einmal in den siebziger Jahren: Wenn ein Leser einer großen Berliner Tageszeitung sein Abonnement kündigte, erhielt er einen Anruf vom Chef vom Dienst persönlich. Was denn der Grund für die Kündigung sei, wollte er wissen, was die Zeitung tun, verändern könne, um den Entschluss rückgängig zu machen. Manch einer fühlte sich so geschmeichelt, dass er bei der gewohnten Morgenlektüre blieb.

Wenn die Geschichte nicht wahr ist, so ist sie doch gut erfunden – und zugleich ein Musterbeispiel für intensive Kundenbetreuung. Heute entsteht ein neues Berufsbild des Managers für Kundenrückgewinnung vor allem im Direktmarketingbereich. Hier setzen Unternehmen die Instrumente der modernen Marktforschung ein, um mehr über die Abwanderungsgründe ihrer Kunden herauszufinden.

Doch nicht nur im Direktmarketing ist es sinnvoll, Mitarbeiter eigens zur Kundenrückgewinnung einzustellen. Weitere Möglichkeiten: wenn der langjährige Kunde eines Zulieferbetriebs oder einer Werbeagentur kündigt; wenn sich ein Unternehmen eine neue Rechtsberatung sucht; wenn eine Kantine ihre Lebensmittelkäufe plötzlich über einen neuen Großhändler abwickelt. In solchen Fällen ist der Manager für Kundenrückgewinnung dafür zuständig, die Gründe für die Unzufriedenheit herauszufinden. Zusätzlich spioniert er oder sie, welche Angebote der fremdgehende Kunde von anderer Seite erhalten hat. Welche Veränderungen können vorgenommen werden, um den Kunden zurückzugewinnen? Und natürlich, um weitere Abwanderungen zu vermeiden und künftige Kunden zufrieden zu stellen.

Interview

Kerstin Friedrich ist Unternehmensberaterin und Autorin des Handbuchs *Empfehlungsmarketing*.

Frage: Warum ist Kundenrückgewinnungsmanagement wichtig?
Friedrich: Weil es viel, viel billiger ist, einen abgewanderten Kun-

den zurückzuholen, als Geld und Energie in die Gewinnung neuer Kunden zu investieren. Angeblich liegt das Verhältnis bei 1 zu 7. Demnach ist es siebenmal billiger, einen frustrierten Kunden zurückzugewinnen, als mit Anzeigen, Mailings oder Werbespots einen neuen zu interessieren und zu binden. Ich schätze, dass diese Zahlen in einigen Branchen noch mehr zugunsten der Rückgewinnung ausfallen. X Milliarden Euro werden heute für teilweise wirkungslose Werbung ausgegeben, das Kundenrückgewinnungsmanagement steckt dagegen noch in den Kinderschuhen. Kunden zurückzugewinnen heißt immer, sich mit Fehlern und Versäumnissen der Vergangenheit auseinander zu setzen. Und davor scheuen viele Unternehmen zurück.

Frage: Für welche Firmen kommt Kundenrückgewinnung als Marketinginstrument infrage?

Friedrich: Im Grunde ergibt es mehr Sinn zu fragen: für welche kommt es *nicht* infrage? Prinzipiell brauchen es alle Unternehmen, denen die Namen ihrer Kunden bekannt sind und die auf dauerhafte Kundenbeziehungen setzen – und das ist die große Mehrzahl. Im Zeitalter der Zweit- und Drittehe kann man ja selbst beim Scheidungsanwalt zum Stammkunden werden. Auch Selbstständige und Freiberufler sollten sich um die Rückgewinnung ihrer Kunden und Klienten kümmern.

Frage: Was sollte ein Manager für Kundenrückgewinnung können?

Friedrich: Er soll sich in erster Linie für Menschen interessieren! Rund 80 Prozent der Geschäftsbeziehungen werden aus emotionalen Gründen abgebrochen. Der Kunde hatte das Gefühl, er sei dem Unternehmen egal, weil er beispielsweise bei einer Reklamation mies behandelt wurde, weil er generell mit den Leistungen unzufrieden war und vor Beschwerden zurückschreckte oder weil er sich beim Verkaufsgespräch nicht ernst genommen fühlte. Ein Manager für Kundenrückgewinnung muss solchen Dingen sensibel auf den Grund gehen und zuhören können, und zwar aus echtem Interesse – und nicht nur, weil es eben sein Job ist. Er sollte auch mit Kritik und Ablehnung umgehen können und sich mit den Fehlern des Unternehmens – die bei solchen Gesprächen zur Sprache kommen – nicht persönlich identifizieren. Ansonsten sollte er sich darauf einstellen, viel Anerkennung von seinen Gesprächspartnern zu bekommen. Die meisten Menschen sind sehr erfreut, wenn sie das Gefühl haben, nicht nur eine Kundennummer zu sein, sondern ein wertvoller Partner des Unternehmens.

Frage: Ihr persönlicher Tipp für Leute, die sich für Kundenrückgewinnung interessieren?

Friedrich: Kundenrückgewinnungsmanager arbeiten in aller Regel am Telefon. Darum gelingt der Einstieg am besten über Telemarketing-Agenturen oder Call-Center, die solche Dienstleistungen anbieten. Dort kann man erst einmal lernen, wie man Gespräche aufbaut, und sehen, ob man sich für diesen Beruf erwärmen kann. Diese Erfahrungen kann man später nutzen, um sich gezielt in den Unternehmen der eigenen Wahl als Manager für Kundenrückgewinnung zu bewerben. Dort kann man dann eine entsprechende Abteilung aufbauen. Wer die Sicherheit des Unternehmens nicht braucht, findet im Kundenrückgewinnungsmanagement eine sehr gute Chance für eine Existenzgründung mit kleinem Budget. Hier bieten sich noch unzählige Spezialisierungsmöglichkeiten, denn bisher sind in erster Linie große Unternehmen im Kundenrückgewinnungsmanagement aktiv. Man kann sich beispielsweise auf die Kundenrückgewinnung bei Ärzten, Hotels, Autohändlern oder Banken spezialisieren. Marktlücken gibt es dort ohne Ende.

Info-Box

Kerstin Friedrich, *Empfehlungsmarketing*, Wiesbaden 1998

Christa Sauerbrey/Rolf Henning, *Kunden-Rückgewinnung. Erfolgreiches Management für Dienstleister*, München 2000

Weitere Jobs im Bereich Werbung und Öffentlichkeitsarbeit

Manager für Beschwerden

Ähnlich wie die Kundenrückgewinnung kann auch ein professionelles Beschwerdemanagment zum sehr wirkungsvollen Marketinginstrument werden.

Mitarbeiter in Marketingabteilungen

Werbung findet nicht nur in Agenturen statt. Fast alle Unternehmen unterhalten Marketingabteilungen, die dafür zuständig sind, die Marketingaktivitäten des Unternehmens zu konzipieren. Die Realisierung übernehmen dann in Kooperation und nach Absprache die Agenturen. Für Betreuung und Vermarktung eines einzelnen Produkts sind Produktmanager zuständig.

Kunstassistent

Künstler benötigen Kunstassistenten, die sich mit Pressebetreuung, Public Relations und Sponsorenwerbung auskennen. Wenn die persönliche Chemie stimmt, kann sich darüber hinaus eine Mitarbeit an den Kunstwerken oder Motivation bei Schaffenskrisen ergeben.

6.

Unterricht, Beratung, Training

»Verlierer und Versager sind selbst schuld, mentale Fitness heißt die Lösung: Weil immer mehr Menschen so denken, haben Persönlichkeits-Coachs immer mehr Klienten. Die Arbeit selbst wird zum Dauerthema des Lebens – nicht nur für Manager«, leitete *Der Spiegel* im Januar 2000 einen Artikel über die neuen Trainer, Berater, Coachs ein.

Vor zehn Jahren noch waren Trainer in erster Linie auf dem Fußballplatz anzutreffen. Heute dagegen gibt es persönliche Trainer für beinahe jede Lebenslage: Motivationsschwäche, Beziehungsprobleme, Geldsorgen oder Kommunikationsdefizite – die Liste der Angebote ist lang. Rund 5 Millionen Euro geben die Deutschen jährlich für Motivationskurse, Persönlichkeitsseminare, Karriereberatungen und entsprechende Bücher aus.[13]

Doch Training ist nicht nur im Bereich Psychologie gefragt. Seit sich die Aufgaben am Arbeitsplatz durch den Einsatz neuer Technik ständig ändern, hat Weiterbildung in den Unternehmen Konjunktur. Über 17 Milliarden (!) Euro geben die Unternehmen jedes Jahr für die Qualifizierung ihrer Mitarbeiter aus.[14] Neue Organisationsformen und Trends wie Gruppen- und Telearbeit, neue Managementtheorien oder ISO-9000-Zertifizierung verursachen einen konstanten Bedarf an Lehrern und Trainern. Möglichkeiten, sich neues Wissen anzueignen, sind:

- betriebliche Weiterbildungsprogramme
- unternehmensnahe Weiterbilder wie die Volkswagen Coaching oder die Siemens Management und Qualifizierung

- Volkshochschulen
- Erwachsenen- und Familienbildungszentren
- Bürgerhäuser und Freizeitstätten
- Wissenschaftsläden
- Fernlehrinstitute
- Zusatzstudiengänge und Sommerakademien an Hochschulen
- Gewerkschaften
- Verbände und Kammern
- Private Schulen und Institutionen
- Freiberufliche Lehrer und Trainer
- Selbststudium durch Bücher, Software oder Internet-Learning-Tools

Die meisten dieser Lernmöglichkeiten erfordern die Anleitung durch einen Lehrer, eine Lehrerin. Der Grund: Man lernt oft schneller und besser von anderen als aus Büchern. Vermutlich haben Sie diese Erfahrung bereits in der Schule gemacht: Gute Lehrer können nicht nur ihren Stoff einprägsam vermitteln, sondern auch Lust auf ein ansonsten ungeliebtes Fach machen.

Beraten und Unterrichten hat fast immer mit Reden zu tun. Daher leiden gerade Lehrer unter der überdurchschnittlichen Belastung ihrer Stimmorgane. Wer als Quasselstrippe geübt und mit den wichtigsten Grundregeln der Stimmschonung vertraut ist (siehe Schlusskapitel), findet hier jedoch ein ergiebiges berufliches Tätigkeitsfeld.

Innerbetriebliche Weiterbildung

Neue Technik nutzt nichts, wenn sie keiner bedienen kann. Daher ist mit abgeschlossener Berufsausbildung oder bestandenem Diplom die Paukerei nicht etwa vorbei. Im Gegenteil: In einem Unternehmen wie dem amerikanischen Automobilbauer Ford fängt das Lernen dann erst richtig an. Neu eingestellte Mitarbeiter müssen zunächst mit dem Stand der Haustechnik und der verwendeten Software vertraut gemacht werden. Und das ist erst der Beginn eines Prozesses: Immer neue Technik und immer neue Organisationsformen erfordern kontinuierliche Weiterbildung. Von den 44 000 Mitarbeitern der Ford AG nehmen über 38 000 jährlich an Qualifizierungsmaßnahmen teil. Neben der Technik lernen sie Zeitmanagement, Fremdsprachen, Qualitätssicherung, Prozessverbesserung, Umweltschutz, Arbeitssicherheit, Betriebswirtschaft, Führung und Verhalten.

Dass Lernen heute lebenslanges Lernen bedeutet, weiß auch Rolf Häger, Geschäftsführer der Ford Aus- und Weiterbildung. Zusammen mit 22 Mitarbeitern ist er zuständig für Konzept, Qualität und Effektivität der Maßnahmen. Die Schulungen werden in Kooperation mit externen Trainingsanbietern entwickelt und durchgeführt. Das Geschäft ist international: Die Schulungen sorgen dafür, dass sämtliche Mitarbeiter der europäischen Niederlassungen auf einem einheitlichen Wissensstand sind.

Weiterbildung bei Ford, das bedeutet: Jeder Mitarbeiter führt einmal im Jahr Beurteilungsgespräche mit seinem Vorgesetzten. Dort wird ermittelt, ob es konkreten Bedarf an Weiterbildung gibt. In welcher Position möchte der Vorgesetzte seinen Mitarbeiter sehen? Welche Module können ihm dabei helfen? Gemeinsam wird ein Trainingsplan erstellt. Neben Seminaren kommt beispielsweise auch die Lektüre von Fachbüchern als Maßnahme infrage. Ausführliche Informationen dazu finden sich im hauseigenen Intranet und in den Broschüren der Weiterbildungsabteilung.

Liegt die ausgewählte Weiterbildung im Unternehmenssinne, trägt Ford die Kosten. Auch bei anderen Seminaren zahlt der Arbeitgeber manchmal einen Zuschuss. »Und wenn wir einen bestimmten Kurs nicht anbieten, weil er zu selten nachgefragt wird, dann kann der Mitarbeiter sich auch an jemand anderen wenden«, erklärt Häger. Er selbst arbeitete zehn Jahre in der Rennsportabteilung des Konzerns und wechselte dann zum betrieblichen Weiterbildungswesen. Vor allem das selbstständige Arbeiten dort habe ihn gereizt.

Große Unternehmen bieten auch Selbstlernzentren für ihre Mitarbeiter an: Bei Ford betreut ein Berater bis zu zehn Stationen, an denen Sprachlernsoftware oder Computerlernprogramme installiert sind. Die Mitarbeiter studieren dort aus Eigeninteresse, außerhalb ihrer Arbeitszeit. »Gerade im Bereich der wenig qualifizierten Arbeitskräfte gibt es ein großes Interesse. Die haben verstanden, dass sie ohne Lernen nicht weiterkommen«, sagt Häger. In Zusammenarbeit mit der Industrie- und Handelskammer, dem Arbeitsamt und der Landesregierung hat Ford Qualifizierungsmaßnahmen für angelernte Kräfte ins Leben gerufen. »Das findet alles freiwillig nach Feierabend und am Wochenende statt. Das macht die Arbeitsbelastung für die Leute enorm. Trotzdem: das Bewusstsein ›ich muss etwas tun‹ wächst«, erklärt Häger. In Zukunft wird sehr viel Training online angeboten werden, so der studierte Betriebswirt. Die ersten Stichworte: Web-based Training und Internet-Learning-Tools.

Auch für höher qualifizierte Kräfte, für Techniker und Ingenieure beispielsweise, erarbeitet Häger mit seinem Team ein Weiterbildungsprogramm. »Nur wer seine gesamte Belegschaft auf einem höchstmöglichen Qualifizierungsniveau hält, kann heute am Markt überleben.« Dazu unterhält Ford zusätzlich Kooperationen mit 57 Universitäten und Fachhochschulen in elf Ländern, die Weiterbildung für die Fordianer entwickeln.

Wissenschaftsladen

Vom multinationalen Konzern zur Umweltschutzbewegung: Eine ganz andere Art von Weiterbildung bieten Wissenschaftsläden. Dort werden Forschungsergebnisse denen zugänglich gemacht, die normalerweise nicht ihren Weg in die Uni-Hörsäle finden. Wissenschaftstransfer als Service für Bürger, Selbsthilfegruppen und Initiativen – das Konzept dazu stammt aus den Niederlanden. »Wetenschapswinkel« bieten Wissenschaft als Beratung und Forschung zur Verbesserung der Lebens- und Arbeitswelt. Der Ansatz ist interdisziplinär und selbsthilfeorientiert, die Auftraggeber dürfen nicht in erster Linie wirtschaftlichen Interessen folgen.

Zwei klassische Beispiele: Eine Bürgerinitiative der Umwelt- oder Anti-Atomkraftbewegung lässt sich von Dozenten eines Wissenschaftsladens in naturwissenschaftlichen, technischen und rechtlichen Fragen unterrichten. Oder eine Selbsthilfegruppe entwickelt einen Fragebogen mithilfe eines Soziologen oder Psychologen aus dem Wissenschaftsladen.

Wissenschaftsläden, die sich als Schnittstelle zwischen Forschung, Wissenschaft und Gesellschaft verstehen, finden sich in den traditionellen Universitätsstädten wie Gießen, Tübingen, Bonn und Hannover. Umweltschutz, Ökologie, Weiterbildung und Qualifikation für den Arbeitsmarkt sind die thematischen Schwerpunkte. Gelder gibt es in der Regel projektgebunden von Land und Bund, aus europäischen Fördertöpfen und natürlich durch Honorare und Teilnahmegebühren.

Der Wissenschaftsladen Bonn bietet überregionale Fachseminare aus den Bereichen Ökologie, Gesundheit und Soziales an. Das kann ein Yogakurs genauso sein wie ein Aufklärungsseminar zum Thema Elektrosmog oder eine Weiterbildung Naturpädagogik für Erzieher. »An den Universitäten wird wahnsinnig viel Wissen angesammelt, das auf diese Weise als Ressource genutzt werden kann«, erklärt Theo Bühler, geschäftsführender Koordinator des Wissenschaftsladens Bonn. Geschäftsführender Koordinator? »Die Hierarchien werden hier bewusst flach gehalten«, erklärt er.

Bühler selbst betreut eine Seminarreihe zum Thema Schlüsselqualifikationen. Diese richtet sich an Arbeit Suchende, darunter Studierende in den letzten Semestern oder Arbeitslose. Kommunikation, Kreativität und Präsentationstechniken stehen auf dem Programm. Im Bereich Umweltschutz werden Umweltbildung, Umweltpsychologie und -pädagogik unterrichtet sowie Öko-Audits durchgeführt.

Info-Box

Im Wissenschaftsladen Bonn findet sich auch die Arbeitsgemeinschaft der Wissenschaftsläden mit vielen Informationen und Adressen zum Thema.

Wissenschaftsladen Bonn
Buschstr. 85
53113 Bonn
Telefon: (0228) 201610
Telefax: (0228) 265287
www.wilabonn.de

Fremdsprachenlehrer

Um an einer staatlichen Schule zu unterrichten, müssen Sie ein erfolgreich abgeschlossenes Lehramtsstudium mit Referendariat vorweisen. Doch die Möglichkeiten, auch ohne ein solches Studium zu unterrichten, sind vielfältig. Private Akademien bieten oft Lehrerstellen für andere Studienabschlüsse an.

Ansonsten gelten die Bedingungen des Markts: als freiberuflicher Lehrer können Sie unterrichten, wo es einen Bedarf – und also Schüler – gibt: Nachhilfe-, Fremdsprachen- und Sportlehrer sind dabei nur die geläufigsten Beispiele. Auch Kochen, Nähen, Malen, Bildhauen, Fotografieren, Flirten, Tanzen, Schreiben, Singen und Schauspielern werden von freiberuflichen Lehrern unterrichtet.

Fremdsprachenunterricht gibt es außerhalb der staatlichen Schulen fast ausschließlich von Muttersprachlern. Wenn Ihre Muttersprache Deutsch ist, so bedeutet das: Sie können hierzulande Deutsch als Fremdsprache lehren oder ins Ausland gehen. Der Deutsche Akademische Austauschdienst, der an jeder Universität vertreten ist, betreut groß angelegte Programme für Studenten, die in anderen Ländern wie Großbritannien, Frankreich oder den USA Deutsch unterrichten wollen.

In Entwicklungsländern, beispielsweise in Asien, herrscht vor allem ein Bedarf an Englischlehrern. Gute Sprachkenntnisse reichen dort häufig aus, um Englisch zu unterrichten. Deutsch ist besonders in Osteuropa gefragt.

Auch die weltweit über 120 Goethe-Institute bieten die Möglichkeit für deutsche Muttersprachler zu unterrichten. 3 400 Mitarbeiter sind im In- und Ausland Ansprechpartner für deutsche Sprache und Kultur. Hier sind Akademiker gefragt, eine Zusatzausbildung in Deutsch als Fremdsprache ist gern gesehen. Ansonsten hilft vor allem Hartnäckigkeit, denn der Andrang an Interessenten ist groß. Häufig ist es einfacher, in örtlichen Privatschulen oder mit selbst akquirierten Schülern zu beginnen. Dabei ist es durchaus möglich, mit entsprechendem Engagement an lukrative Aufträge zu kommen, beispielsweise indem man einen französischen Manager auf seinen beruflichen Aufenthalt in der Bundesrepublik vorbereitet.

Der Franzose Thierry Fasquell hat es so gemacht: Er kam während seines Wehrdienstes nach Berlin und verliebte sich in die damals noch geteilte Stadt. Er beschloss zu bleiben und begann an mehreren Schulen Französisch zu unterrichten. Die ersten Einzelschüler fand er durch Kleinanzeigen in den Stadtmagazinen *Zitty* und *Tip*.

Sein Job besteht fast ausschließlich aus Kommunikation. »Es macht viel Spaß, in den Gesprächen mehr über das Leben der Leute zu erfahren, auch wenn es am Anfang nur sehr holprig geht«, erklärt Fasquell. Weitere Lieblingsthemen: Literatur und Kino. Als Franzose wird er von seinen Schülern außerdem häufig in Liebesangelegenheiten um Rat gefragt.

Wer überhaupt kein Französisch kann, wird von Fasquell zunächst einem Ausspracheteaining unterzogen. »Wenn so ein Tabula-Rasa-Mensch zu mir kommt und dann Stück für Stück lernt zu sprechen, das ist schon jedes Mal ein kleines Wunder«, beschreibt er seine Arbeit.

Mit der Zeit wurde der studierte Philosoph ambitionierter: Er organisierte auf eigene Faust Sprachreisen, zunächst in die Bretagne und nach Paris, später in den französischsprachigen Senegal. Sein Angebot: Er kümmert sich um Anreise und Unterbringung in Hotels oder Familien und unterrichtet als Intensivkurs täglich sechs Stunden Französisch. »Man muss schon ein ganz schöner Dauerredner sein, um so viel Sprachunterricht zu geben. Wichtig ist, dass die Leute mir sympathisch sind, sonst fehlt mir die Kraft und die Lust dazu«, erklärt Fasquell. Er selbst leidet schon an einer Berufskrankheit: Durch seine betont deutliche Aussprache wird er in Frankreich nicht mehr für einen Muttersprachler gehalten.

Fasquell organisiert bei seinen Sprachreisen auch das Freizeitprogramm vor Ort. Dieses besteht aus Theater und Film, Strand und Sport, Stadtbummel und Besichtigungen. In der Bretagne kommt schon einmal ein Windsurfkurs dazu, in Paris eine Club-Nacht mit französischen Freunden. Und im Senegal ein gemeinsam zubereitetes Abendessen – mithilfe eines senegalesischen Kochs.

Die Erfahrung, die er in der Organisation seiner Sprachkurse und -reisen gesammelt hat, setzt Fasquell heute auch für andere Sprachschulen ein. Er entwickelt neue Angebote für den Aufenthalt von deutschlernwilligen Ausländern. Dabei kommt es ihm neben der Auswahl an guten Sprachlehrern vor allem darauf an, mehr zu bieten als einen reinen Sprachkurs: Architektur, Fotografie, Film, Theater und Musik stehen auf den von ihm ausgearbeiteten Programmen.

Was für ihn einen guten Sprachlehrer ausmacht? Eine gute Rhetorik, das ist klar. Schließlich soll ein Bewunderungsprozess beim Schüler einsetzen. Er muss sich wünschen, auch so gut wie der Lehrer reden zu können. »Wenn der Schüler während des Unterrichts denkt ›Wie redet der denn, was ist das denn für ein langweiliger Typ?‹, dann ist er auch nicht motiviert, die Sprache zu lernen«, erklärt Fasquell.

Info-Box

Der Deutsche Akademische Austauschdienst ist an allen Hochschulen vertreten. Hauptsitz ist:

DAAD
Kennedy-Allee 50
53175 Bonn
Telefon: (02 28) 88 20
Telefax: (02 28) 88 24 44
www.daad.de

Das Goethe-Institut ist in allen größeren Städten vertreten. Hauptsitz ist:

Goethe-Institut
Sonnenstr. 25
80331 München
Telefon: (0 89) 5 51 90 30
Telefax: (0 89) 55 19 03 35
www.goethe.de (mit allen Adressen weltweit)

Deutscher Volkshochschulverband
Hansaallee 150
60320 Frankfurt/Main
Telefon: (0 69) 95 62 61 82
Telefax: (0 69) 95 62 62 83
www.dvv-netzwerk.de

Sportlehrer

Im Zeitalter von Fitness und Gesundheit sind viele Sportarten zu Massenbewegungen geworden. Unter den Favoriten: Skifahren, Surfen, Tennis, Aerobic, Reiten, Fitness, Golf, Segeln und Bergsteigen. Hier zu unterrichten ist für viele ein Traum. Dabei entsteht selbst bei Sportarten wie Tauchen oder Fallschirmspringen ein großer Bedarf an Erklärungen. Wie sieht die Aufwärmphase für die eingesetzten Muskelpartien aus? Wie wird ordnungsgemäß mit den benötigten Geräten umgegangen? Was ist im Not- oder Verletzungsfall zu tun?

Allein die Disziplin zu beherrschen reicht also nicht aus, um eine Sportart zu unterrichten. Sportlehrer müssen viel und ausdauernd reden können. Sie vermitteln anatomisches und sportmedizinisches Wissen, weisen auf Risiken und Verletzungsgefahren hin, erklären Regeln und bauen den Sportler nach einer Niederlage oder einer schlechten Tagesleistung psychisch wieder auf.

Sportlehrer arbeiten in Fitness- und Kampfsportstudios, in Reit- und Tauchschulen, auf Golf- und Poloplätzen, in Vereinen, Sportparks, Ferienclubs, Sport- und Wellnesshotels. Um sich weiterzuentwickeln, wechseln viele Sportlehrer und Trainer nach ein paar Jahren ins Management von Anlagen oder ins Sportmarketing.

Praxis-Box

Kleines Quiz für angehende Sportlehrer (die richtigen Antworten finden Sie am Ende des Kapitels)

1. Wie heißt der Warnruf für Querschläger auf dem Golfplatz?
2. Muss man, um auf Skiern eine Kurve zu fahren, den Berg- oder den Talski belasten?
3. Was versteht man im Aerobic unter Koordination?
4. Wie nennt man die Tennistaktik, bei der unmittelbar nach dem Aufschlag ans Netz gegangen wird?

5. Wie heißt das Seil, mit dem das Großsegel gehisst wird?
6. Wie heißt der Raum, in dem Karate praktiziert wird?
7. Welche Disziplinen gehören zum Zehnkampf?

Bernhard Pomp, ursprünglich Mönchengladbacher, arbeitet während der Saison als Skilehrer in österreichischen Wintersportgebieten. Die meisten seiner Kollegen unterrichten in Skischulen. Er zieht es jedoch vor, mit Gruppen von Wintersportbegeisterten auf eine Hütte oder in ein Hotel zu fahren. Die Gruppen engagieren ihn wochenweise, oder er bietet selbst zusammengestellte Programme an. »Das hat den Vorteil, dass ich ganz individuell mit den Einzelnen je nach persönlichem Können arbeite. So kann es im Extremfall sein, dass ich morgens mit den Anfängern am so genannten Idiotenhügel den Stemmbogen und das Abrutschen übe und nachmittags mit den Fortgeschrittenen ins Gelände gehe.« Abends stehen dann alle gemeinsam an der Bar, auch das gehöre dazu, so Pomp.

Ob ein Skilehrer besser reden oder besser skifahren können sollte? Pomps eindeutige Antwort: »Nur gut Ski zu fahren reicht nicht, da fährt man besser Rennen. Und nur gut reden ist auch nicht genug, da bleibt man besser an der Bar. Es ist also sehr von Vorteil, in beiden Disziplinen deutlich über dem Durchschnitt zu liegen.« Geduld, Begeisterungsfähigkeit, pädagogisches Talent und die Gabe, anderen etwas erklären zu können, gehören ebenfalls dazu. »Und Trinkfestigkeit«, ergänzt Pomp.

Der Job des Skilehrers gibt Pomp die Möglichkeit, seine Leidenschaft für den Sport beruflich einzusetzen und »einfach sehr viel Ski zu fahren«. Wirklich genervt vom Unterrichten ist er eigentlich nie. Als Tipp gibt er angehenden Skilehrern und Lehrerinnen mit auf den Weg: So schnell wie möglich Fortbildungslehrgänge besuchen, um auch besser fahrende Gruppen unterrichten zu können.

Info-Box

Vorbereitung und Prüfung als Trainer oder Übungsleiter kann man bei Vereinen und Verbänden durchführen.

Informationen gibt es auch beim Berufsverband der Sportlehrer:

Deutscher Sportlehrerverband
Am Rasselberg 16
35578 Wetzlar
Telefon: (0 64 41) 92 12 10
Telefax: (0 64 41) 92 12 12
www.dslv.de

Sportlehrerverband Landesverband Nordrhein-Westfalen (Hg.), *Ratgeber für Sportlehrerinnen und Sportlehrer*, Schorndorf 1999

Relocation-Manager

Relocation – ein deutsches Wort dafür gibt es nicht – ist ein Beratungsservice für Umzugswillige. Die Dienstleistung stammt, wen wundert's, aus den USA, wo Mobilität im Berufsleben viel üblicher ist als hierzulande. Doch die Bundesrepublik holt auf. Große Unternehmen bieten innerhalb ihrer Personalabteilung Relocation-Services an. Und zahlreiche Freiberufler haben die Lücke im Markt erkannt.

Relocation-Manager betreuen professionell Leute, die aus beruflichen Gründen die Stadt wechseln. Über 35 000 Transferees – so werden die Klienten eines Relocation-Service genannt – gibt es jährlich in der Bundesrepublik.[15] Tendenz steigend.

Um die Bedüfnisse des Kunden vor und nach dem Umzug zu ermitteln, führt der Relocation-Manager im Vorfeld ausführliche Gespräche. »Der Kunde muss sich erst einmal darüber klar werden, was sich alles für ihn und seine Familie ändern wird«, erklärt Heidrun Ansorge, die drei Jahre lang den Relocation-Service der Bahn in Berlin leitete.

Großen Raum nimmt die Vorab-Suche nach einer Bleibe ein. Dabei sind die Bedürfnisse ganz unterschiedlich: Der eine sucht ein Eigenheim für seine Familie, die andere benötigt ein kleines Appartment, weil sie nur unter der Woche in der Stadt ist. Da die Suche nach passenden Immobilien ein zeitaufwändiges Geschäft ist, trifft der Relocation-Manager eine Vorauswahl: Er oder sie holt Angebote ein, besichtigt und führt Verhandlungen mit Eigentümern und Maklern. Geeignete Objekte werden für den Kunden per Polaroid abgelichtet.

Doch die geeignete Wohnung inklusive Renovierung ist erst der Beginn: Der alte Haushalt muss aufgelöst, ein Nachmieter gesucht und der Umzug organisiert werden. Telefon, Strom, Gas, Fernsehen und Auto müssen ab-, an- oder umgemeldet werden. »Das alles würde den Kunden wahnsinnig viel Zeit kosten. Ich kümmere mich, ärgere mich mit den Handwerkern rum, verhandle mit Behörden und prüfe am Schluss alle Rechnungen nach«, beschreibt Jessica Hauke ihren Job. Sie betreibt die Serviceagentur Hanseatic Management in Hamburg und übernimmt auch mal die private Korrespondenz oder Urlaubsbuchung ihrer Kunden. Ihr Daily Special Service: gegen eine monatliche Gebühr ist sie rund um die Uhr für ihre Kunden erreichbar (wenn beispielsweise auf die Schnelle Karten für die Mailänder Scala besorgt werden müssen).

Was man als Relocation-Managerin mitbringen muss? Gute Kontakte sind das Wichtigste, meint Hauke. Seit Jahren sammelt sie jede Adresse, Karte oder Visitenkarte, die einmal nützlich werden könnte. Ihr Adressbuch ist prall gefüllt, denn nur so ist es möglich, auch schwierige Kundenwünsche zu erfüllen. »Power und echtes Organisationstalent sind sowieso Voraussetzung.« Und ihre Kollegin Ansorge ergänzt: »Man muss gute Umgangsformen haben, locker bleiben, viel kommunizieren und auch mal einen Fehler zugeben können.«[16]

Kommunikationstrainer

Dass das Leben zum großen Teil aus Kommunikation besteht und dass sich Erfolg oder Misserfolg oft an der Kommunikation entscheidet, wird den Lesern dieses Buchs vermutlich unmittelbar einleuchten. Doch viele Leute tun sich genau dort schwer: Sie sind nicht geübt, auf andere zuzugehen oder durch Kommunikation Sympathie bei anderen zu wecken.

Um hier an Sicherheit zu gewinnen, lassen sich viele vom Kommunikationstrainer schulen. Auch Unternehmen, die auf eine gute interne Kommunikation Wert legen, engagieren Berater, die den Informationsfluss optimieren. Viele Kommunikationstrainer haben sich spezialisiert: auf Führungskräfte, auf Verkäufer, auf ganze Büroteams, die ihre kommunikative Kompetenz verbessern wollen.

Dass Kommunikationstraining keine exklusive Veranstaltung für Karrieretypen ist, beweist die Schwedin Helen Hoffert. In Berlin veranstaltet sie Kommunikationstrainings für sozial weniger Privilegierte, zum Beispiel ehemalige Drogenabhängige oder Arbeitslose. Dabei geht es zunächst darum, aus den Teilnehmern ein Team zu entwickeln. »Da sitzen erst einmal 15 bis 20 Unikate – plus ich«, beschreibt Hoffert die nicht immer einfache Situation. Zu Beginn lernen die Leute sich kennen und stellen Regeln für die gemeinsame Arbeit auf. Dazu gehören Akzeptanz und Toleranz, Zuhören und Ausreden lassen. Natürlich sei es nicht so, dass die Leute diese Grundregeln nicht schon einmal irgendwo gehört hätten. Allein, es fehlt das Bewusstsein für die Wechselwirkung zwischen eigenem Verhalten und den Reaktionen der anderen. Ein spielerisches Heranführen an die Thematik hilft, so Hoffert.

Ein Beispiel: Ein Teilnehmer wird aufgefordert, aus mehreren Gegenständen eine geometrische Figur zu legen. Während er bastelt, schaut Hoffert abschätzig, aber schweigend zu. Sehr schnell beginnen die Kandidaten unruhig zu werden und sich infrage zu stellen. »Die fangen dann an, sich zu verteidigen, obwohl sie alles richtig gemacht haben«, erklärt Hoffert. »Ich frage dann: ›Woran liegt das? Wieso verteidigst du dich?‹ Dabei wird den Leuten klar, dass Kommunikation immer zwei Seiten hat.«

Eine gute Kommunikationstrainerin zeichnet sich dadurch aus, dass sie glaubhaft und authentisch ist, sich also nicht versucht zu verstellen. Sie muss die Teilnehmer ernst nehmen und darf nichts erzwingen wollen. Ein klein wenig könne man jedoch auch von sich erzählen, fügt Hoffert hinzu. Aber nicht zu viel. Schließlich gehe es in den Seminaren nicht um sie, sondern um die Teilnehmer.

Trotzdem gehöre zu einer guten Trainerin natürlich auch der Spaß, vor anderen zu reden.

Als schönstes Kompliment empfindet Hoffert, wenn die Leute am Schluss des Seminars bestätigen, dass sie für sich selbst viel mitgenommen haben. »Ich bin keine Lehrerin, die Kommunikation unterrichtet. Ich unterstütze die Leute in einem Prozess, damit sie bewusster mit sich und ihrer Umwelt umgehen.« Demzufolge gibt es in ihren Seminaren auch kein Falsch oder Richtig und keine Notwendigkeit, sich für irgendetwas zu entschuldigen.

Neben Kommunikation bietet Hoffert Personalentwicklung, Konzeption von Assessmentcentern, Präsentation und Moderation, neue Lern- und Arbeitstechniken als Themen an. Die studierte Psychologin mit nach eigenen Angaben »immer schlechten Noten« rät anderen, die sich für den Beruf des Kommunikationstrainers interessieren: »Eine gute Trainerin zu sein heißt nicht, möglichst viele Weiterbildungen aufeinander zu häufen. Besser ist es, sehr genau auszuwählen und den Stoff dann auch umzusetzen. Außerdem kann es nicht schaden, ein bisschen aus dem Bauch heraus zu arbeiten.«

Info-Box

Sechs erfolgreiche Trainerinnen und Trainer und je eines ihrer Bücher:

Ulrike Bergmann, *Erfolgsteams. So verwirklichen Sie Ihre persönlichen und beruflichen Ziele,* Landsberg am Lech 1998

Kerstin Friedrich, *Empfehlungsmarketing. Empfehlenswerte Leistungen schaffen, Weiterempfehlungen auslösen, Beziehungsnetzwerke aufbauen*, Offenbach 1997

Bodo Schäfer, *Der Weg zur finanziellen Freiheit. In sieben Jahren zur ersten Million*, Frankfurt/New York 2000

Lothar Seiwert, Kerstin Friedrich, *Das 1x1 der Erfolgsstrategie. 4 Prinzipien der EKS Strategie, 7 Phasen zur Spitzenleistung, 3 erfolgreiche Praxisbeispiele*, Frankfurt/Main 1995

Reinhard Sprenger, *Die Entscheidung liegt bei Dir. Der Weg aus der alltäglichen Unzufriedenheit*, Frankfurt/New York 1999.

Vera Birkenbihl, *Kommunikationstraining: zwischenmenschliche Beziehungen erfolgreich gestalten*, Landsberg am Lech 1995

Frauencoach

Frauencoachs sind auf die Steine spezialisiert, die Frauen in den Weg gelegt werden. – Oder? »Viele Frauen legen sich auch selbst ordentlich Steine in den Weg«, sagt Anja Kolberg (www.frauencoaching.de), Trainerin speziell für Frauen nach der Kinderpause. »Sie ziehen ihre eigenen Grenzen zu eng, trauen sich nichts zu, halten berufliche Pläne nicht durch, sondern kneifen in letzter Sekunde.« Der Grund: Erziehung und Gesellschaft halten immer noch das Bild der zurückhaltenden und im Berufsleben wenig offensiven Frau hoch.

Frauen mit Kindern wird von außen zusätzlich suggeriert: Du bist auf dem Arbeitsmarkt gar nicht richtig einsatzfähig. »So ein Quatsch! Frauen mit Kindern haben fast immer eine hohe soziale Kompetenz und ausgezeichnete Managementqualitäten. Schließlich müssen sie im Alltag stets das Unmögliche möglich machen«, betont Kolberg. Die Grenzen bestünden nicht in den Fähigkeiten der Frauen, sondern im Kopf der Vorgesetzten.

Wenn Mütter Teilzeit arbeiten wollen, gehen nicht nur Chefs, sondern auch Kollegen auf die Barrikaden. Das habe aber nichts damit zu tun, dass man den Job nicht auch in Teilzeit machen könnte. Häufig geht es unter Kollegen mehr um Neid: Wer Teilzeit will, nimmt sich etwas Besonderes heraus.

Weitere Problemfelder »typisch Frau«: Gehaltsverhandlungen und Teammeetings, in denen Frauen häufig nicht das Wort ergreifen, sondern abwarten, bis sie jemand fragt. »Damit überlassen sie anderen das Feld, die sich mit ihren Ideen und Vorschlägen profilieren können«, erklärt Kolberg. Frauen mangele es oft an der selbstbewussten Einschätzung ihrer Fähigkeiten. Sie konzentrieren sich darauf, was möglicherweise alles schief gehen könnte. Frecher und forscher müssten sie sein, die Frauen, meint Kolberg.

Als Frauencoach sieht sie ihre Aufgabe darin, Frauen zu stärken, ihre Kompetenzen deutlich herauszuarbeiten und Schwächen in Stärken zu verwandeln. Die Methode der Kölnerin: Zuhören, Fragen stellen und Feedback geben. Offen, freundlich und tolerant muss ein Frauencoach sein. »Zusammenhänge zu erkennen und weiter zu denken, das ist mein Job. Dabei behalte ich immer Respekt vor der Lebensgeschichte und den Wünschen meines Coachees. Niemals dem anderen meine Meinung aufdrücken wollen – das ist meine Stärke.«

Kolberg unterscheidet zwischen Training und Coaching: Für eine Trainerin sei es enorm wichtig, gut und viel reden zu können. Sie muss sich vor Publikum frei und sicher fühlen. Das wird niemand in die Wiege gelegt, das ist Übungsache. Ein bisschen Lampenfieber – auch noch vor dem dreißigsten Seminar – schadet nicht, hilft eher. Der Coach allerdings hebt seinen Klienten, den Coachee, hervor, und nicht sich selbst. Hier geht es um Ermutigung, nicht um Beeinflussung. »Coaching ist immer Hilfe zur Selbsthilfe«, betont Kolberg.

Übrigens: Das Frauencoaching ist keineswegs ein reiner Frauenberuf. »Schließlich kann es für eine Frau sinnvoll sein, bestimmte Situationen, zum Beispiel im Rollenspiel, mit einem Mann durchzugehen.« Allerdings haben Trainerinnen oft ein besseres Verständnis für frauenspezifische Probleme. Letztlich aber entscheidet die Kundin, von wem sie sich am besten beraten fühlt.

Kolberg selbst ist das beste Beispiel dafür, dass man nicht unbedingt ein Psychologiestudium und mehrere Weiterbildungen absolviert haben muss. Die Karriere der Selfmade-Frau begann wenig spektakulär im Büro. »Das kann's ja wohl nicht gewesen sein«, dachte sie nach ein paar Jahren. Über einige Zwischenstationen hat sie es heute mit Initiative, Optimismus und ausgeprägten kommunikativen Fähigkeiten geschafft, in ihrem Traumberuf zu arbeiten. »Wenn man wirklich will, findet sich immer ein Weg.« Eine Erfahrung, die sie auch ihren Kundinnen vermitteln möchte.

Die Ausbildungswege für Trainer sind unterschiedlich. Manche waren jahrelang beispielsweise im Personalbereich tätig und haben sich dann selbstständig gemacht. Andere sind bei professionellen Trainern in die Schule gegangen und haben eine Art Lizenz erworben. Quereinsteiger sind keine Seltenheit: Samy Molcho, erfolgreicher Trainer für Körpersprache (*Erfolgreich mit Körpersprache – das Intensiv-Seminar für Verhandeln, Verkaufen und Führen*) ist von Haus aus Pantomime. Und Reinhard Sprenger, der sich auf Seminare zum Thema Motivation und Verantwortungsbewusstsein spezialisiert hat, war früher Lehrer.

Bewerbungstrainer

Bewerbungstrainer helfen Berufseinsteigern oder Arbeitslosen, aber auch wechselwilligen Berufstätigen, die entscheidenden Schritte der Stellensuche professionell durchzuführen. Dabei gibt es vielfältige Möglichkeiten, das Angebot zu gestalten: allgemeine berufliche Orientierung, Formulieren von Stellengesuchen, Zusammenstellen der Bewerbungsmappe, Verfassen von Briefen, Vorbereitung des Vorstellungsgesprächs oder des Assessment-Centers. Zusätzlich bieten entsprechend geschulte Trainer eine allgemeine (psychische) Betreuung während der Bewerbungsphase und gegebenenfalls bei Misserfolgen an.

Sabine Hertwig von beruf + konzept in Berlin ist von Haus aus Theaterwissenschaftlerin. Ins Trainergeschäft kam sie durch viele Hospitanzen bei unterschiedlichen Institutionen und anderen Coachs. »Ich habe mich viel umgeschaut, immer Augen und Ohren offen gehalten«, erzählt die Geschäftsführerin.

Hertwig bietet zusammen mit freien Trainern neben Karriereberatung auch Zeit- und Konfliktmanagement an. Sie ist der Meinung, dass das Handwerkszeug eines guten Trainers weniger im Inhaltlichen liegt. »Das Thema, über das man referiert, muss man sowieso draufhaben. Aber schließlich kann man drei gute Bücher lesen, und dann weiß man, wo der Hase langläuft.« Ein guter Trainer ist für sie dann auch nicht der, der doppelt so viele Bücher zum Thema gelesen hat. Auf Charisma, soziale Kompetenz und – vor allem – gesunden Menschenverstand kommt es an. »Ich frage mich immer erst mal, wie ich denn die Dinge angehen würde. Dadurch finde ich meistens schon einen Lösungsansatz für den Kunden«, erklärt Hertwig.

Flexibilität ist die erste Tugend eines guten Trainers, einer guten Trainerin: Im Einzelgespräch, aber auch in den Seminaren können immer wieder bizarre oder schwierige Situationen auftreten. »Damit muss eine Trainerin sehr souverän umgehen können. Wenn man so etwas nicht ganz schnell in den Griff bekommt, stellt man ein ständiges Gefahrenpotenzial dar«, sagt Hertwig.

Leuten, die sich für das Training interessieren, rät sie, sich sehr genau zu prüfen. »Fragen Sie sich, was Sie wirklich daran reizt und ob Sie auf so viel Menschelei überhaupt Lust haben.« Für sich selbst kann sie die Frage klar beantworten: »Ich finde Menschen spannend – Punkt. Und nirgendwo erfährt man so viele Storys und so viele Schicksale wie in der Beratung.«

Energieberater

Sparen ist in der Bundesrepublik zu einem lukrativen Geschäft geworden. Seit die Kosten für Energie ständig steigen und die Bilanz vieler Unternehmen belasten, ist auf diesem Gebiet neuer Beratungsbedarf entstanden.

»Ich bin nicht Energieberater, ich bin Problemlöser«, lautet denn auch die Eigenbeschreibung von Diplom-Ingenieur Reinhold Wassmuth, Vorsitzender des Verbands unabhängiger Energie- und Umweltberater. »Den meisten Geschäftsführern, die hier anrufen, sind bereits graue Haare wegen ihrer Stromrechnung gewachsen. Wenn ich denen sage, dass das nicht unbedingt so sein muss, dann kriegen die gleich große Ohren«, erklärt der Elektrotechniker.

Energieberater werden von außen in ein Unternehmen geholt, da die eigenen Mitarbeiter oft betriebsblind sind. »Die denken immer: ›Bei uns im Betrieb läuft alles prima.‹ Ich gehe dann erst mal durch den Laden und mache eine Liste von 135 Punkten, die gar nicht prima sind.« Außerdem schrecken Mitarbeiter häufig vor offener Kritik zurück. Wer den Energieverbrauch reduzieren will, impliziert ja auch: Hier ist vorher unnötig viel verschwendet worden.

Sein kommunikatives Talent setzt Wassmuth vor allem zu Überzeugungszwecken ein. »Der Geschäftsführer muss nach dem ersten Gespräch bereits kapiert haben, dass er mit mir möglicherweise 30 Prozent seiner Energiekosten sparen kann. Man muss die Dinge auch für einen Nicht-Techniker verständlich auf den Punkt bringen, sonst ist man in diesem Geschäft kolossal falsch«, sagt Wassmuth.

Ein typisches Beispiel: Ein Unternehmen der Lebensmittelbranche betreibt ein Kühlhaus, durch das täglich 50 Tonnen Lebensmittel geschleust werden. Auf der Windseite liegt ein großes Portal, ein zweites auf der gegenüberliegenden Seite. Da beide Tore immer nur gleichzeitig geöffnet werden können, wird das Kühlhaus mehrmals am Tag durch den (im Sommer warmen) Wind aufgeheizt. Danach muss das Kühlhaus unter hohem Energieaufwand wieder »heruntergekühlt« werden. »Im Grunde muss der Energieberater sein technisches Wissen von allen weltfremden Sperenzchen befreien und sich fragen: ›Was passiert hier eigentlich?‹ Das ist eine ganz schlichte Reduktion auf den zentralen Ablauf. Daher sollte der Energieberater auf keinen Fall Fachidiot, sondern eher Generalist sein. Ein bisschen Technikverliebtheit kann allerdings nicht schaden«, betont Wassmuth.[17]

Sein Tipp für die kommunikativen Fähigkeiten eines Beraters: Möglichst viel mit unterschiedlichen Menschen kommunizieren. »Man kann vom Autoverkauf in die Energieberatung gehen, aber nicht vom Labor aus. Schließlich muss ein Berater wissen, wie man mit Menschen redet«, so Wassmuth. Er selbst hat bereits während seiner Studienzeit mit dem Üben begonnen: als AStA-Sprecher der Technischen Fachhochschule Darmstadt und bei diversen politischen Aktivitäten, unter anderem als engagierter Gorleben- und Brokdorf-Gegner.

Nicht nur Unternehmen, auch private Hausbauer und -besitzer benötigen Unterstützung, um die Vielzahl von Umweltvorschriften und Richtlinien einzuhalten. Energieberater geben auch Hinweise auf staatliche Fördermöglichkeiten, beispielsweise beim Einbau von Solaranlagen. Ingenieure in der Energieberatung halten Vorträge, Volkshochschulkurse und Seminare für Handwerker und stehen als Ansprechpartner für Presse und Umweltgruppen bereit. Mögliche Arbeitsplätze für Energieberater sind Verbraucherzentralen, Stadtwerke und Stromversorgungsunternehmen. Beratende Ingenieure können ihre Leistungen nach der Honorarordnung für Architekten und Ingenieure (HOAI) abrechnen. Die Bezeichnung Energieberater ist zurzeit nicht geschützt.

Info-Box

Die Berufsorganisation beratender und planender Ingenieure in Deutschland ist der

Verband Beratender Ingenieure
Budapester Str. 31
10787 Berlin
Telefon: (030) 26 06 20
Telefax: (030) 26 06 21 00
www.vbi.de

Weiterbildungsprogramme Energieberatung:

Technische Akademie Esslingen
Weiterbildungszentrum
Postfach 12 65
73748 Ostfildern
Telefon: (07 11) 3 40 08 23
Telefax: (07 11) 3 40 08 43
www.tae.de

Verband Beratender Ingenieure (Hg.), *Selbstständig als Beratender Ingenieur* (Broschüre), Bonn 1996

Fachzeitschrift:
Beratende Ingenieure (erscheint zweimal im Jahr)

Beziehungsberater

Auf die Entschärfung von Konflikten in Ehen und Partnerschaften haben sich Beziehungsberater spezialisiert. Die Probleme, die dort angegangen werden, haben weniger mit falsch ausgedrückten Zahnpastatuben oder vergessenen Hochzeitstagen zu tun. Stattdessen stehen Kommunikationsschwierigkeiten, mangelnde Konfliktfähigkeit, sexuelle Probleme und Fragen der unterschiedlichen Lebens- und Familienplanung im Vordergrund.

Interview

Die Berlinerin Angelika Schönborn berät Menschen, die ihre privaten Beziehungen verbessern wollen.

Frage: Mit welchen Problemen kommen Ihre Kunden auf Sie zu?

Schönborn: Meine Klienten haben Konflikte mit ihren Mitmenschen. Dabei handelt es sich vorrangig um Lebenspartner, Familienmitglieder oder Kollegen. Besonders Frauen haben oft Mühe, sich adäquat abzugrenzen, und das zieht sich dann durch alle Lebensbereiche durch. Im Laufe der Zeit entsteht ein enormer Leidensdruck, der diese Menschen veranlasst, nach Lösungen zu suchen.

Frage: Wie helfen Sie?

Schönborn: In einem eingehenden Gespräch ermittle ich, wo genau die Konflikte und deren Ursachen stecken. Daraus leite ich ab, welche Interventionen für diesen Klienten am geeignetsten sind. Eine Intervention besteht immer aus einer Interaktion zwischen dem Klienten und mir. Dabei kann es sich zum Beispiel um ein Rollenspiel handeln. Im Laufe dieser Intervention geht dem Klienten ein Licht auf: Zusammenhänge werden klar, es entwickelt sich eine andere Sichtweise der Situation. Anschließend gebe ich Tipps, wie er oder sie diese neu gewonnenen Erkenntnisse im täglichen Leben umsetzen kann.

Frage: Wie sind Sie auf die Idee gekommen, Beziehungsberaterin zu werden?

Schönborn: Im Privatbereich bin ich dafür bekannt, dass es mir leicht fällt, selbst die kompliziertesten Beziehungsfäden zu entwirren. Nachdem ich meine Ausbildung zum NLP Master Practitioner absolviert hatte, lag der Gedanke nahe, aus dieser Fähigkeit einen Beruf zu machen.

Frage: Was ist das Schöne an Ihrem Beruf?

Schönborn: Ich finde es immer wieder spannend, zu beobachten, wie sich Knoten lösen. Sobald jemand imstande ist, einen Konflikt aus einer anderen Perspektive zu betrachten, ist die Lösung relativ einfach. Da ich meine Klienten bei der anschließenden praktischen Umsetzung begleite, erlebe ich hautnah mit, wie ihr Leben sich schrittweise verändert.

Frage: Gibt es auch etwas, das Sie nervt?

Schönborn: Leute, die nur jammern wollen! Die haben bei mir keine Chance: Ich frage ganz direkt, ob sie ihr weiteres Leben mit Wehklagen verbringen wollen – oder aber eine wirkliche Veränderung wünschen. Dieser Wunsch nach Veränderung ist die Grundvoraussetzung für den Erfolg meiner Arbeit.

Frage: Wie findet man einen guten Beziehungsberater?

Schönborn: Beziehungsarbeit wird hierzulande hauptsächlich von Frauen geleistet. Hilfe suchende lesen Fachliteratur, wenden sich an Beratungszentren, studieren Anzeigen in Zeitungen und Zeitschriften oder – oft am besten – fragen in ihrem Bekanntenkreis herum. Die meisten Klienten finden über Mundpropaganda zu mir.

Info-Box

Fort- und Weiterbildungen im Bereich Lebensberatung bietet die

Deutsche Arbeitsgemeinschaft für Jugend- und Eheberatung
Neumarkter Straße 84 c
81673 München
Telefon: (0 89) 4 36 10 91
Telefax: (0 89) 4 31 12 66
www.dajeb.de

Weitere Jobs im Bereich Unterricht, Beratung, Training

EDV-Berater

Fortbildung hat vor allem im Daten verarbeitenden Bereich Hochkonjunktur. Die Bundesanstalt für Arbeit wendet jährlich etwa eine halbe Milliarde Euro für entsprechende Fortbildung auf.[18] Auch die Zahl der Beraterstellen im EDV-Bereich legt laut Schätzungen des Bundesverbands Informations- und Kommunikationssysteme jährlich um 9 Prozent zu.[19] EDV-Berater arbeiten in Unternehmensberatungen oder freiberuflich. Literatur: Computerwoche Verlag: *Praxishandbuch für den DV-Freiberufler.*

Finanzberater

Ein ebenfalls stark wachsender Bereich ist Beratung und Training im persönlichen Finanzmanagement, zum Beispiel Geldanlage in Aktien. Prominentester Vertreter: Bodo Schäfer.

Personal Coach

In der Bundesrepublik noch nicht weit entwickelt: das Personal Coaching. Persönliche Trainer unterstützen (meist erfolgreiche) Individuen darin, weiter nach vorne zu kommen. Sie denken mit, treiben Entscheidungen voran, geben im richtigen Moment eine Motivationsspritze und durchsuchen auch schon einmal das Internet nach für ihre Kunden wichtigen Informationen.

Andere Trainer

Die großen Themen für Training sind außerdem: Motivation, Kreativitätstechniken, Rhetorik und Selbstbewusstsein. Für Beratungen: Ernährungs- und Gesundheitsberatung.

Art-Consultant

Im exklusiven Bereich der privaten Kunstsammlungen arbeiten Art-Consultants, die vor allem Banken und Versicherungen, aber auch Arztpraxen und Rechtsanwaltskanzleien, Restaurants und Hotels bei der Anschaffung von Kunstobjekten beraten.

Auflösung des Sportlehrer-Quiz:

1. Fore!
2. Talski
3. Das Zusammenwirken von Zentralnervensystem und der Skelettmuskulatur innerhalb eines gezielten Bewegungsablaufes
4. Serve and Volley
5. Großfall
6. Dojo

7. 100-Meter-Lauf, Weitsprung, Kugelstoßen, Hochsprung, 400-Meter-Lauf, 110-Meter-Hürdenlauf, Diskuswurf, Stabhochspung, Speerwurf, 1 500-Meter-Lauf

7.
Verkauf

»Die Leute haben immer noch das Vorurteil, verkaufen heißt, die Kunden dusselig zu quatschen, wie in dem alten Witz von dem Vertreter, der Eskimos Kühlschränke andreht. Das Gegenteil ist richtig.« Bernhard Rex, »dienstälteste Quasselstrippe« in einem Berliner Autohaus, bringt die Erfahrung aus knapp 35 Jahren Autoverkauf auf den Punkt: »So viel zuhören wie reden, und nur das vorschlagen, was der Kunde wirklich braucht.« Das ist seine Kunst – und die Kunst aller erfolgreichen Verkäufer, Makler und Vermittler. Wichtigste Voraussetzung dafür ist die Lust, mit anderen Menschen zu reden, sie ein Stück weit kennen zu lernen, auf sie zuzugehen. Das, meint er, kann man nicht lernen, der Rest ist Übung.

Echte Quasselstrippen bringen die besten Voraussetzungen für eine Tätigkeit im Verkauf mit. Hier können sie ihr Talent ausleben und Gewinn bringend einsetzen. Das beginnt beim Marktschreier auf dem Wochenmarkt, dessen atemlosem Vortrag ganze Trauben von Schaulustigen folgen, auch wenn er nur einen neuartigen Gemüsehobel anpreist. Und reicht bis zur Künstleragentin, die gleichzeitig die zarten Seelen ihrer Schauspieler pflegen und harte Vertragsverhandlungen mit Produktionsleitern führen muss.

Verkaufen als Beruf beschränkt sich nicht auf die klassische Verkäuferin, sondern bietet eine Fülle von Tätigkeiten in den verschiedensten Branchen mit ganz unterschiedlichen Schwerpunkten. Auch die Einkommensskala reicht von rund 1 000 Euro im Monat für eine Bäckereiverkäuferin bis zu einigen 100 000 Euro Jahresgehalt inklusive Provisionen für Vertriebsleiter großer Firmen. Gemeinsam ist all diesen Tätigkeiten der menschliche Faktor: Den weitaus größten Teil des Tages verbringen Verkäufer im Gespräch.

Die Verkäufer sorgen dabei nicht in erster Linie dafür, dass der Kunde am Ende des Verkaufsvorgangs den Preis für ein Produkt auch zahlt. Vielmehr geht es beim Verkaufen darum, herauszufinden, welche Bedürfnisse der Kunde hat und welches Produkt zu diesen Wünschen passt. Ist der Kunde zufrieden, entwickelt sich aus dem einmaligen Kontakt eine dauerhafte Beziehung. Das bedeutet: Verkaufen hat viel mit Reden, aber wenig mit »Zutexten« zu tun. »Wer möglichst schnell und mit einem Mal zum Erfolg kommen will und den Kunden dabei überfährt, hat bald keine Kunden mehr«, bestätigt York Kröger, Vertriebskraft bei Toshiba.[20] Schließlich zeichnet sich ein guter Verkäufer dadurch aus, langfristig mit seinen Kunden zusammenzuarbeiten. Neue Kunden zu gewinnen ist fast immer wesentlich aufwändiger als alte zu pflegen.

Praxis-Box

Im Verkauf lernen Sie auf jeden Fall etwas fürs Leben. Selbst wenn Sie später als freie Fotografin, als selbstständiger Bewerbungstrainer oder Werbetexter arbeiten wollen – in jedem Job müssen Sie auch in der Lage sein, Ihre Arbeit Gewinn bringend an den Mann und an die Frau zu bringen, also zu verkaufen. Erfahrungen im Verkauf oder Vertrieb sind dabei in jedem Fall hilfreich. Hier ein paar Übungsaufgaben zum Einstieg:

1. In Ihrem Kiez gibt es fünf Bäckereien. Nennen Sie fünf Gründe, warum Ihre Bäckerei die meisten Kunden hat.
2. Eine Frau kann sich zwischen zwei Jacketts nicht entscheiden. Das eine hat einen klassischen Business-Schnitt, das andere ist eine eher ungewöhnliche Kreation von einem japanischen Designer. Geben Sie ihr fünf Argumente an die Hand, warum sie beide braucht.
3. Der Computerladen an der Ecke läuft nicht richtig. Über-

legen Sie sich fünf Tipps für die Inhaberin, wie sie ihr Geschäft in Schwung bringen könnte.

4. Gerade ist ein No-Name-Produkt, wie zum Beispiel ASS Ratiopharm, auf den Markt gekommen. Es hat genau dieselbe Qualität wie ein Markenprodukt (Aspirin). Das Markenprodukt ist wesentlich teurer. Nennen Sie fünf mögliche Argumente, warum man trotzdem nicht zum Billigprodukt greifen sollte.
5. Nichts schult besser als die Wirklichkeit: Begleiten Sie, so oft Sie Zeit finden, Freunde zum Einkauf – ob nun Klamotten, Stereoanlage oder Autokauf. Mischen Sie sich nicht ein, hören Sie einfach zu, was die Verkäufer sagen. Und fragen sie anschließend jedes Mal, warum der Freund, die Freundin etwas gekauft hat oder eben nicht. Vergleichen Sie die Motive mit den Argumenten des Verkäufers.

Wenn Ihnen diese Aufgabenstellungen keine allzu großen Schwierigkeiten bereiten, sondern sogar Spaß machen, haben Sie gute Voraussetzungen für den Verkauf. In der Regel werden Vertriebskräfte zusätzlich am Einsatzort geschult: Schließlich ist es für den Verkaufserfolg entscheidend, dass der Verkäufer sein Produkt auch kennt und wirklich verstanden hat.

Info-Box

Brigitte Arms, Jörg Brandt, Peter Neumann, *Das professionelle Einmaleins. Aktiv verkaufen – besser verkaufen*, Düsseldorf 1997

Joe Girard, Robert L. Shook, *Abschlusssicher verkaufen mit Joe Girard. Der Weltbestseller von Amerikas Verkäufer Nr. 1*, Wiesbaden 1998

Tom Hopkins, *Einfach verkaufen. Der Intensivkurs*, München 1998

Ron Zemke, Jeffrey Gitomer, *Wahnsinnsverkauf. Methoden, die Ihre Kunden aus den Socken hauen*, Frankfurt/New York 2000

Einzelhändler

Ladengeschäfte sind das Ende einer langen Kette von Verkäufen, die vom Produzenten zum Verbraucher führt, und zugleich die Basis des Geschäfts. Im Zeitalter der SB-Märkte und coolen Schickimicki-Boutiquen gehen das Bewusstsein und die Wirkungsstätten für echte Verkaufstalente allerdings zunehmend verloren. Das sagt Leonore Hofstetter, DOB-Verkäuferin in Wuppertal. DOB ist die hässliche Abkürzung für eigentlich Vergnügliches, nämlich Damenoberbekleidung, sprich Mode.

Hofstetter arbeitet in einer klassisch geführten Boutique, zusammen mit vier Kolleginnen. Sie können sich Zeit für die Beratung der Kundinnen nehmen, ein Umstand, den sie alle sehr schätzen. »Das ist das, was Spaß macht an dem Beruf. Ich kenne mich in unserem Sortiment gut aus und finde meistens etwas, das der Kundin zusagt. Oft kommen sie wegen eines Kleides oder Pullovers im Fenster rein, und ich kann sie überzeugen, dass ihnen etwas anderes besser steht.«

Als gute Verkäuferin versucht sie, nebenbei den Anlass für den Kauf herauszubekommen – ist es die gezielte Suche nach einem Business-Outfit oder ein Frustkauf, der nach etwas Schrillem, Billigem oder Außergewöhnlichem schreit? Hofstetter versucht immer, die Stimmung der Kundin einzuschätzen und sich entsprechend auf eine lange Suche oder einen schnellen Kauf einzustellen. »Wenn ich den Kontakt herstellen kann, ist alles in Ordnung. Dann ist es auch kein Frust für mich, wenn die Kundin mal rausgeht, ohne was zu kaufen.«

Als belastend empfindet Hofstetter nicht das lange Stehen im Laden, wie es oft beklagt wird, sondern vielmehr, wenn sie absichtlicher Unhöflichkeit begegnet. Für Unentschlossene dagegen hat sie Verständnis. So wundert es sie auch nicht, dass Verkaufen im Einzelhandel weitgehend ein Frauenberuf ist. »Man muss sich täglich auf ganz verschiedene Menschen und Motive einstellen, manchmal blitzschnell umschalten. Dafür fehlt Männern oft die Antenne.«

Dem widerspricht Autohändler Bernhard Rex heftig. Er verkauft Nutzfahrzeuge, Lieferwagen und dergleichen, vorwiegend an Männer. »Wenn ich mich nicht jeweils auf den Kunden und das, was er will, einstellen würde, hätte ich schlechte Karten«, sagt er. Allerdings ist sein Geschäft rationaler und mehr von Fakten geprägt als die Modebranche. Er verkauft Nützlichkeit und Technik, nicht Schönheit und Wohlbefinden.

Obwohl – im Pkw-Bereich bringen Käufer auch andere Wünsche zum Autokauf mit. Da geht es neben Preis-Leistungs-Verhältnis und Unterbodenschutz genauso um Prestige. Die PS unter der Haube sollen nicht nur im Überholmanöver für zügiges Vorbeigleiten sorgen, sondern auch imponieren. Nur geben das die Kunden in den seltensten Fällen zu. »Menschenkenntnis gehört eben dazu«, meint Rex. »Von meinen Autos bin ich sowieso überzeugt; aber die Argumente, die meine Kunden überzeugen können, sind ganz unterschiedlich.«

Aufmerksames Zuhören und Geistesgegenwart gehören zu den Grundtugenden des Verkaufs. Dass diese sogar im scheinbar langweiligen und eher unkommunikativen Supermarkt die Verkaufszahlen pushen können, machen uns, wieder einmal, die Amerikaner vor. Die Kette Walmart, die seit kurzem in Deutschland mit Niedrigpreisläden nach US-Vorbild aktiv ist, setzt auf Kommunikation und Service für ihre Kunden. Sie brauchen außerhalb der Saison zwei große Puten für ein Festessen? Kein Problem – wenden Sie sich an unseren Fleischermeister! Der hört sich im Großhandel für Sie um und ruft an, wenn er fündig wird. Sie haben Schwierigkeiten, die Schilder mit dem Sortiment in den Gängen zu lesen? Sagen Sie es dem Marktleiter, der wird über kurz oder lang größere Schriften anbringen lassen.

Man sieht den Supermarkt-Kunden ihr Erstaunen darüber an, dass sie es ungewöhnlich finden, auf so viel Zuwendung und Gesprächsbereitschaft zu treffen, wo die Dialoge normalerweise auf »Zweihundert Gramm Speck, bitte« und »Darf es etwas mehr sein?« reduziert sind. Beobachtungen zeigen: Kunden schätzen den neuen Stil und die Mitarbeiter ebenfalls. Sie sind schließlich Verkäufer. Wie die Beispiele zeigen, kann Einzelhandel eine spannende und lohnende Beschäftigung sein, wenn das Verkaufsgespräch tatsächlich im Mittelpunkt steht.

Im Bereich Verkaufen ist es leicht, einen Einstieg zu finden, zum Beispiel über eine Aushilfstätigkeit. Auch wer selbst einen Laden aufmachen will, sollte erst einmal anderswo schnuppern gehen und seine kommunikativen Talente erproben und ausfeilen. Zudem: Wenn man länger dabei bleiben will, kommt man nicht umhin, sich gründlich die Warenkunde anzueignen. Je besser der Verkäufer das Angebot in all seinen Facetten kennt, desto umfassender und geschickter kann er oder sie darüber reden. Die Liste möglicher Sortimente ist beinahe unendlich. Vom Buchhandel mit fester Vertriebsschiene und festen Preisen über Auto- oder HiFi-Geschäfte bis zum Kuriosiätenladen reicht die Palette. Schallplatten und CDs, italienische Delikatessen, Fahrräder und Zubehör, Unterwäsche, Wein, Uhren und Schmuck, Antiquitäten, Fanartikel oder Secondhand-Mode – da sollte für jede Quasselstrippe etwas dabei sein.

Praxis-Box

Für die Eröffnung eines eigenen Geschäfts gilt in nahezu allen Handelsbranchen die Gewerbefreiheit. Das heißt: Sie müssen keine formale Ausbildung nachweisen, um den Gewerbeschein zu erhalten. Lediglich für Lebensmittel und den Handel mit frei verkäuflichen Arzneimitteln sind Sachkundenachweise zu erbringen. Entsprechende Lehrgänge und Prüfungen bieten die örtlichen Industrie- und Handelskammern an.

Bäckereien und Fleischereien unterliegen gänzlich der Handwerksordnung; man muss also selbst Meister sein oder einen Handwerksmeister einstellen. Ähnliches gilt für Läden, die zusätzlich Reparaturen anbieten, etwa HiFi-Geschäfte. Die Reparatur dürfen nur Handwerker ausführen, und ein Meisterbrief gehört in jeden dieser Betriebe. Auch im Modebereich kann die Anfertigung von maßgeschneiderter Garderobe mit dem Handwerksrecht kollidieren (nicht aber Änderungen). In Zweifelsfällen wenden Sie sich an die örtliche Handwerkskammer.

Business-to-Business-Verkäufer

B2B (von Unternehmen zu Unternehmen) ist ein Begriff aus der Internetsprache – und tatsächlich wickeln immer mehr Unternehmen ihre Geschäfte untereinander über das Netz ab. Etwa 10 Prozent des Handels zwischen Unternehmen liefen im Jahr 2000 über das Netz. Doch damit bleibt immer noch der Löwenanteil des Transaktionsvolumens von 60 Billionen Dollar weltweit in den Händen der Vertriebsexperten der Unternehmen.[21] Und das wundert nicht, wenn man bedenkt, dass es im Geschäftshandel oftmals um hoch erklärungsbedürftige Produkte, um riesige Anlagen und teure Maschinen geht. Der Verkauf beschränkt sich hier selten auf den eigentlichen Abschluss des Geschäfts. »Vom ersten Telefonkontakt bis zur Schulung an der Technik und manchmal dem Austausch von einzelnen Komponenten kann ein Geschäft bis zu einem halben Jahr in Anspruch nehmen«, sagt Margret Bauer, Vertriebsfrau für Studiotechnik der Video- und Fernsehbranche.

Gute Argumente und ein guter Kontakt mit Leuten allein reichen nicht aus, meint die Berlinerin. Ganz wichtig ist ihr pädagogisches Talent: die hoch komplizierten Computerplattformen zu erklären, vorzuführen und sich auf ganz unterschiedliche Vorkenntnisse der Käufer einzustellen. Bauer ist klassische Quereinsteigerin, früher hatte sie nichts mit Technik am Hut. Dann ist sie über einen Freund in die Branche gekommen, zuerst als Cutterin, pardon, Videoeditor. Sie lernte, mit der Software umzugehen, die aus Unmengen von aufgenommenem Videomaterial fertige Filme macht. Sie lernte, Bild und Ton digital in den Computer zu überspielen, den Ton zu bearbeiten, Tricks einzubauen. »Die digitale Technik kann viel mehr als die alten Studioausrüstungen, aber die Entwicklung ist auch furchtbar schnell. Es gehört schon Spaß an der Sache dazu, immer auf dem Laufenden zu bleiben.«

So sieht sie es als ganz privates Vergnügen an, jedes Jahr nach Las Vegas zu fliegen, nicht etwa um in den Kasinos zu spielen oder in der Sonne zu liegen, sondern um auf der wichtigen Branchenmesse NAB »mit Gott und der Welt und all den Technikern zu reden und die neuesten Trends und Gerüchte zu sammeln«.

Zurück in Deutschland redet Bauer bis spätabends mit Kunden

im Studio über die Neuigkeiten, über deren Filmprojekte und Kaufwünsche. »Wir haben viele Stammkunden. Die schneien oft einfach mal rein oder rufen an, um ein kleines technisches Problem zu besprechen oder mal unverbindlich nach einer neuen Kamera zu fragen oder sonst was.« Wenn sie nicht wirklich Lust auf das Geschäft hätte, könnte es vielleicht zu einer Belastung werden. Aber sie findet die Leute »ziemlich locker in der Branche. Wir haben schließlich alle dasselbe Interesse.« Das Verkaufen und Schulen kommt Bauers fröhlichem Temperament mehr entgegen als die ständige Arbeit am Schneidetisch, mit der sie angefangen hat. »Menschen werden mir nie zu viel«, sagt sie.

Bauers Werdegang ist im harten Geschäft des Business-to-Business-Handels bisher noch die Ausnahme. Sie hatte die Chance, erst einmal die technischen Grundlagen der Produkte zu lernen. Üblich ist die Ausbildung im Produktionsunternehmen und dann die Entscheidung für den Vertrieb. Oder die Ausbildung zum Großhandelskaufmann mit Spezialisierung auf bestimmte Waren. Eine Chance bietet sich auch für Fachleute, Techniker und Experten, die sich in ihrer angestammten Branche als Handelsvertreter selbstständig machen. Rund 75 000 Unternehmen vermitteln in Deutschland zwischen gewerblichen Unternehmen und erwirtschafteten 1998 einen Gesamtumsatz von über 22 Milliarden Euro.[22] Gemeinsam ist den meisten B2B-Verkäufern, dass sie zunächst in eine Branche hineinwachsen und sich das Produkt-Know-how aneignen, bevor sie – endlich! – ihre kommunikativen Talente entfalten können.

Die Gesprächspartner der Vertriebskräfte im Business-to-Business-Sektor sind in aller Regel gut informierte Praktiker in leitenden Positionen – Produktionsleiter, Abteilungsleiter, Geschäftsführer, Unternehmer, denen Sie so leicht kein X für ein U vormachen können. Echte Begeisterung für das Produkt und die Branche ist eine zusätzliche Voraussetzung für die kontinuierliche Kundenbetreuung. Denn wer hochwertige Maschinen und Einrichtungen anschafft oder ständig Rohmaterial ordert, erwartet regelmäßige Kontakte, Informationen über Neuheiten, Zusatzeinrichtungen oder frühzeitige Informationen über Preisänderungen. Oftmals werden die Geräte oder Anlagen vom Verkäufer technisch betreut und gewartet. Dann ist der Verkäufer gleichzeitig Ansprechpartner für etwaige Beschwerden über den Kundendienst und muss innerbetrieblichen Abläufen nachgehen. Langfristige Beziehungen im Geschäftshandel aufzubauen ist eine Kunst für Telefoncracks und gesellige Typen, die auch gern mal mit den Kunden ein Bier trinken gehen.

Apropos Bier: B2B betreiben auch Brauereien, die Kneipen und Restaurants mit Pils, Kölsch und Weizenbier beliefern. Wer die Szene in einer Region gut kennt, für den ist der Beruf des Bierverlegers oder Vertriebsagenten vielleicht interessant. Dabei geht es einmal darum, neue Gaststätten für die Brauerei zu gewinnen, zum anderen darum, die bisherigen Wirte in der vertraglichen Bindung zur Brauerei zu halten. Der Job reicht bis zur Finanzierung und Ausstattung von Kneipen.

Vetriebsmitarbeiter im Hotel

Die gehobene Gastronomie bietet ebenfalls erstklassige Jobs für Kommunikationstalente. Alle guten Hotels verfügen über eine Verkaufsabteilung, die bei großen Häusern in eine Privatkunden- und eine Geschäftskundensektion unterteilt ist. Zu deren Aufgaben gehört die Organisation von Kongressen oder Business-Meetings und Veranstaltungen aller Art. Dabei sind die Mitarbeiter im Hotelvertrieb die wichtigsten Ansprechpartner für Kunden. Sie machen Vorschläge und beauftragen die hauseigenen Abteilungen mit der Organisation der Events. Sie verhandeln über die Preisgestaltung des Gesamtpakets, überwachen den Ablauf der Veranstaltung, sind jederzeit für die angereisten Gäste verfügbar, um Änderungswünsche oder womöglich Beschwerden entgegenzunehmen.

»Meine nettesten Gäste sind die Fotografen und Models bei den Fotoshootings, die hier regelmäßig stattfinden«, sagt die Amerikanerin Karen Forte, die Business-Relations-Manager eines riesigen Resorthotels im Nobelferienort Palm Springs in Südkalifornien ist. »Die suchen immer nach ungewöhnlichen Aufnahmeorten und brauchen immer noch ganz schnell irgendwelche Deko, die sie vergessen haben. Eine Menge Arbeit, aber dafür sind sie unglaublich konzentriert, meckern wenig und laden mich abends oft zu einem Drink ein. Letztes Mal haben sie mir gleich drei, vier Badeanzüge geschenkt, die sie fotografiert hatten.«

Belastungen beim Job? Na ja, wenn was schief läuft und man sich entschuldigt und einen Ausgleich sucht, die Leute aber trotzdem nicht zufrieden zu stellen sind und sich beim Verkaufsleiter beschweren, das kommt vor. »Aber eigentlich sind die Leute, die zum Arbeiten herkommen, eher unkompliziert. Die sehen, dass wir auch arbeiten. Das verbindet.« Die meisten Kollegen haben im Hotelgewerbe gelernt und sind dann in den Vertrieb gegangen. Aber es geht auch anders. »Ich habe vorher in einer größeren Cateringfirma gearbeitet, und wir haben eine Menge Aufträge von Promis gehabt, die es hier ja in rauen Mengen gibt«, berichtet Forte. Nach einem Vierteljahr Probezeit hatte sie dann den Job im Hotel. Der Vorteil? »Weniger Organisation, weniger körperliche Arbeit – dafür habe ich ständig mit Menschen zu tun. Selbst wenn ich am Schreibtisch sitze und nur alte Kunden anrufe, um bei einem Schwatz unsere neuen Business-Tarife zu erläutern.«

Info-Box

Aus- und Weiterbildungen im Bereich Hotellerie und Gastronomie bietet:

Institut für Restaurant- und Hoteladministration
Wöhlerstr. 10 b
81247 München
Telefon: (0 89) 8 29 29 55 00
Telefax: (0 89) 8 29 29 53 33
www.kermess-institut.de

Fachzeitschrift:
Tophotel (erscheint monatlich)

Verlagsvertreter

Neue Romane, Krimis und Sachbücher erscheinen im Frühjahr und im Herbst. Doch die Wege dorthin sind weit: Die Manuskripte müssen vom Autor zum Lektor, manchmal auch zum Herausgeber, nach dem Lektorat an die Autoren zurück, dann in die Herstellung und schließlich in die Druckerei. Um die Bücher auch tatsächlich in den Regalen des Buchhandels zu platzieren, gibt es Verlagsvertreter.

Zweimal im Jahr erhalten die Vertreter Informationen über das nächste Programm, darunter Leseproben von neuen, viel versprechenden Büchern und Angaben zu einzelnen Autoren. Dann lädt der Verlag zur Vertreterkonferenz, auf der die Verlagsmitarbeiter den Vertretern die neuen Bücher vorstellen. Die Vertreter kommentieren: Stimmt der Titel? Passen Cover und Aufmachung? Ist der Preis angemessen? Mit welchen Argumenten kann der Buchhandel überzeugt werden?

Die Einschätzung der Vertreter zählt in der Verlagswelt viel, schließlich sind diese an der Verkaufsfront tätig. Daher wird so manches Buchkonzept, manches Cover nach der Vertretersitzung noch einmal umgekrempelt. »Je länger man sich kennt, desto mehr kann man sich gegenseitig unterstützen. Manchmal nehme ich verschiedene Cover mit in den Buchhandel und frage nach, welches die Händler favorisieren«, erzählt Ralf Schmidtmann, Verlagsvertreter von Econ-Ullstein-List.

Dann beginnt die eigentliche Arbeit des Vertreters. Er macht sich auf die Reise: Anfang Januar bis Ostern auf Frühjahrsreise, Juni bis September auf Sommer- oder Herbstreise. Dort stellt er den Buchhändlern die neuen Titel vor. Rund 80 000 sind es jährlich in der Bundesrepublik, davon etwa 10 bis 15 Prozent Belletristik, der Rest sind Sachbücher, Comics, Kalender, Nachschlagewerke und Ratgeber.[23]

Vertreter besuchen auf ihren Reisen durchschnittlich vier Buchhandlungen pro Tag. In den kleinen Läden ist der Inhaber, die Inhaberin Gesprächspartner, in großen Buchhandlungen sind mehrere Einkäufer für die einzelnen Teilbereiche des Sortiments zuständig. »Letztendlich haben aber fast alle denselben Hintergrund. Das ist nicht so wie im Kaufhaus, wo einer Socken verkauft und der andere Fernseher. Wer einmal mit Büchern zu tun hat, bleibt meistens dabei«, erklärt Schmidtmann.

Die meisten Vertreter repräsentieren mehrere Verlage, manche sind fest angestellt, viele arbeiten frei. Einige haben sich auf Warenhäuser spezialisiert, die andere Bedürfnisse als Buchhandlungen haben. Dort werden in der Hauptsache Taschenbücher und populäre Bestseller angeboten. Schmidtmann genießt den persönlichen Kontakt mit den Buchhändlern: »Am meisten Spaß macht die Plauderei über neue Tendenzen auf dem Buchmarkt, was in ist und was out, über Nachwuchstalente, Geheimtipps, die letzte Folge des Literarischen Quartetts und über allgemeinen Szenetratsch.« Und er ergänzt: »Viele denken, Vertreter sein hätte etwas mit Klinkenputzen zu tun. Bei uns ist es aber eher so, dass Buchhändler und Vertreter sich beide auf den Termin freuen.«

Je länger man zusammenarbeitet, desto mehr wird gemeinsam überlegt, welche Titel für die Buchhandlung eingekauft werden sollen. »Ich bin dann nicht mehr Buchverkäufer, sondern Berater. Da kann ich dann auch schon mal sagen, was meiner Ansicht nach gut ist und was nichts taugt«, beschreibt Schmidtmann seine Arbeit.

Im Gespräch mit den Buchhändlern einfach drauflos zu plappern hält der Düsseldorfer in jedem Fall für falsch. »Wichtig ist, schnell zu kapieren, was für einen Typ man vor sich hat und dann flexibel zu reagieren.« Gern mit Menschen zu tun zu haben ist für ihn denn auch die wichtigste Voraussetzung für den Job: »Wer morgens schon denkt: ›Oje, heute sehe ich wieder den alten Giftzwerg oder die blöde Nervensäge‹, der sollte sich lieber nach einem anderen Beruf umschauen.«

Versicherungsmakler

An das Verkaufen von Versicherungen denken selbst begeisterte Quasselstrippen eher ungern. In den Köpfen spukt das Bild der Vertreter, die an Wohnungstüren klingeln oder – halb legal – über Telefonumfragen Termine mit den Kunden sammeln. Überlegen

Sie mal, wann Sie zuletzt mit einem solchen Vertreter konfrontiert wurden. Bestimmt ist das eine ganze Weile her.

Sicher gibt es sie noch, die Klinkenputzer, die sich hundert Mal rausschmeißen lassen, um eine einzige Hausratpolice zu verkaufen, oder dem Freundeskreis mit ihren Angeboten auf den Wecker fallen. Aber insgesamt hat sich die Arbeit im Versicherungsgewerbe verändert. Rund 3 000 freie Versicherungsmakler, die etwa 35 Millionen Versicherungsverträge in Deutschland betreuen, setzen ihre kommunikativen Talente gezielt und effektiv ein.[24]

Versicherungsmakler, zum Teil große Firmen, vermitteln Versicherungspolicen aller Gesellschaften, sind also nicht an einzelne Anbieter gebunden. So können sie ihren Kunden das jeweils günstigste Angebot machen oder speziell auf ihre Bedürfnisse zugeschnittene Versicherungsprodukte herausfinden. Hier ist der Vermittlungs- und Agenturgedanke in Reinform zu finden.

Die Kunden sind vorwiegend Unternehmen, die ganz konkreten Schutz vor geschäftlichen Katastrophen suchen, von der Feuerversicherung für die Lagerhalle über die Absicherung teurer Technik bis zu eigenwilligen Einzelproblemen. Der Versicherungsmakler besorgt auch die Lloyds-of-London-Police für die Hände eines hoch bezahlten Schauspielers oder die Transportversicherung exotischer Tiere in den örtlichen Tierpark.

Für das Makeln von Versicherungen werden neben kommunikativen Qualitäten auch fundierte Kenntnisse der Versicherungswirtschaft gefordert. Eine Weile Vertreter für einen großen Versicherungsvertrieb gewesen zu sein reicht nur bedingt. Sinnvoll ist, auch direkt in der Zentrale eines Konzerns wie der Allianz zu arbeiten und die vielfältigen Aspekte der Branche kennen zu lernen. Die Tätigkeit bei einem großen Maklerhaus ist eine gute Voraussetzung, um eines Tages selbstständig eine Agentur zu führen.

Für Quasselstrippen ist die Ausbildung beim Makler ein guter Einstieg, weil man relativ rasch zu Kundenkontakten kommt. Vor allem in der Abwicklung von Schadensfällen ein nicht zu unterschätzender Faktor: Kunden, die im Fall des Falles ohne große Formalitäten schnell zum Schadensausgleich kommen, sind zufriedene Kunden.

Versicherungen zu makeln wird seit einiger Zeit durch die Liberalisierung des Versicherungswesens in der EU noch interessanter.

Gerade die freien Makler profitieren von fantasievollen Produkten ausländischer, besonders englischer Versicherungsgesellschaften. Aus der Angebotsvielfalt resultiert ein größerer Beratungsbedarf bei den deutschen Kunden, die auf bestimmte Absicherungsmöglichkeiten von allein gar nicht kommen.

Auch die Courtagen, die Provisionen für die Makler, liegen bei ausländischen Gesellschaften, die neu auf den deutschen Markt drängen, mitunter deutlich über den 8 bis 15 Prozent der Jahresprämie in deutschen Verträgen. Anders als die Vertreter, die an eine Gesellschaft gebunden sind, erhalten Versicherungsmakler eine Courtage, in der neben der Abschlussprovision auch ein Betrag für die Betreuung des Kunden enthalten ist. Dieses Betreuungsentgelt fließt, solange der Kunde die Versicherungspolice hält. Die Kontakte langfristig zu pflegen und auszubauen hat nichts mehr mit »Klinkenputzen« oder »Beschwatzen« von Privatleuten zu tun.

Info-Box

Weitere Informationen bei:

Berufsbildungswerk der Versicherungswirtschaft
Arabellastr. 29
81925 München
Telefon: (0 89) 92 20 01 30
Telefax: (0 89) 92 20 01 44
www.bbv-online.de

Bundesverband deutscher Versicherungsmakler
Cremonstr. 33
20457 Hamburg
Telefon: (0 40) 3 69 82 00
Telefax: (0 40) 36 98 20 22
www.bdvm.de

Gesamtverband der deutschen Versicherungswirtschaft
Friedrichstr. 191
10117 Berlin
Telefon: (0 30) 20 20 50 00
Telefax: (030) 20 20 60 00
www.gdv.de

Carl F. Flesch, *Makler werden ist nicht schwer. Ein Blick hinter die Kulissen der Versicherungswirtschaft*, Karlsruhe 1996

Günther Jung, *Versicherungsvermittler als Beruf. Starthilfen für die Selbständigkeit*, Wiesbaden 1995

Immobilienmakler

»Immobilien muss man eigentlich nicht verkaufen. Die Objekte passen entweder oder sie passen nicht.« Die Immobilienmaklerin Ursula Fischer aus Nürnberg hat nach dem Betriebswirtschaftsstudium ihr privates Interesse an Häusern zum Beruf gemacht und es nie bereut. Nachdem sie bei einem alteingesessenen Maklerunternehmen Erfahrungen gesammelt hat, wagte sie den Schritt in die Selbstständigkeit. Nicht zuletzt, weil die freie Zeiteinteilung als Maklerin gut mit dem Familienleben vereinbar war. Kindergarten- oder Schultermine wurden mit dem Ehemann abgestimmt. »Der Nachteil als Maklerin ist das unregelmäßige Einkommen. Du machst ein paar gute Abschlüsse, und dann kommt manchmal drei Monate lang gar nichts.« Ein Grund für Fischer, nebenbei Hausverwaltung für Eigentumsanlagen und Miethäuser zu übernehmen.

Auch wenn sie sich selbst nicht als Quasselstrippe sieht und auf objektive Kaufkriterien wie Preis, Größe, Ausstattung und – natürlich – Lage, Lage, Lage der Objekte verweist: Sozialkompetenz und Kontaktfreude gehören auf jeden Fall zum Immobilienmakeln dazu. Denn: Ein Haus oder Grundstück kaufen sich viele nur einmal. Und dann ist es die größte Investition ihres Lebens. Daher benötigen sie einen kompetenten Partner, der nicht nur die Kaufwünsche einkreisen und mit dem Angebot am Markt abgleichen kann. Auch bei Fragen der komplexen Finanzierung sollte der Makler beratend zur Seite stehen. Oft ist Fingerspitzengefühl gefragt, wenn ein Kunde einsehen muss, dass mit der regelmäßigen Belastung durch Kredit und Nebenkosten das Traumhaus in weite Ferne rückt und an anderer Stelle gesucht werden muss.

»Nur schwarze Schafe der Branche reden über die wirkliche Leistungsfähigkeit oder die Bedürfnisse der Käufer hinweg«, sagt Fischer. Wie viele der rund 9 500 selbstständigen Immobilienmakler in Deutschland solche schwarzen Schafe sind, kann niemand sagen. Um sich durchzusetzen und auf Dauer zu halten, empfiehlt Fischer Seriosität und einen langen Atem.

Rechtliche Einschränkungen gibt es nicht, um den Job zu machen. Kaufmännische Qualifikation ist von Vorteil. Sich im örtlichen Immobilienmarkt auszukennen und Häuser oder Grundstücke beurteilen zu können ist das A und O im Geschäft. Und: Natürlich schadet es nicht, gute und zahlreiche Kontakte zu Haus- und Wohnungsbesitzern zu unterhalten.

Neben den Einzelkämpfern teilen sich in der Bundesrepublik rund hundert große, teils international agierende Maklerunternehmen ein knappes Drittel des Branchenumsatzes.[25] Solche Unternehmen übernehmen inzwischen die komplette Projektbetreuung einer Immobilie, besonders im Gewerbebau. Von Analysen (aus der eigenen Research-Abteilung) über die konzeptionelle Projektentwicklung bis hin zu Vermietung und Verwaltung reicht die Betreuung. Hier ergibt sich im Facility-Management die Kooperation mit Finanzanalysten, Developern, Softwareentwicklern und Netzwerkspezialisten für die moderne Gebäudetechnik.

Zurück zum Makeln: Wenn das Einkommen schon unregelmäßig ist, verdient ein Makler wenigstens gut? Laut den Regeln des Berufsverbands soll man nicht mehr als 3 Prozent des Objektwerts vom Käufer und vom Verkäufer nehmen. Aber in Deutschland ist es eher die Ausnahme, dass Verkäufer die Bemühungen des Vermittlers honorieren. »Da können Sie leicht ausrechnen, was die Vermittlung einer Eigentumswohnung so im Bereich von 100 000 bis 150 000 Euro bringt«, sagt Fischer.

Info-Box

Immobilienmakler benötigen für die Ausübung ihres Gewerbes den so genannten Maklerschein nach § 34 c Gewerbeordnung, der persönliche Zuverlässigkeit und geordnete finanzielle Verhältnisse bescheinigt. Aber keine Angst: fachliche Kenntnisse werden dafür nicht überprüft. Den Antrag auf die Erlaubnis erhalten Sie beim zuständigen Ordnungsamt Ihrer Stadt. Dazu müssen Sie ein Führungszeugnis, einen Auszug aus dem Gewerberegister und eine Unbedenklichkeitsbescheinigung Ihres Finanzamts vorlegen. Mit dem Maklerschein können Sie dann Ihr Gewerbe anmelden. Pflichten und Rechte des Maklers werden in der Makler- und Bauträgerverordnung festgehalten.

Heinz-Wilhelm Vogel, Detlev Rosenboom, Rainer Westphal, *So mache ich mich als Immobilienmakler selbstständig*, Bonn 1997

Strukturvertrieb

Eine Frau lädt ihre Freundinnen ein, sorgt für Getränke und Knabbereien, und statt Gesellschaftsspielen gibt es Kosmetik, Unterwäsche, Wasserfilter oder Plastikschüsseln zu bewundern – und zu kaufen. Was unter so wissenschaftlich klingenden Begriffen wie Strukturvertrieb oder Multi-Level-Marketing daherkommt, ist nichts weiter als die gute alte Tupperparty. Oder zumindest so ähnlich. Die Idee: In der entspannten Atmosphäre eines Wohnzimmers unter lauter Gleichgesinnten kauft es sich angenehmer, sitzt der Geldbeutel lockerer.

Die »Struktur« in diesem Verkaufssektor ist das Schneeballsystem. Bei Tupperware funktioniert das so: An der Verkaufsfront stehen die Beraterinnen, die Gastgeberinnen werben müssen, die bereit sind, eine Home-Party mit Freunden zu veranstalten. Dort führt die Beraterin die Ware vor, erklärt die Produkte, überzeugt die Gäste und nimmt Bestellungen entgegen. Später besorgt sie die gekauften Artikel aus der Bezirkshandlung und liefert alles bei der Gastgeberin ab, die die Pakete dann an ihre Freundinnen verteilt.

Diese Art von Tätigkeit ist ideal für Leute, die außerhalb ihres Berufsalltags den Schritt in die Selbstständigkeit wagen wollen. Der Reiz liegt darin, sein Selbstbewusstsein aufzubauen, sich im Verkauf zu erproben und reden zu lernen, findet die Tupperware-Beraterin Brigitte Flieger, die nach der Geburt ihres ersten Kindes zu dem Job kam. Finanziell lohne sich die Arbeit allerdings erst dann, wenn die einfache Beraterin andere Frauen für diese Vertriebsform gewinnt und als Gruppenleiterin auch an deren Umsätzen beteiligt ist, so die Berlinerin. Zwischen 35 und 50 Frauen kann eine solche Gruppe umfassen. Ein gestaffeltes System von Provisionspunkten, Auszeichnungen und Reisen, vorgegeben vom Mutterkonzern in Amerika, spornt die Beraterinnen an.

Partyvertriebe wie Tupperware sind jedoch nur ein kleiner Teil der stark wachsenden Branche. Etwa 1 Prozent des gesamten Verkaufs in der Bundesrepublik läuft über Strukturvertrieb, in den USA sind es 10, in Japan 17 Prozent. Das Erfolgskonzept: »Kunden sind vor allem faul und bequem. Sich zu Hause beraten zu lassen kommt dieser Mentalität entgegen«, erklärt Peter Weghorn,

Trainer und Unternehmensberater für Strukturvertriebe. Allein in der Versicherungsbranche werden deutlich über 50 Prozent des Gesamtumsatzes auf diese Weise erzielt.

Im Strukturvertrieb wird sehr viel Geld verdient. Mitmachen kann theoretisch jeder, ob 20 oder 60 Jahre alt, ob Professor oder ungelernter Arbeiter. Das bedeutet natürlich nicht, dass jeder dafür geeignet ist. Im Gegenteil: Selbstständigkeit, Selbstbewusstsein, Eigenmotivation, Energie, Durchhaltevermögen, Frustrationstoleranz, Lebenserfahrung, eine hohe emotionale Intelligenz und »einen IQ deutlich über Raumtemperatur« hält Weghorn für wichtige Voraussetzungen. »Der Metzger kann sich als Verkaufsrakete erweisen, ein ehemaliger Manager als totaler Versager. Es kommt darauf an, was die Leute an Entwicklungspotenzial mitbringen.« Wichtig sei, dass sich niemand zu einer Mitarbeit überreden lässt. Außerdem solle man sich die ersten Monate allein auf das Verkaufen konzentrieren, bevor man dann andere zu Mitarbeitern macht. »Sich durch Verkaufen für die Führung qualifizieren«, lautet das Motto einer gesunden Karriere in der Branche.

Rattenfänger oder Moneymaker – wie man herausfindet, ob ein Strukturvertrieb seriös ist? »Wie immer im Leben gibt es hier nicht nur Schwarz und Weiß«, so Weghorn. »Wenn ein Unternehmen teure Ersatzteile verkauft, sagt man: ›Die lassen sich ihren guten Namen bezahlen.‹ Wenn ein Strukturvertrieb teure Versicherungen verkauft, gelten sie gleich als unseriös.« Manche Strukturvertriebe seien so groß, dass es für die Unternehmensführung unmöglich ist, jeden Einzelnen zu überwachen. Für Weghorn steht fest: Im Strukturvertrieb gibt es viel Sonne und viel Schatten. Die hohen Summen, die dort verdient werden, gehören zu der einen Seite. Überzogene Statussymbole, die Fluktuation von Mitarbeitern, dadurch hohe Stornoraten und mangelnde Nachbetreuung der Kunden zu der anderen.

Gegen manches hat Weghorn jedoch eindeutige Vorbehalte: Zum Beispiel, wenn Einsteiger zu Beginn investieren müssen. »Egal wie hoch oder wie niedrig die Summe sein mag: Die Vertriebsunterlagen müssen dem Neuling leihweise zur Verfügung gestellt werden.« Weiterhin kritisiert er die Praktik, dass Mitarbeiter von außen mit Motivationsseminaren »aufgepumpt« werden. »So etwas nenne ich Zombie-Motivation. Und die bricht auch ganz schnell wieder zusammen. Echte Motivation aber muss von innen kommen. Sie hängt mit einer Steigerung des Selbstwertgefühls zusammen.« Mitarbeiter sollten außerdem nicht nur in Verkaufsrhetorik geschult werden. »Die meisten Produkte im Strukturvertrieb sind von der Qualität her völlig in Ordnung. Bei komplizierteren Angelegenheiten wie geschlossenen Immobilienfonds ist es allerdings wichtig, die Dinge auch im Detail zu verstehen.«

Von allen Vertriebswegen ermöglicht das Multi-Level-Marketing die tiefste Marktdurchdringung. Auch in Zukunft wird es möglich sein, hier Millionen zu verdienen. Allerdings nur für wenige. Daher erzählt Weghorn zum Abschluss einen Strukturvertriebswitz: Treffen sich zwei Strukturvertriebler. »Sagt der eine: ›Was hast du dir von deinem Gewinn gekauft?‹ Sagt der andere: ›Ein Paar Schuhe.‹ ›Und was hast du mit dem Rest gemacht?‹ ›Den hat meine Mutter draufgelegt.‹«

Info-Box

Anne Althoff, *Existenzgründung und Zweit-Einkommen mit Multi-Level-Marketing*, Frankfurt/New York 1997

Peter Weghorn, *Rattenfänger in Designerklamotten – wie Strukturvertriebe arbeiten*, Wien/Frankfurt am Main 1996

Fachzeitschriften:

Network-Press (ungezählte Schriftenreihe)

Sales Profi – Das Magazin für Verkauf und Vertrieb (erscheint monatlich)

Künstleragent

In Boomzeiten »wirklich sehr gut verdienen« kann man als Künstleragentin, Jana Kunats Traumberuf »seit dem zweiten Arbeitstag«. Die Berlinerin, die sich in der Branche in wenigen Jahren einen Ruf als seriöse Vermittlerin erworben hat, setzt der etwaigen Euphorie des ambitionierten Nachwuchses allerdings im gleichen Atemzug einen Dämpfer auf: »Zurzeit ist der Markt von talentierten Schauspielern wie leer gefegt – bei 200 Agenturen, die sich in den Besetzungsstudios und Fluren der Fernsehanstalten drängeln.« Früher ließen sich selbst Stars noch vom Künstlerdienst beim Arbeitsamt vermitteln. Damit ist es jetzt vorbei. Für etwa 80 gut gehende Agenturen wäre eigentlich Platz, schätzt sie.

Berufserfahrung in der Praxis als Angestellter zu sammeln, hält Kunat in jedem Fall für eine gute Idee. In den nächsten Jahren scheiden etliche Kollegen aus Altersgründen aus, darin sieht Kunat Chancen für junge Leute. Frauen vor allem, denn offenbar bringen Agentinnen eher die erforderliche Sozialkompetenz für den Beruf mit: Konfliktfähigkeit, die Fähigkeit zum Ausbalancieren von Ansprüchen, Menschenkenntnis und ein künstlerisch geschulter Blick sind laut Kunat die wichtigsten außerfachlichen Qualifikationen für einen Künstleragenten.

Quasselstrippen sind die Leute in der Branche sowieso. 90 Prozent ihrer Arbeitszeit verbringt sie am Telefon, hat sich extra ein Computer-Telefonsystem angeschafft – »wie im Call-Center«. Sie gibt offen zu, dass sie Kontakte vorzugsweise am Telefon knüpft und pflegt, weil sie sich im direkten Gespräch weniger sicher fühlt. Andere Kollegen lassen sich lieber von Party zu Party treiben und arbeiten zwischen Small Talk und kaltem Büfett.

Doch die Kontakte zu Casting-Studios, Produzenten und Regisseuren und die Besetzungsvorschläge für Kinofilme und Fernsehserien sind nur die Hälfte der Aufgabenstellung. Wichtiger noch ist die Betreuung »ihrer« Schauspieler. »Wenn ich sie ließe, könnte ich 24 Stunden am Tag mit den Schauspielern telefonieren.« Jeder möchte das Gefühl haben, der oder die Einzige zu sein, im Zentrum von Kunats Interesse zu stehen. Und »wie eine Mutter« muss sie loben, erziehen oder auch mal Grenzen setzen.

Zwischen fünf und 80 Künstlern betreut hierzulande ein Agent. In den USA gibt es weitaus größere Agenturen, die so genannte Talentpools bilden, ein Trend, der auch in Deutschland zunimmt. Unabhängig zu arbeiten hat aber seine Vorteile: Das fragile Geschäft mit Künstlern – streng genommen private Arbeitsvermittlung – beruht auf nur kurzfristigen Vertragslaufzeiten und keineswegs exklusiver Vertretung. Die Einstiegsbarrieren sind nicht hoch, und so kann sich ein guter Mitarbeiter relativ leicht selbstständig machen und dabei einen Stamm von betreuten Schauspielern mitnehmen.

Oftmals dauert es ein paar Jahre, bis aus einem entdeckten Talent ein gut verdienender Schauspieler geworden ist. Und erst dann zahlen sich die Investitionen aus. Traditionell 10 Prozent vom Bruttoeinkommen sind das branchenübliche Honorar für den Künstleragenten (gesetzlich erlaubt sind 12 bis 15 Prozent).

Bis es so weit ist, dass Künstler und Agentur verdienen, kümmert sich Kunat um die Sorgen und Nöte ihrer Klientel, ist erste und strengste Kritikerin, bringt jungen Leuten Arbeitsdisziplin bei oder kreiert ein passendes Image, von der Frisur über die richtigen Fotos bis zu den passenden ersten Rollen. Aus der Theaterwissenschaftlerin und Dramaturgin ist eine Karriereformerin und -begleiterin geworden.

Die Möglichkeit, durch ihre Arbeit Menschen glücklich zu machen, ihren beruflichen Erfolg zu fördern, dabei zu sein, wenn sich ein hässliches Entlein zum schönen Schwan entwickelt, empfindet sie als Belohnung und ihr persönliches Erfolgserlebnis. Einen richtigen Jägerinstinkt hat sie, wenn sie junge Schauspielschüler findet, aus deren künstlerischer Qualität sie eine Karriere formen kann.

Auch wenn Kunat jeden Tag gern zur Arbeit kommt, der Beruf hat auch seine Belastungen. Man muss dauernd 40, 50 verschiedene Vorgänge auf seinem Schreibtisch jonglieren. Hier sind Fotos zu machen, da geht es um Vertragsverhandlungen, zwischendurch ruft ein Klient an, der einen Durchhänger hat. »Und dann muss ich Verständnis für die manchmal sonderbaren Zustände von Schauspielern aufbringen, die zwischen Aggressionen und Euphorie schwanken. Man darf sich nicht unterbuttern lassen, wenn jemand rumbrüllt. Man muss Distanz halten können, nichts persönlich nehmen.« Welche Qualifikationen brauchen Anfänger noch? Nun, wichtig ist die Erfahrung mit Film, Fernsehen oder Theater, mit der praktischen Arbeit, mit den Menschen dort. Das kann ein Job als Produktionsassistent sein, in dem man sich Kontakte erarbeitet und Kompetenz in künstlerischer Hinsicht erworben hat. Das kann auch ein Studium im Kulturmanagement sein. Wichtig für alle, die als Künstleragenten tätig werden wollen: Sie sollten »sehr kommunikativ« sein, also echte Quasselstrippen.

Info-Box

Info-Box

Künstleragenten benötigen eine Lizenz, die nur an Leute mit Branchenerfahrung vergeben werden soll. Acht Jahre Erfahrung als Arbeitnehmer oder ein Hochschulabschluss im Bereich der Theater- oder Filmthematik sind Voraussetzung. Wer einen vergleichbaren Abschluss hat, muss drei Jahre Praxis vorweisen. »Aber es gibt auch die kleine Lizenz. Wenn Sie ein paar Jahre Filmleute beraten haben, können Sie meist damit durchkommen«, sagt Jana Kunat. In jedem Fall ist die Lizenz nicht ganz billig: Die ersten Jahre zahlt man 500 Euro pro Jahr, für die Dauerlizenz sind noch einmal 1 500 Euro fällig. Nähere Angaben zur Lizenz geben die örtlichen Arbeitsämter.

Kurse zum Thema Marketing für Künstler bietet:

Reichenhaller Akademie in der Alten Saline
Solereserve 3
83435 Bad Reichenhall
Telefon: (0 86 51) 37 13
Telefax: (0 86 51) 6 80 71
www.bgl-net.de/akademie

Beschaffer ungewöhnlicher Gegenstände

Was haben eine taiwanesische Motorradpolizeiuniform, ein Stück exotisches Treibholz und ein Londoner Telefonbuch gemeinsam? Es gibt sie nicht im Laden zu kaufen, und sie stehen in keinem Bestellkatalog. Die Agentur CarpeDiem konnte sie trotzdem für ihre Kunden aus der Werbewirtschaft beschaffen.

Wenn die reichhaltige Sammlung von Messekatalogen und die hauseigene Datenbank von Lieferanten nicht weiterhelfen, hängen sich Andrea Kremer-Dröge und ihr Ehemann ans Telefon, surfen im Internet, bis sie fündig geworden sind. Und das haben sie bisher immer geschafft. »Gesunder Menschenverstand und Beharrlichkeit« sind die Pfunde, mit denen sie wuchern.

Ihre kommunikativen Fähigkeiten könnten unterschiedlicher nicht sein. Während die Kauffrau Kremer-Dröge ein wahres Sperrfeuer von Worten auf ihre GesEuro prächspartner abschießt, argumentiert ihr Mann sparsam und ruhig. Zum Ziel, dem ungewöhnlichen Werbeartikel oder Ausstattungsstück, kommen beide, jeder auf seine Weise.

Spaß macht ihnen vor allem die ständige Herausforderung an Findigkeit und Problemlösungskompetenz. Zunächst hatten die beiden ein halbes Jahr eine Preisagentur. Doch der ständige Kontakt mit Pfennigfuchsern, die der Agentur oftmals nicht einmal ihr Recherchehonorar gönnten, blieb unbefriedigend. Ein Kollege gab ihnen den Tipp mit der Exotikagentur, und sie stürzten sich mit Feuereifer in die Arbeit. Neben der Suche bei Lieferanten und den Preisverhandlungen steht die Kontaktpflege zu regelmäßigen Kunden auf dem Programm.

Der Bedarf für die ungewöhnliche Dienstleistung der beiden Berliner ist vornehmlich bei Werbeagenturen und Eventmanagern vorhanden. Filmausstatter oder Promotionagenturen wenden sich selten an sie. »Das hat etwas mit dem Preis-Leistungs-Verhältnis unserer Artikel zu tun«, vermutet Kremer-Dröge. »Beim Film brauchen sie keine qualitativ hochwertigen Sachen, die müssen nur gut aussehen.« Die Kauffrau hat vorher lange im Einkauf und in der Materialwirtschaft gearbeitet, auch im Vertrieb. Das schafft gute Voraussetzungen für das Aushandeln und Kalkulieren von Preisen, die Abwicklung der Aufträge und die selbstständige Unternehmensführung.

Wichtig für die Agentur: Gute Ausstattung mit neuen Medien und Technik – und entsprechend die ständige Erreichbarkeit für alte Kunden und neue Anfragen. Wichtig für die Arbeit: andere durch den Spaß an der exotischen Aufgabe motivieren zu können. Es gibt kaum Routine, jedes Mal muss man von Neuem mit viel Energie die Suche nach einem anderen exotischen Stück auf der weiten Welt starten. Ein guter Job für jemand, der den unabdingbaren Willen zur Selbstständigkeit hat, findet Kremer-Dröge. Quasselstrippen haben hier Startvorteile – ohne Organisationstalent geht es aber auch nicht.

Messestandpersonal

Eins ist klar: Auf der Messe zu arbeiten bedeutet richtig Stress. Die Unternehmen investieren hohe Summen, und die Besucher kommen mit ebenso hohen Erwartungen. Alle hoffen darauf, dicke Geschäfte zu machen. »Die Leute, die im Unternehmen für den Messeauftritt zuständig sind, stehen oft unter großem Druck«, erklärt Celine Vis, die seit vielen Jahren auf Messen arbeitet, darunter die Kölner Anuga, die CeBIT in Hannover und die Internationale Tourismusbörse in Berlin. Ihr persönlicher Tipp für Messestandpersonal lautet daher: »Auf jeden Fall Optimismus versprühen!«

Wichtigste Voraussetzung, um den Job überhaupt zu bekommen, sei jedoch, »dass man schlipsträgerkompatibel aussieht«, so Vis. Schließlich ist eine Messe ein hochoffizielles Ereignis: Pressesprecher, Vertriebskräfte und Unternehmer geben sich hier die Hand. Auch ein bisschen feierlich kann es dabei zugehen. Jeans, T-Shirt und Jogginghose taugen nicht zum Messe-Outfit.

Die Messefrauen und -männer empfangen und bewirten Gäste, halten den Stand in Ordnung und arbeiten den Firmenvertretern zu. Sie führen die Terminkalender, überbrücken Wartezeiten und helfen häufig bei Auf- und Abbau. Zusätzliche Aufgaben können Präsentationen oder Gewinnspiele sein.

Da Messen internationales Publikum anziehen, sind Fremdsprachenkenntnisse obligatorisch. Das müssen keinesfalls fünf Sprachen perfekt in Wort und Schrift sein. Ein bisschen Wirtschaftstalk sollte man aber draufhaben. »Die meisten Fragen drehen sich um Rabatte, Lieferfristen und Einfuhrgenehmigungen. Ein rein literarischer Sprachschatz ist da zu wenig«, erklärt Vis, die selbst zweisprachig mit Französisch und Deutsch aufgewachsen ist. Zusätzliche Englisch- und Italienischkenntnisse führen dazu, dass Sie als

Dolmetscherin und in der Gästebetreuung – und weniger beim Kaffeekochen – eingesetzt wird. »Trotzdem muss man auf der Messe immer Mädchen für alles spielen«, erklärt die Bremerin.

Und: Reden müsse man können. »Vor allem auch über Dinge, von denen man keine Ahnung hat.« Vis gibt als Beispiel ihre Arbeit für den italienischen Motorradhersteller Ducati. »Wenn ich die Motorräder präsentiere, rede ich den ganzen Tag, dabei habe ich von Motorrädern so viel Ahnung wie Karl May von Indianern.« In einigen Fällen wird sie jedoch vorher von den Unternehmen geschult.

Messejobs werden über Messeagenturen und über spezielle Abteilungen beim Arbeitsamt vergeben. Wer eine berufliche Zukunft im Messegeschäft plant, sollte sich jedoch besser direkt an die Unternehmen wenden und möglichst einen längeren Geschäftskontakt pflegen. »Dann wird der Verdienst besser, und man kann über die Jahre ziemlich verantwortungsvolle Aufgaben bekommen«, erklärt Vis. Ein Messejob kann außerdem eine gute Gelegenheit sein, sich bei einem Unternehmen auch für andere Positionen bekannt zu machen.

Info-Box

Jobs vermitteln beispielsweise die Messearbeitsämter oder Messeagenturen:

Messearbeitsamt Frankfurt
Halle 1
Ludwig-Erhard-Anlage 1
60327 Frankfurt/Main
Telefon: (069) 75 23 39
Telefax: (069) 74 68 16

Messearbeitsamt Hamburg
Messegelände
St. Petersburger Str. 1
20355 Hamburg
Telefon: (040) 24 85 13 02
Telefax: (040) 24 85 13 55

Messearbeitsamt Köln
Leichlinger Str. 8
50679 Köln
Telefon: (02 21) 81 19 20
Telefax: (02 21) 81 33 93

Eurotess Messe- und Promotion
Darmstädter Landstr. 106
60598 Frankfurt/Main
Telefon: (069) 9 68 85 80
Telefax: (069) 68 60 20
www.eurotess.de

Weitere Jobs im Bereich Verkauf

Marktverkäufer

Verkaufen auf dem Markt – Wochenmarkt, Flohmarkt, Kunstgewerbemarkt, Weihnachtsmarkt – hat seinen eigenen Reiz: Erstens kommen Kommunikationstalente hier besonders zur Geltung (Marktschreier!), zweitens kann man die erste Idee für ein eigenes Geschäft mit wenig Risiko ausprobieren.

Literaturagent

In den USA bereits ein großes Geschäft, hierzulande gerade erst im Kommen sind die Literaturagenten. Sie vertreten die Interessen des Autors gegenüber dem Verlag. Sie bringen Manuskripte unter, führen Verhandlungen über Honorar, Konditionen, Rechte, Lizenzen ...

8.
Personalwesen

Es ist noch gar nicht so lange her, da war Personalarbeit etwas für Verwaltungstypen, für Langweiler, die in Ärmelschonerhaltung Löhne und Gehälter auszahlten, die Papiere für neu eingestellte Mitarbeiter fertig machten und die Rückstellungen für die Pensionskasse errechneten. Das war bis in die neunziger Jahre hinein so. Arbeitskräfte wurden von der Stange gesucht.

Aber jetzt wird alles anders. Im 21. Jahrhundert ist Personalarbeit etwas für Powertypen, Spürnasen und Zukunftsgestalter. Qualifikation im Zeitalter der Wissensökonomie ist, zur Schlüsselressource geworden. Wer für das wichtigste Kapital eines Unternehmens – die Belegschaft – verantwortlich ist, braucht das in besonderem Maße, was alle brauchen: Kreativität, Selbstmotivation, unternehmerisches Denken, Eigeninitiative und last but not least ganz besonders viel Kommunikationstalent. Schließlich ist das Arbeitsfeld Personalwesen voller Menschen.

Der Mitarbeiter von heute ist nicht mehr gehorsamer Befehlsempfänger und ausführendes Organ. Ein eigener Kopf samt Einsatz desselben ist gefragt. Das bedeutet eine ganz neue Qualität der Personalarbeit. Wo früher das Begutachten von Lebensläufen und Zeugnissen im Vordergrund stand, geht es heute bei der Bewerberauswahl um die strategische Ausrichtung des Unternehmens, um die Gestaltung der Human Resources. Dazu gehören die Entwicklung und ständige Aktualisierung von

- einer Personalstrategie (Welche Art von Mitarbeitern wollen wir hier haben, und wie machen wir das?)

- Personalauswahlverfahren (Tests, Gespräche, Assessment-Center)
- Beurteilungsverfahren (Benotung, Mitarbeitergespräch)
- Personalentwicklungsprogrammen
- Führungskonzepten (inklusive entsprechendes Training der Führungskräfte)
- Sozialpolitik (Altersteilzeit, Sozialplan bei Rationalisierungsvorhaben oder Kündigungen)
- Personalcontrolling (Mit wie vielen Leuten erreiche ich welche Ziele? Wie viele Mitarbeiter sind zu wenig oder zu viel?)
- Weiterbildungsmaßnahmen und deren Qualitätskontrolle
- Führungskräftecoaching
- Arbeitszeitmodellen (Gleitzeit, Arbeitszeitkonten, Sabbatjahre)
- Vergütungsmodellen (Umsatzbeteiligung, Belegschaftsaktien)
- Beschäftigungsmodellen (Outsourcing, Telearbeit, Job-Sharing)

Für diese Fülle neuer strategisch wichtiger Aufgaben hat sich auch das Anforderungsprofil der Personalfachleute geändert. Waren früher Juristen für die Personalverwaltung geradezu prädestiniert, wird der Personalbereich zunehmend für andere attraktiv: Betriebswirte und Psychologen, Pädagogen und Sozialpädagogen, aber auch Lehrer, ehemalige Sachbearbeiter und andere Quereinsteiger. Die Hauptaufgabe des Personalers besteht schließlich nicht mehr in der Gestaltung von Verträgen, sondern in der Entwicklung von Visionen.

Zwei Tendenzen sind im Personalwesen zu beobachten: Zum einen wird die Suche nach dem richtigen Mitarbeiter oftmals ausgelagert, zum Beispiel an Zeitarbeitsfirmen, Personalberatungen und Headhunter. Andererseits gehen immer mehr große Unternehmen dazu über, Know-how in punkto Personal im eigenen Haus anzusammeln und zu pflegen. Das Resultat sind Tochterfirmen wie die VW Coaching, die ABB Management Consulting, Siemens Qualifizierung und Management oder die DaimlerChrysler Corporate University. Diese werden als Profit-Center geführt und können daher auch Aufträge von außen akquirieren.

Das Wissen der Belegschaften durch Ausbildungs-, Anpassungs- und Aufstiegsseminare stets auf dem aktuellen Stand zu halten verschlingt Unsummen. Jahr für Jahr investiert die deutsche Wirtschaft mehr als 17 Milliarden Euro für die Aus- und Weiterbildung von Mitarbeitern.[26] Diese Kosten sollen nicht nur zu bestmöglichen Ergebnissen führen, sondern werden zunehmend als betriebswirtschaftliche Größe gesehen, die nach Aufwand und Ertrag genauestens berechnet wird. Das Stichwort heißt Bildungscontrolling. Auch dafür sind die Personalabteilungen zuständig.

Info-Box

Informationen und Seminare im Bereich Personalmanagement bietet:

Deutsche Gesellschaft für Personalführung
Niederkasseler Lohweg 16
40547 Düsseldorf
Telefon: (02 11) 5 97 80
Telefax: (02 11) 5 97 81 39
www.dgfp.de

Fachzeitschriften:
Weiterbildungsszene Deutschland (erscheint unregelmäßig)
Managerseminare (erscheint zweimal im Monat)
Wirtschaft und Weiterbildung (Schriftenreihe der beruflichen Fortbildungszentren der Bayerischen Arbeitgeberverbände e.V., erscheint unregelmäßig)
Gablers Magazin (Zeitschrift für innovative Führungskräfte, erscheint monatlich)

Der beste Internetauftritt eines großen deutschen Unternehmens zu Personalthemen findet sich laut einer Studie der Fachhochschule Wiesbaden unter: www.daimlerchrysler.de

Personalauswähler

Stellen Sie sich einmal vor, Sie haben innerhalb von fünf Jahren eine kleine Kommunikationsagentur aufgebaut. Ihr Laden läuft gut, und Sie suchen nun einen Assistenten, der Ihnen unter die Arme greift. Jemanden, der das Telefon bedient und Sie vertritt, während Sie Ihre zahlreichen Termine wahrnehmen.

Um den geeigneten Kandidaten zu finden, werden Sie sich zunächst darüber klar, welche Aufgaben Ihre neue Kraft übernehmen soll. Dann denken Sie nach, welche Art von Person Sie für die Aufgabe bevorzugen. Wie soll der- oder diejenige sein? Welches Entwicklungspotenzial erwarten Sie? Sie fragen sich, wo Sie so jemanden finden können. Und wie Sie verhindern, dass Sie jemanden einstellen, der sich nach wenigen Wochen als unfähig erweist.

Und jetzt spinnen Sie einmal weiter: Wenn Sie möchten, dass sich Ihre Firma in eine bestimmte Richtung weiterentwickelt, beispielsweise weil Sie auch Aufträge aus Frankreich akquirieren wollen oder vorhaben, sich auf die Beratung der Computerbranche zu spezialisieren: Was bedeutet das dann für Ihre Personalauswahl?

»Alles gar nicht so einfach«, werden Sie jetzt vielleicht denken. Und damit haben Sie Recht. Doch ob Ihr Unternehmen in Zukunft Erfolg hat oder nicht, hängt möglicherweise genau von der Wahl des richtigen Mitarbeiters ab.

In großen Unternehmen läuft die Personalauswahl traditionell so: Eine Fachabteilung meldet Personalbedarf und formuliert gemeinsam mit den Personalauswählern eine Stellenanzeige. Diese schildert so genau wie möglich, welche Kandidaten und Kandidatinnen das Unternehmen sucht. Auf die Veröffentlichung hin melden sich viele Bewerber – manchmal mehrere hundert – mit Anschreiben, Lebenslauf und Foto. Aufgabe der Personalauswähler ist es dann, im ersten Durchgang möglichst viele Bewerber auszusieben. Das ist nicht schwierig, denn einer alten Personalerweisheit zufolge sind mindestens 80 Prozent der Unterlagen unbrauchbar. Meistens werden die zwei bis drei interessantesten oder passendsten Kandidaten zum Gespräch mit Personal- und Fachabteilung eingeladen. »Die Bewerbungsgespräche binden viel Zeit und sind daher teuer. Zu den ein bis zwei Stunden Gespräch kommt noch die Vor- und Nachbereitung sowie die ganze Abwicklung hinzu – da ist es einfach nicht drin, mehr Bewerber einzuladen«, erklärt Sandra Cotta, Personalreferentin einer großen Bank in Berlin.

Die Auswahlgespräche bestehen aus verschiedenen Teilen, dabei haben Personaler ganz unterschiedliche Methoden, ihrem Gegenüber auf den Zahn zu fühlen. Beispielsweise Josef Westhoff von Sony in Köln: «Ich setze immer auf Dialog und halte nichts davon, den Bewerber einem Fragenstakkato auszusetzen.« Cotta dagegen legt Wert auf die Fähigkeit eines Kandidaten, auch mal eine Reihe von unbequemen Fragen auszuhalten. »Wenn ich jemand nach einer Lücke im Lebenslauf befrage, will ich keine Ähs und Öhs hören, sondern schlüssige und nachvollziehbare Gründe.«

Ein professioneller Gesprächsablauf könnte so aussehen: Im ersten Teil wird der Bewerber (häufig von der Fachabteilung) über das Unternehmen und die ausgeschriebene Position infomiert. Auch der Bewerber stellt sich vor. Im zweiten Teil können situative Fragen auftauchen, zum Beispiel: »Nehmen wir einmal an, ein von Ihnen betreuter Außendienstmitarbeiter weigert sich, einen Kunden zu besuchen. Was tun Sie?« Im dritten Teil wird der Bewerber auch mit schwierigen Fragen konfrontiert. »Wieso haben Sie so häufig den Arbeitgeber gewechselt?«, »Warum haben Sie so lange studiert?«

Bei diesen Fragen ist es für den Personaler wichtig zu beobachten, wie der Kandidat auch mit unangenehmen Fragen umgeht. Schließlich wird er später an seinem Arbeitsplatz ebenfalls mit schwierigen Situationen zurechtkommen müssen. »Für die Personalauswahl muss ich mir immer wieder überlegen: ›Was suche ich? Was für ein Profil sollte der Kandidat oder die Kandidatin aufweisen? Und wie kann ich das abtesten?«, erklärt Cotta.

Ein Personalauswähler darf nicht auf den Mund gefallen sein. Wie viel er allerdings selbst reden sollte, darüber scheiden sich die Geister. Ulrike Spierling von der Nachrichtenagentur Reuters in Frankfurt am Main ist der Ansicht: »Der Personaler sollte sich nicht zurücklehnen und den Bewerber ausquetschen, sondern auch umfassend über das Unternehmen und den Job berichten.« Fifty-fifty sei daher eine gute Gesprächsaufteilung. Westhoff dagegen verlangt mehr: »Etwa 70 Prozent sollte der Bewerber sprechen. Schließlich wollen wir ja etwas über ihn erfahren.« Seine Aufgabe als Personalauswähler sieht er darin, die Fragen so zu formulieren, dass sein Gegenüber sich auch in allen Facetten darstellen kann. Personalreferentin Cotta hat auch Verständnis für eher ruhige Kandidaten: »Trotzdem muss ein Bewerber in der Lage sein, 10 bis

20 Minuten zusammenhängend über seinen bisherigen Werdegang zu berichten.«

Wie Sie sehen, hat jeder Personalauswähler einen eigenen Weg, mit den Kandidaten ins Gespräch zu kommen. Mal höflich, mal bestimmt, mal bohrend und mal behutsam – aber immer mit Worten. Das ist kein leichter Job, aber eine große Herausforderung für Kommunikationstalente.

Personalmarketing-Mitarbeiter

Der Ort: Die Messe Internet World in Berlin. Das Datum: Mai 1999. Das Szenario: ein meerblauer Teppich, ein mandarinenfarbener I-Mac platziert auf einem hohen Tisch, daneben ein alter Koffer auf einer ansonsten menschenleeren Präsentationsfläche. Die Botschaft war auf Fähnchen zu lesen: »Hier können Sie anheuern.« Interessierte konnten sich online bewerben oder einfach ihre Visitenkarte im Koffer hinterlassen. Das Resultat: Über 200 Bewerber meldeten sich.

Mit dem ungewöhnlichen Messestand des Münchner Multimedia-Dienstleisters Die Argonauten (www.argonauten.de) hatte es folgende Bewandnis: Sehr kurzfristig hatte das Unternehmen die Zusage für eine Ausstellungsfläche auf der Internetmesse erhalten. »Wir hatten wahnsinnig wenig Zeit. So schnell konnten wir gar kein Personal für die Messe abstellen«, erzählt Caroline Brux, Assistentin der Geschäftsführung. Aus der Not machte man eine Tugend und kreierte den eigenwillligen Messeauftritt, um neue Fachkräfte für die Argonauten zu werben.

IT- und Multimedia-Spezialisten sind Mangelware, das wissen auch die Argonauten. Und das nicht erst seit Wirtschaft und Regierung mit der Green Card um Mitarbeiter aus dem Ausland werben. Nicht Geld und nicht einmal Zeit sind heutzutage so wertvoll wie Mitarbeiter mit DV-Qualifikation. Wer sie hat, kann wachsen. Und wer nicht wächst, verwandelt sich vom hoffnungsvollen Dot-Com-Unternehmen in eine traurige Dead-Com-Firma.

»Wer per Stellenanzeige auf die Suche nach gutem Personal gehen muss, hat das Rennen um die Besten bereits verloren«, behauptet Reinhard Sprenger, einer der führenden deutschen Unternehmensberater. Umgekehrt bedeutet das: Arbeitgeber, die als besonders attraktiv gelten, ziehen gute Bewerber an. So können Unternehmen wie die Softwareschmiede SAP oder der Fahrzeugbauer BMW auch ohne großformatige Stellenanzeigen unter vielen Interessenten auswählen.

Der Grund dafür ist das Image. Und darum kümmert sich neben Pressesprechern und Kommunikationsfachleuten seit etwa Mitte der achtziger Jahre auch das Personalmarketing. Es ist dafür zuständig, Studenten, High Potentials und Spezialisten den betreffenden Arbeitgeber schmackhaft zu machen. Dazu präsentieren sie das Unternehmen auf Messen, Jobmessen, Hochschulveranstaltungen und Branchenevents.

Beim Dienstleister debis (www.debis.de) setzt man auf Erlebnisse: Bei mehrtägigen Events lernen Schüler, Studierende und Young Professionals das Unternehmen vor Ort kennen. An der Veranstaltung »Campus meets Company« beispielsweise nahmen im Jahr 2000 über 250 Teilnehmer aus 53 Nationen teil. Im Rahmen eines Planspiels konzipierten sie eine fiktive Firmenexpansion ins Ausland. »Es war unheimlich spannend zu sehen, wie die jungen Leute das gemanagt haben«, erklärt Katharina Heuer vom debis-Personalmarketing.

Bei den debis-Events geht es auch darum, Führungskräfte live zu erleben – *real time, real place* sozusagen. »Wir sehen uns als Vermittler zwischen Unternehmen und potenziellen Arbeitskräften. Die sollen die Möglichkeit bekommen, uns persönlich kennen zu lernen und ein Gefühl dafür entwickeln, ob sie zu uns passen.« Das heißt auch: verstehen, was eine Company macht, welche Führungskultur dort existiert und was es bedeutet, dort zu arbeiten. Heuer ergänzt: »Das Ganze muss glaubwürdig sein. Da reicht es nicht aus, irgendwelche Imageanzeigen zu drucken. Die Leute müssen die Möglichkeit haben, sich einen echten Eindruck von uns zu verschaffen.«

Personalmarketing richtet sich aber nicht ausschließlich nach außen, an externe Bewerber, sondern auch an die Mitarbeiter des Unternehmens. »Wer bereits hier arbeitet, soll wissen, was er oder sie innerhalb des Unternehmens für Möglichkeiten hat.« Fach- und Führungslaufbahnen, Personalentwicklungs- und Weiterbildungsmöglichkeiten müssen transparent gemacht werden. Da debis selbst Dienstleister für Informationstechnologie ist, stellt ein entsprechend umfangreiches Intranet die Informationen zu Verfügung.

Info-Box

Viele Unternehmen betreiben auf ihren Internetseiten Personalmarketing. Eine gute Quelle für Events, die sich an Hochschulabsolventen richten, ist die *Junge Karriere/Handelsblatt* (erscheint sechsmal im Jahr).

Große Unternehmen verschicken außerdem Broschüren für interessierte Bewerber. Auch dort kann man sich einen guten Eindruck über die Aktivitäten des Personalmarketings verschaffen.

Anke Thiele, Bernd Eggers, *Innovatives Personalmarketing für High-Potentials*, Stuttgart 1998

Recruiter

Die Schicksalsfrage Personal stellt sich nicht nur in der IT-Branche. Kein Unternehmen – gleichgültig ob großer internationaler Konzern oder kleines mittelständisches Unternehmen – kann es sich heutzutage leisten, ausschließlich mit Anzeigen in der Tageszeitung auf Mitarbeitersuche zu gehen. Unternehmen brauchen kreative Ideen, die besser und erfolgreicher sind als die ihrer Mitbewerber.

Was das Personalmarketing im Unternehmen macht, bieten auch externe Dienstleister an. Sie haben sich darauf spezialisiert, qualifizierten Nachwuchs für die Unternehmen zu finden. Eins ihrer Instrumente ist die Veranstaltung von Job-Messen, wie die Career Days in Berlin oder die Characters in München. Die Unternehmen zahlen für die Teilnahme an den Rekrutierungsveranstaltungen, für die Bewerber ist der Service kostenlos. »Wenn ein Unternehmen eine Anzeige schaltet, so kann das auch schnell an die 10 000 Euro kosten. Bei uns bekommen sie dafür einen Messeauftritt und bereits handverlesene Kandidaten«, erklärt Bernd Engelien, Sprecher von Career Company in Köln. Bei der Vorauswahl der Bewerber sind Abschlussnoten nicht das Wichtigste. »Entscheidend ist das insgesamt stimmige Bild. Uns kommt es an auf Praktika, außeruniversitäres Engagement und Auslandsaufenthalte«, so Engelien weiter.

Der Vorteil für die Unternehmen besteht darin, dass die Bewerber vor dem Event vom Veranstalter ausgewählt werden. Zusätzlich bietet ein Rahmenprogramm mit Empfang, Diskussionen und Essen die Möglichkeit, auch in entspannter Atmosphäre ins Gespräch zu kommen. Dabei präsentieren sich die Unternehmen auch durch die anwesenden Mitarbeiter als attraktive und sympathische Arbeitgeber. »Da können die Unternehmen zeigen, dass sie ein Gesicht haben. ›Seht her, diese Leute arbeiten schon bei uns.‹ Manche bringen zusätzlich etwas zum Anschauen oder Anfassen mit, zum Beispiel ein Elektroauto«, berichtet Engelien. Über die Hälfte der eingeladenen Bewerber haben nach der Rekrutierungsveranstaltung mindestens ein Arbeitsangebot in der Tasche.

Die Kölner Career Company ist 1987 aus einer studentischen Initiative entstanden und beschäftigt heute etwa 100 Mitarbeiter. Tendenz steigend. Die meisten davon sind über die Veranstaltungen oder die Homepage (www.career.de) zu den Rekrutierern gekommen. Das Team ist jung, der Ton locker – da fällt es leicht, ins Gespräch zu kommen. Engelien selbst hatte in weiser Voraussicht bereits seinen Wehrdienst im Pressezentrum der Luftwaffe in Köln absolviert, später Politik und Soziologie studiert und sein Talent in wirtschaftlichen und journalistischen Praktika unter Beweis gestellt.

Info-Box

Auch an Hochschulen finden Jobbörsen statt, organisiert von studentischen Initiativen. Diese können eine gute Gelegenheit sein, erste Erfahrungen mit Rekrutierungsveranstaltungen zu sammeln. Beispiele: AIESEC-Firmenkontaktgespräche, Bonding-Messen.

Vertriebsdisponent

Wenn ein Arbeit Suchender eine Zeitarbeitsfirma betritt und sich vorstellt mit »Guten Tag, ich kann alles, welche Perspektive haben Sie mir zu bieten?«, dann wird er als Erstes an den Vertriebsdisponenten verwiesen. Dieser nimmt den Bewerber persönlich unter die Lupe. Mithilfe eines Fragebogens checkt er Qualifikation und Fähigkeiten. Er erstellt ein Bewerberprofil, in dem auch Soft Skills eingeschätzt werden. »Wenn einer erzählt, wie ungeheuer teamfähig er ist, dann muss der Vertriebsdisponent nachfragen, ob der Bewerber vielleicht ein Beispiel dafür nennen kann«, erklärt Hubert Heinemann, Personalreferent bei Manpower in Frankfurt am Main. »Der Vertriebsdisponent muss hinter die Stirn des Bewerbers schauen können und abklopfen, ob der Bewerber sich richtig einschätzt.«

Zeitarbeit lebt von Flexibilität: Wenn durch unvorhergesehenen Arbeitsanfall, saisonale Arbeitsspitzen, Spezialaufgaben, Urlaubs- oder Krankheitsvertretungen Not am Mann und an der Frau ist, sorgen die Vertriebsdisponenten der Zeitarbeitsfirmen dafür, dass die richtige Kraft zum richtigen Zeitpunkt in der richtigen Firma landet.

Dazu muss der Vertriebsdisponent seine Kunden, die Unternehmen, erst einmal gut kennen. »Wer geeignete Mitarbeiter vermitteln will, muss jede Firma vorher besuchen und sich einen persönlichen Eindruck verschaffen«, erklärt Heinemann. In Kundengesprächen gehe es auch darum, mehr über den Personalbedarf des Unternehmens herauszufinden. »Wenn ein Personalchef vor sich hin murmelt, dass er hofft, auch eine feste Stelle in der Buchhaltung bald besetzen zu können, dann muss der Vertriebsdisponent hellhörig werden.« Große Zeitarbeitsfirmen wie Manpower bieten neben der Verleihung von Arbeitskräften auch Personalvermittlung und Personalberatung an. Neben dem Vorstellen der Produktpalette ist der Vertriebsdisponent für die Verhandlung über Konditionen und Rabatte zuständig.

Vertriebsdisponenten akquirieren auch Neukunden. Dazu rufen sie Unternehmen an, die freie Stellen annoncieren und offerieren ihre Hilfe bei der Personalsuche. Um ausreichend viele Mitarbeiter zu rekrutieren, schalten Vertriebsdisponenten Anzeigen oder wenden sich an Weiterbildungsträger. Wenn die DEKRA beispielsweise eine technische Qualifizierungsmaßnahme anbietet, fragt der Vertriebsdisponent nach, ob er sich bei den Absolventen vorstellen kann.

Es gibt keine klassischen Ausbildungswege für Vertriebsdisponenten. Verständnis für berufliche Tätigkeiten im kaufmännischen und technischen Bereich sind von Vorteil. Schließlich muss der Disponent wissen, ob für eine Tätigkeit als Staplerfahrer ein Führerschein nötig ist. Wichtiger als formale Qualifikationen sind jedoch auch für den Vertriebsdisponenten die Soft Skills: soziale Kompetenz, Teamgeist, Engagement und kommunikative Fähigkeiten. »Man muss den richtigen Ton treffen können, mit Staplerfahrern genauso wie mit Personalchefs«, betont Heinemann. Und ganz wichtig: Die Kraft, andere zu motivieren. Schließlich ist ein frustrierter Leiharbeiter keine gute Visitenkarte für die Zeitarbeitsfirma. Kunden-, aber auch mitarbeiterorientiertes Denken und Überzeugungskraft sind weitere Voraussetzungen.

Um die Kunden zufrieden zu stellen, hat Manpower ein hauseigenes Messverfahren entwickelt, um die Fähigkeiten der Bewerber, beispielsweise auf sprachlichem Gebiet, zu testen. Durch ein eigenes Trainingszentrum ist ständige Weiterbildung gewährleistet. Je passgenauer der Leiharbeiter, desto größer seine Chance auf eine Folgestelle. Etwa ein Drittel wird in ein festes Arbeitsverhältnis übernommen, häufig noch vor Ablauf der zwölfmonatigen Höchstüberlassungsdauer.[27]

Manche Zeitarbeitsfirmen haben sich spezialisiert, beispielweise auf medizinisches Personal oder Handwerker. Die Zeitarbeitsbranche wird in den nächsten Jahren expandieren, das Potenzial gilt als lange nicht ausgereizt. In Großbritannien ist der Anteil der Zeitarbeiter an allen Beschäftigten etwa fünfmal, in den Niederlanden sogar siebenmal so hoch wie in der Bundesrepublik.[28]

Headhunter

Headhunter haben nichts mit den Kopfgeldjägern aus Wildwestfilmen gemein. Oder doch? Der Job eines Headhunters ist das Aufspüren von hochkarätigen Arbeitskräften ab einem Jahresgehalt von deutlich über 50 000 Euro. Und das geht etwa so: Ein Unternehmen benötigt beispielsweise einen neuen Marketingdirektor und beauftragt einen Headhunter mit der Suche. Dieser durchforstet andere Unternehmen nach einem passenden Kandidaten, einer passenden Kandidatin und fädelt erste Abwerbungsgespräche ein.

Der Vorteil für das Unternehmen: die aufwändige Suche ist ausgelagert und die Vorgehensweise diskret. Schließlich kann eine Neubesetzung bereits im Vorfeld nach außen wie nach innen viel Staub aufwirbeln. Der Vorteil für die Kandidaten: Sie können erste Verhandlungen führen, ohne dass der alte oder der neue Arbeitgeber etwas davon mitbekommen. Und sie müssen sich – wenn ein Wechselwunsch vorliegt – nicht wie Berufsanfänger mit Lebenslauf und Lichtbild bewerben. Ein typisches Beispiel für den gelungenen Coup eines Headhunters: Ron Sommer wurde 1995 als Chef von Sony Deutschland in den Vorstand der deutschen Telekom abgeworben.

Um zu wissen, was genau das Unternehmen sucht, führt der Headhunter im Vorfeld ausführliche Gespräche mit den zuständigen leitenden Angestellten. Gemeinsam fertigt man eine Arbeitsplatzbeschreibung an, die den genauen Verantwortungsbereich und die damit verbundenen Pflichten, Titel und Vergütung nennt. Entsprechend gebrieft greift der Headhunter zum Telefon. Doch die Vorgehensweise will genau überlegt sein. Schließlich kann der Headhunter nicht einfach anrufen und die Sekretärin bitten, dem Chef ein unmoralisches Angebot zu unterbreiten. Da kann es hilfreich sein, frühmorgens oder lange nach Dienstschluss im Unternehmen anzurufen und zu hoffen, dass die Sekretärin im Feierabend, die Führungskraft aber noch am Platz ist. Auch Privatanschlüsse und Mobilfunknummern werden recherchiert.

Um den ersten Kontakt zum Objekt seiner Begierde aufzubauen, muss der Headhunter vor allem telefonstark sein. Um fünf geeignete Kandidaten ausfindig zu machen, müssen zwischen

50 und 100, manchmal sogar 200 Manager kontaktiert werden. Und die meisten von ihnen sind noch nicht einmal beim ersten Anruf erreichbar. Echte Vieltelefonierer sind also gefragt.

Neben dem Telefon ist die wichtigste Informationsquelle des Headhunters sein Netzwerk aus guten Kontakten. Informelle Wege bieten – wie so oft – die schnellsten, zuverlässigsten und detailliertesten Informationen. Dabei kann es natürlich passieren, dass ein Informant aus persönlichen Motiven handelt, indem er beispielsweise einen unliebsamen Konkurrenten zur Abwerbung empfiehlt.

In ersten Gesprächen zwischen Headhunter und Kandidat werden lediglich die Eckdaten genannt: Welche Position ist in welchem Unternehmen zu besetzen? Schließlich muss der Kandidat entscheiden, ob die Stelle für ihn überhaupt infrage kommt. Später werden peu à peu weitere Daten preisgegeben.

Aufgrund der gesammelten Informationen wählt der Auftraggeber etwa drei Kandidaten für ein persönliches Gespräch aus. Dabei vermittelt der Headhunter auch während der Verhandlung in beide Richtungen, beispielsweise bei strittigen Punkten. Je seriöser der Headhunter die Vermittlung abwickelt, desto größer seine Chance, auf beiden Seiten Verbündete fürs Leben zu finden. Denn wer weiß, ob ihm nicht eine der Parteien bei der nächsten Suche mit einem Tipp behilflich sein kann.

Interview

Helmut Bendig arbeitet als Headhunter bei delta in Düsseldorf.

Frage: Was muss ein guter Headhunter können?

Bendig: Er muss eine eigenverantwortliche Persönlichkeit besitzen, hohe Eigenmotivation, Frustrationstoleranz und Durchsetzungsbereitschaft. Er muss ein guter Kontakter und Kommunikator sein mit guter Telefonstimme und der Fähigkeit zur Schaffung einer positiven und vertrauensvollen Gesprächsatmosphäre, am Telefon und in natura. Des Weiteren sollte er eine sehr ausgeprägte Servicementalität besitzen, gute Allgemeinbildung und

Kenntnisse von wirtschaftlichen Strukturen und Zusammenhängen, gute Englischkenntnisse sowie die Bereitschaft haben, keinem Acht-Stunden-Tag nachzugehen. Außerdem: Organisationsvermögen und Fähigkeit zur Projektarbeit.

Frage: Wo und wie haben Sie das gelernt?

Bendig: Teils aus praktischen Arbeitserfahrungen vor und während des Studiums. Die meisten Dinge eignet man sich schnell an, wenn man flexibel, einsatzfreudig und kreativ ist. Es ist weniger eine Frage des Gelernthabens als eine der Mentalität und Einstellung zu seiner Arbeit. Deshalb erklären wir Praktikanten auch erst mal genau und gerne etwas länger, was sie zu tun haben und fragen dann, ob sie sich das zutrauen. Qualitäten für den Job zeigen sich vor allem bei der Arbeit am Telefon.

Frage: Wie viel Zeit verbringen Sie an einem durchschnittlichen Arbeitstag mit Reden? Welche Gespräche führen Sie mit wem, und worum geht es dabei?

Bendig: Ein durchschnittlicher Arbeitstag ist etwa zehn bis elf Stunden lang, oft Überstunden, davon sind mehr als 60 bis 70 Prozent reines Reden und Gespräche, meist am Telefon. Die Gespräche sind eine Art telefonische Interviews sowie die Aussprache mit potenziellen Kandidaten über Positionen und sehr oft natürlich auch die Absprachen mit den Auftraggebern.

Frage: Welche Gespräche führen Sie gern? Welche weniger gern?

Bendig: Die meisten Telefonate, die ich führe, sind ziemlich interessant. Ich erfahre viel über die Geschichte der Leute. Es nerven mich Gespräche, in denen ich stocksteife Fische am anderen Ende der Leitung habe, denen man alles aus der Nase ziehen muss, wie auch das andere Extrem, nämlich Leute, die mir ihr halbes Leben erzählen wollen.

Frage: Was raten Sie Leuten, die nicht gerne reden?

Bendig: Auf keinen Fall Headhunter werden. Sie machen sich selber unglücklich. Bei Kandidaten muss man durch Informationen, die man ihnen gibt,Vertrauen aufbauen. Dann kommt in der Regel auch ein gutes Gespräch zustande.

Info-Box

Der Berufsverband deutscher Management- und Personalberater ist der

Bundesverband deutscher Unternehmensberater
Zitelmannstr. 22
53113 Bonn
Telefon: (0228) 91610
Telefax: (0228) 916126
www.bdu.de

Rolf Dahlems, Klaus Leciejewski, *Mit Headhuntern Karriere machen. Wie macht man Headhunter auf sich aufmerksam*, Regensburg 1998
Kaevan Gazdar (Hg.), *Köpfe jagen – Mythos und Realität der Personalberatung*, Wiesbaden 1992

Personalentwickler für benachteilige Jugendliche

Unter dem Motto »Wir verändern Biografien« betreut die bbw Berufsvorbereitungs- und Ausbildungsgesellschaft Berlin 130 Jugendliche zwischen 16 und 25 Jahren. Dabei geht es darum, Schulabschlüsse nachzuholen und einen Einstieg in die Berufswelt zu finden. Die Gründe für die Schwierigkeiten der jungen Leute sind unterschiedlich: Manche sind lernbehindert, andere hoch intelligent, haben aber massive Probleme im Elternhaus. Die meisten erfahren durch Schule, Arbeitsamt oder Mundpropaganda von dem Angebot der bbw.

Bei bbw gibt es zwei Programme: Im ersten wird Jugendlichen ohne Schulabschluss die Möglichkeit gegeben, innerhalb eines Jahres das Versäumte nachzuholen. Die Hälfte des Programms besteht aus Schulunterricht an einem Oberstufenzentrum, die andere Hälfte aus Berufsvorbereitung in einem von zehn Berufsfeldern, wie Büro, Bautechnik oder Kosmetik. Das zweite Programm bietet eine schulische (also nicht betriebliche) Berufsausbildung mit einem

Abschluss der Industrie- und Handelskammer. Hier werden die Jugendlichen drei Jahre lang in 23 Berufen wie Bürokaufmann, Maurer oder Telekommunikationskauffrau ausgebildet. Der Clou: Die Schüler gründen zu Beginn Übungsfirmen mit eigenen Marketing-, Verkaufs- und Personalabteilungen. Als Geschäftsführer fungiert der jeweilige Fachausbilder, die Firmen werden in ein hausinternes fiktives Handelsregister eingetragen. »Rein fiktiv ist aber nicht alles. Die Jugendlichen, die ein Softwarehaus gegründet haben, sind zum Beispiel inzwischen für die Wartung unserer gesamten Computeranlage zuständig«, erklärt Peter Wißmann, Sozialpädagoge und Personalentwickler bei bbw. Daher werden die Teilnehmer hier lieber Mitarbeiter genannt.

Wißmann führt zweimal jährlich Gespräche mit jedem Jugendlichen über erzielte Fortschritte. Dazu holt er vorab Informationen über Noten, Pünktlichkeit, Anwesenheit und Benehmen ein. Manchmal tragen ihm die Jugendlichen private Probleme an. Dann wird Wißmann auch mal bei der Suche nach einem Wohngemeinschaftsplatz aktiv. Er selbst versteht sich allerdings nicht als Therapeut, sondern vermittelt gegebenenfalls, beispielsweise bei Drogenproblemen, an professionelle Stellen weiter. »Man muss lernen, Grenzen zu setzen«, so Wißmann. Die schwierigsten Gespräche seien allerdings häufig gar nicht die mit den Jugendlichen, sondern die mit Eltern oder Jugendamt. Bei Konflikten zwischen verschiedenen Parteien – auch zwischen den Jugendlichen – greift er moderierend ein.Wißmann leitet auch Trainings, in denen die Jugendlichen Schlüsselqualifikationen wie Teamarbeit, Kommunikation und Konfliktmanagement erlernen. Am meisten gefällt dem Sozialpädagogen, dass er den ganzen Tag mit jungen Leuten zusammen ist, ständig neue Situationen auftauchen, immer neue Entscheidungen gefällt werden müssen. »Es ist spannend, die Jugendlichen über die Zeit zu beobachten. Man sieht, wie die Leute sich verändern«, erklärt Wißmann. Dabei gäbe es neben vielen Erfolgserlebnissen natürlich auch Rückschläge.

Die bbw erhält ihre Gelder aus dem EU-Sozialfond und vom Land Berlin. Ihre Arbeit wird wissenschaftlich begleitet vom Fachbereich Wirtschaftspädagogik an der Humboldt Universität Berlin.

Weitere Jobs im Bereich Personalwesen

Personalberater mit Spezialisierung

Das Geschäft der Personalberater boomt: 1999 meldete die Branche ein durchschnittliches Honorarwachstum von 16 Prozent.[29] Die großen Personalberatungen bieten Arbeitsplätze für Beratungskräfte, die sich beispielsweise auf die Veranstaltung von Assessment-Centern oder die Durchführung von Management-Audits spezialisiert haben.

Berufsberater beim Arbeitsamt

Auch das Arbeitsamt sucht Berufsberater mit kommunikativen Stärken. Die Hochschulteams des Arbeitsamts haben sich auf die Beratung von Studierenden spezialisiert.

Mitarbeit bei Internet-Jobbörsen

Internet-Jobbörsen schießen derzeit wie Pilze aus dem Boden. Wer neue Ideen hat und stark in der Akquise ist, findet hier ein dynamisches Einsatzfeld.

9.

Freizeit, Tourismus, Unterhaltung

Wenn einer eine Reise tut, dann kann er was erzählen. Und das gilt auch für die Jobs in der Freizeit- und Tourismusbranche: Der Hotelmitarbeiter an der Rezeption, der Animateur im Ferienclub, der Betreuer einer Reisegruppe – sie alle müssen ausdauernd und viel reden können. Denn: »Nur das Beste für die Gäste« bedeutet auch menschlicher Kontakt und freundliche Betreuung. Weiter bieten Flughäfen, Fluggesellschaften, Reiseveranstalter, Fremdenverkehrsbüros, Kurverwaltungen, Incentive-Agenturen, Autovermietungen und Freizeitparks Jobs für Leute, die dort arbeiten, wo andere Urlaub machen.

Die Tourismusbranche boomt und gilt als weltweit größter Wirtschaftszweig. Die Welt-Tourismus-Organisation sagt voraus, dass sich das Volumen in den nächsten Jahrzehnten weltweit verdreifachen wird. Im gleichen Maße soll auch das dazugehörige Jobangebot wachsen. Schon jetzt finden sich in der Bundesrepublik fast drei Millionen Arbeitsplätze in der Tourismusindustrie. Über 160 Milliarden Euro werden hier jährlich umgesetzt.[30]

Doch wer viel zahlt, will auch etwas geboten bekommen für sein Geld. Längst vorbei die Zeiten, da Urlauber damit zufrieden waren, am Strand zu liegen und sich die Sonne auf den Pelz brennen zu lassen. Längst vorbei die Zeiten, da das Wiener Schnitzel beim Wochenendausflug reichte. Wer in langweiligen Büros versauert, vierzig Stunden die Woche im Routinejob steckt, möchte in seiner freien Zeit, und erst recht im Urlaub, etwas ganz Besonderes erleben.

Und da kommen die Quasselstrippen, oder sagen wir lieber Unterhaltungstalente, ins Spiel. Der Freizeitbereich ist ein ebenso buntes wie vielfältiges Betätigungsfeld. Und: Kaum eine Branche bietet einen so leichten Zugang für Quereinsteiger. Vom DJ beim Wochenendrave über den museumspädagogischen Dienst, der Malkurse im Stil alter Meister anbietet, bis zum Begleitservice für den Managerfeierabend in einer fremden Stadt reicht das Betätigungsfeld. Neben dem Fachwissen sind immer Kommunikationsfähigkeit, gute Laune und Unterhaltungstalent gefragt.

Der Preis für die vielen Partys und das Leben unter Palmen: Freundlich sein, auch wenn man mal schlechte Laune hat. Gelassen und höflich auf Reklamationen und Beschwerden reagieren und immer das Unmögliche möglich machen. Lust auf Menschen, Lust auf Trubel, Lust auf Herausforderungen, das ist der gemeinsame Nenner für die Jobs in der Freizeitbranche.

Info-Box

Wer sich für Jobs in diesem Bereich interessiert, für den gibt es spezialisierte Jobbörsen im Internet:
www.fvw.de
www.hotel-career.de
www.dehoga.de

Deutscher Hotel- und Gaststättenverband
Postfach 20 04 55
53134 Bonn
Telefon: (02 28) 82 00 80
Telefax: (02 28) 8 20 08 46
www.dehoga.de

Deutscher Reisebüro und Reiseveranstalter Verband
Mannheimer Str. 15
60329 Frankfurt/Main
Telefon: (0 69) 2 73 90 70
Telefax: (0 69) 23 66 47
www.drv.de

Ausbildung zum Touristikbetriebswirt:
Merkur Akademie International
Karlstr. 36-38
76133 Karlsruhe
Telefon: (07 21) 1 30 30
Telefax: (07 21) 1 30 31 10
www.merkur-akademie.de

Susanne Mendack, *Berufsfeld Tourismus. Jobs in der Tourismusbranche, Verdienstchancen, Weiterqualifikation*, Regensburg 1998

Fachzeitschriften:
FVW international (erscheint dreißigmal im Jahr)
Touristik Management (erscheint zehnmal im Jahr)

Animateur

»Animateur klingt gleich so negativ, nach Leuten, die immer nur den Pausenclown am Pool spielen«, findet Renate Brandl aus Regensburg. Sie arbeitet seit Jahren als Animateurin und baute den Aerobicbereich des ersten deutschen Robinson Clubs an der Mecklenburgischen Seenplatte auf. Animateure werden dort Robins genannt.

Im Club gibt es drei große Abteilungen. Zum Sport gehören unter anderem Tennis, Ski, Fitness und Wassersport. Im Bereich Familie wird Kinder- und Jugendbetreuung angeboten, darunter Ausflüge, Sport und Kinderdiskos. Hier arbeiten Pädagogen und Erzieher, gern mit der Zusatzqualifikation Erlebnispädagogik. Im dritten Bereich, dem Entertainment, werden Shows auf die Bühne gebracht. Dazu schreiben Regisseure vereinfachte Kurzfassungen von populären Musicals, die mit Tanzchoreografen und den Clubmitarbeitern produziert werden. Bühnendekoration, Bühnentechnik und Kostümschneiderei inbegriffen.

Um in einem Ferienclub zu arbeiten, muss man Qualifikationen für einen der drei Bereiche mitbringen. Besonders gern gesehen sind Leute, die zusätzlich etwas anzubieten haben, beispielsweise wenn ein Skilehrer singen oder ein Instrument spielen kann. Da sich alle um die Gäste kümmern, sind in jedem Fall sehr gute kommunikative Fähigkeiten gefragt.

Mit Menschen umgehen – das steht bei Robinson an erster Stelle. Schließlich wird von allen Mitarbeitern erwartet, dass sie sich mit den Gästen unterhalten. »Das sind meistens Freiberufler oder Selbstständige so zwischen 30 und 50 Jahren. Die erwarten nicht immer nur Small Talk, sondern auch mal Unterhaltung auf hohem Niveau«, erklärt Brandl. Eine solide Allgemeinbildung und gute Umgangsformen sind daher trotz entspannter Urlaubsatmosphäre gefragt.

Nicht nur die Ferienclubs, auch größere Hotelanlagen stellen mittlerweile Animateure zur Gästebetreuung ein; hier sind allerdings vorwiegend Sportler gefragt. Es lohnt auch, direkt bei den großen Touristikunternehmen nachzufragen – der Bedarf ist da.

Der Tag eines Animateurs beginnt um 9 Uhr mit einer Teamsitzung inklusive Bereichsleiter. Hier wird das Tagesprogramm durchgesprochen. Danach gehen die Mitarbeiter in ihre Bereiche, unterrichten Sport, unternehmen etwas mit den Kindern oder bereiten die Shows vor. Von allen wird auch ein Engagement in der Küche erwartet: Zwei- bis dreimal pro Woche steht ein Robin am Kochtopf. »Da kann aber nicht viel schief gehen, weil die Köche alles vorbereiten. Die Zutaten stehen quasi wie bei Biolek schon immer alle fertig neben dem Herd«, erklärt Brandl.

Gegen 19 Uhr geht es an die Bar, wo die Gäste unterhalten und auf den Abend eingestimmt werden. »Manche denken, die wollen auch mal ihre Ruhe haben, doch viele freuen sich, wenn im Club was los ist«, beschreibt Brandl die Atmosphäre. Ungebremste Lust auf Konversation, das lasse einen auch nach einem anstrengenden Tag mit viel Sonne noch fröhlich und kommunikativ sein.

In einem Club zu arbeiten ist Dienstleistung pur: Der Gast steht im Mittelpunkt, von den Mitarbeitern wird eine hohe Belastbarkeit erwartet. Dafür bieten Clubs ein vielseitiges Betätigungsfeld: »Das ist nicht so wie im Reisebüro, wo man hauptsächlich im Computer nach freien Flugplätzen sucht. Im Club gibt es viele Berufe, die man für sich ausprobieren kann, zum Beispiel als Künstlerin im Atelier, als Bühnenbauerin bei den Shows oder als Tourleiter bei den Ausflügen.« Dabei hält die Regensburgerin das unmittelbare und meistens positive Feedback der Gäste für eine wichtige persönliche Erfahrung. »In ein paar Monaten im Club kann man Dinge lernen, für die andere Jahre brauchen. Manche fühlen sich allerdings schnell als Star und müssen zwischendurch auf den Boden der Tatsachen zurückgeholt werden«, betont Brandl. Um die Erfahrungen auszuwerten, sei es wichtig, immer wieder zu reflektieren: Was mache ich hier eigentlich? Was geschieht mit mir?

Wie sieht der typische Werdegang eines Animateurs aus? »Die Animateure sind im Club die mit dem buntesten Lebenslauf, originelle Typen eben. Da gibt es auch den Kfz-Mechaniker, der irgendwie mit Unterhaltung und Show angefangen hat, der reden kann und gut am Mikro ist«, erzählt Brandl. Das Wichtigste sei, dass jemand sich bewusst für die Arbeit im Club entscheidet. »Man darf auf keinen Fall in die Gästebetreuung gehen, bloß weil einem nichts

Besseres eingefallen ist.« Und ihr persönlicher Tipp lautet: »Ich kann nur empfehlen, in einem Club zu arbeiten. Man kann sich persönlich wahnsinnig weiterentwickeln. Wichtig ist, sich nicht treiben zu lassen, sondern Entscheidungen bewusst zu fällen.«

Info-Box

Weitere Informationen über Arbeitsmöglichkeiten als Animateur bei:

Club Med
Emil-von-Behring-Str. 6
60439 Frankfurt/Main
Telefon: (0 69) 95 88 38 30
Telefax: (0 69) 95 88 38 35
www.clubmed.com

Robinson Club
Karl-Wiechert-Allee 23
30625 Hannover
Telefon: (05 11) 56 70
Telefax: (05 11) 5 67 13 01
www.robinson-club.de

Aldiana
Zimmermühlenweg 55
61440 Oberursel
Telefon: (0 61 71) 65 29 99
Telefax: (0 61 71) 65 29 90
www.aldiana.de
www.aldianajobs.com

Reiseleiter

»Silke Rumpf, 28 Jahre, seit zwei Jahren Mitglied der Wikinger-Crew, fährt seit ihrem Studienabschluss in Literaturwissenschaften, Theater-, Film- und Fernsehwissenschaften sowie Romanistik zweigleisig: Für Wikinger Reisen führt sie begeisternde Reiseleitungen in Griechenland, Norwegen, Schweiz, Frankreich, den Azoren und auf La Réunion durch, daneben engagiert sie sich als Redakteurin beim belgischen Fernsehen. Ihre Passion, Gletscher- und Gipfelbesteigungen, steht ihrer Vorliebe für azoreanische Nachspeisen, französische Mode und herrenlose Inselhunde in nichts nach.«

Ausführlich und mit Foto stellt Wikinger Reisen eine seiner Mitarbeiterinnen im Internet vor – und ist damit nicht das einzige Tourismusunternehmen, das auf die Zugkraft seiner Leute vor Ort setzt. Reiseleiter – das sind nicht immer die gestressten Gästebetreuer großer Veranstalter, die am Flughafen hunderte Pauschaltouristen in Empfang nehmen, Begrüßungscocktails für fünfhundert Gäste am Tag durchziehen und sich mit Reklamationen, Umzugswünschen und Sonnenbränden der Strandurlauber auseinander setzen müssen.

Reiseleiter wie Annette Meir, engagiert bei einem kleinen süddeutschen Studienreiseanbieter, sind Cicerone, Pädagoge, Schnäppchenführer und Organisator für ihre Gäste in einer Person. Schon während ihres Studiums der Geschichte und Romanistik war Meir für Reiseunternehmen tätig. Mittlerweile kann sie sich kein anderes Leben mehr vorstellen. »Ich darf ständig in meinem Lieblingsland Frankreich unterwegs sein, lerne immer neue Menschen kennen und kann auch noch auf mein Erlerntes zurückgreifen. Was will ich mehr?«, freut sie sich über ihre Berufswahl. Sie hat Glück, findet sie, weil sich vorwiegend lebendige, neugierige Reisende für ihre Kunsttouren in die Bretagne und die Normandie oder zu den Schlössern der Loire interessieren.

Selbst zum Reiseplan einer Katalogreise gehört Flexibilität. Wenn die Gruppe sich einig wird, gibt es schon mal Abstecher zu interessanten Sehenswürdigkeiten, die nicht in den normalen Ablauf gehören. »Einmal, in der Normandie, wollten zwei ältere Herren einen internationalen Soldatenfriedhof besuchen. Ich habe die anderen in der Zwischenzeit zu einer entzückenden kleinen romanischen Kirche geführt. Und als wir uns am Bus trafen, haben die beiden sich gerade von zwei anderen alten Herren verabschiedet. In innigster Umarmung. Später haben sie dann erzählt, dass das ihre Feinde von früher waren, aus dem Zweiten Weltkrieg, Engländer. Ich war ganz gerührt, dass die ihren Privatfrieden schließen konnten.«

Meir steckt voller Geschichten über ihre Reiseteilnehmer und macht klar, dass die Freude am Reden, an den Menschen, an der Kommunikation die zum Teil harte Arbeit ausgleicht. Denn der Tag kann schon mal 14 Stunden haben, bis alle Reisenden in wechselnden Hotels zufrieden stellend untergebracht sind. »Sprache und Kommunikation sind das A und O«, findet Meir und ergänzt: »Ich muss einen guten Draht zur Rezeption haben, mit dem Busfahrer auskommen, die Hüter von Sehenswürdigkeiten mal überzeugen, für uns länger aufzuhalten und und und ...«

Eine hohe physische und psychische Belastbarkeit, Einsatzbereitschaft, Führungskompetenz, Selbstvertrauen und Durchsetzungsvermögen fordert denn auch das Anforderungsprofil an Reiseleiter, das der VOER, der Verband Österreichischer ReiseleiterInnen, formuliert. Die physische Belastbarkeit müssen vor allem die Begleiter von Sport- und Abenteuerreisen mitbringen. Es muss zwar nicht gleich der Mount Everest sein, auf den eine amerikanische Firma jeden zu bringen verspricht, der einige zehntausend Dollar ausgeben kann. Auch Trekking-Touristen durch Kaschmir oder Nepal zu führen erfordert Kondition.

Die heute über 50-jährige Anna Merz, mit einem Kaschmiri verheiratet, hat das jahrelang getan. »Neben starken Waden brauchst du auch starke Nerven«, ist sie überzeugt. Denn sie führte die Touristen durch eine politisch unruhige Region, wo Entführungen von Wanderurlaubern vorkommen können. Neben der genauen Kenntnis der Routen, des Wetters und der Unterkünfte musste sie auch wissen, welche politischen Gruppen gerade aktiv sind, ob es wohl Unruhen in der Hauptstadt des Bundesstaates geben würde und wie man seine Gruppe dann noch beschäftigen kann.

Doch es gibt auch beschaulichere Abenteuer für Reiseleiter. So für den gelernten Bankkaufmann Peter John, der Pilgergruppen auf dem berühmten Jakobsweg durch Spanien nach Santiago de Compostela führt. Hier geht es um die Meditation auf dem Weg, religiöse Erfahrung und natürlich die Kunstwerke in den zahlreichen alten Städtchen und Wallfahrtskirchen auf dem Weg.

Wie wird man Reiseleiter? Anna Merz hat die Sache selbst in die Hand genommen. Nach ihrem Entschluss, in Asien leben und verdienen zu wollen, hat sie die Touristen auf eigene Rechnung durch Kleinanzeigen in Deutschland geworben. Aber damit ist sie die Ausnahme. Die meisten ihrer Kollegen sind bei Reiseveranstaltern fest angestellt oder als feste Freie beschäftigt. Eigene ausgiebige Auslandserfahrung ist dabei erwünscht, aber nicht Bedingung.

Voraussetzung sind allerdings Fremdsprachenkenntnisse, neben dem universellen Englisch auch die Sprache des jeweiligen Reiselandes. C&N Condor Neckermann, einer der ganz Großen der Branche, verlangt darüber hinaus von seinen zukünftigen Mitarbeitern unter anderem gute Umgangsformen, eine solide Allgemeinbildung und Kontaktfreudigkeit sowie Vorurteilsfreiheit gegenüber fremden Kulturen. Und die Karrierechancen? Sehen wohl gar nicht so schlecht aus, wenn man bedenkt, dass der langjährige Neckermann-Chef Wolfgang Beeser als Reiseleiter im Unternehmen begonnen hat.

Info-Box

Weitere Informationen gibt es bei:

Verband der Studienreiseleiterinnen VSTRL
Welserstr. 15
80750 München
Telefon: (0 89) 74 31 61 66
Telefax: (0 89) 74 31 61 65
www.reiseleiterverband.de

Bundesverband Forum Anders Reisen
Hirschberger Str. 48
90473 Nürnberg
Telefon: (09 11) 8 93 24 54
Telefax: (09 11) 8 93 24 55
www.forum-anders-reisen.de

Bundesverband mittelständischer Reiseunternehmen
Mainzer Landstr. 82-84
60327 Frankfurt/Main
Telefon: (0 69) 7 56 05 40
Telefax: (0 69) 75 60 54 20
www.asr-online.de

RDA – internationaler Bustouristik-Verband
Hohenzollernring 86
50672 Köln
Telefon: (02 21) 9 12 77 20
Telefax: (02 21) 12 47 88
www.bustouristik.de

ZVA Zeitschriftenverlagsanstalt (Hg.), *Reiseleiter Training. Aktuelles Lexikon für Ausbildung und Praxis*, Mannheim (Loseblattsammlung, zu bestellen über benner@drv-service.de)

Gästeführer

Ein Augenzwinkern sucht man vergebens, wenn Wolfgang Müller über seinen sehr speziellen Stadtspaziergang in Berlin spricht: Die Orte der Elfen sind sein Thema. Der ehemalige Avantgarde-Star der Berliner Musikszene hat das Thema auf einer Reise nach Island, wo Elfen und Kobolde schon mal den Straßenbau stoppen können, für sich entdeckt. Auch in Berlin gibt es Plätze, an denen sie sich tummeln, versichert Müller mit allem Nachdruck. Seine Stadtführungen sind so ziemlich das Exotischste, was Berlin, das nicht arm an alternativen Führungen ist, zu bieten hat. Berlin zu Wasser, das jüdische Berlin, auf den Spuren der diversen Schriftsteller oder Heinrich Zilles, die Kindertour im Grunewald oder per Fahrrad die Parks erkunden – man muss nur wählen.

Seit die großen Stadtrundfahrtbusse mit anonym besprochenen Tonbändern in sechs Sprachen arbeiten, haben sich viele kommunikative Gästeführer auf themenorientierte Spaziergänge für auswärtige Besucher und Einheimische verlegt. Und dieser Trend ist nicht nur in Berlin zu beobachten. PerPedes nennt sich ein Team aus Wien, das Gruppen individuelle Stadtführungen aus einzelnen Bausteinen anbietet. Auch hier wird dem Wunsch des Publikums nach Schaurigem und Ungewöhnlichem Rechnung getragen: zum Beispiel mit dem Baustein Fress-, Sauf-, Unzuchts- und Luderhäuser, in ausdrücklich jugendfreier Version, oder dem Gang über den Zentralfriedhof. Die Wiener Gruppe bietet ihre Führungen durch die Geschichte ganz modern im Internet an. Rund 100 Euro plus Steuer kostet ein anderthalb- bis zweistündiger Gang für eine Besuchergruppe von bis zu fünfundzwanzig Personen, Eintrittsgelder extra.

Praxis-Box

- Es gibt mittlerweile erhebliche Konkurrenz im Bereich Stadtführung. Legen Sie sich daher ein Spezialgebiet zu, in dem Sie sich erstklassig auskennen. Dann können Sie etwaige Wissenslücken auf anderen Gebieten leichter überspielen.

- Üben Sie Ihre Rundgänge mit Freunden und Bekannten. Aber machen Sie sich dabei klar, dass auswärtige Besucher meist leichter zu führen sind und nicht immer alles besser wissen wollen.
- Arbeiten Sie mit anderen Gästeführern zusammen. Wichtig ist außerdem der Kontakt zur Tourismus-Information der Stadt.
- In Großstädten und Tourismuszentren sind Fremdsprachenkenntnisse unverzichtbar. Bieten Sie nur Touren in Sprachen an, in denen Sie sich sicher fühlen und auch Fragen beantworten können.

Der Schotte Iain MacPherson finanziert sich mittlerweile durch seine Ghost-Walks das Studium. Angefangen hatte es als Gag für Freunde, mittlerweile mögen auch Einheimische seine schaurigen Touren durch die nächtliche Hauptstadt Schottlands. Dabei trifft man auf handfestere Gespenster als bei den Elfenführungen in Berlin. Etwa auf einen wandelnden Spazierstock, dem eine brennende Laterne vorangetragen wird, oder auf ein kopfloses schwarzes Pferd, das zwischen der Royal Mile und Grassmarket sein Unwesen treibt. »Edinburgh hat in dieser Hinsicht viel zu bieten«, sagt MacPherson. »Hier hat Robert Louis Stevenson Dr. Jekyll und Mr. Hyde nach einem historischen Vorbild kreiert, dem angesehenen Stadtrat und Tischler William Brodie, der im 18. Jahrhundert als Räuber der Steuerkasse geschnappt und gehängt wurde.«

Wie alle guten Führer ist MacPherson ein begeisterter Geschichtenerzähler und kaum zu stoppen, wenn er auf sein Thema kommt. »Nachts habe ich meist junge Leute, die gut zu Fuß sind. Aber ich mache auch normale Führungen, tagsüber, und da habe ich gelernt, dass es wichtig ist, zwischendurch irgendwohin zu gehen, wo die Leute sich setzen und ausruhen können. Also ein Museum einbauen oder eine historische Teestube.« Ganz wichtig auch: die Toiletten. »Ich habe ein Abkommen mit ein paar Pubs und Teestuben, wo ich meine Gäste reinschicken kann«, verrät er.

Sonst muss man halt sehen, dass irgendwo öffentliche Toiletten auf dem Rundgang stehen.

Wie die allermeisten Führer ist MacPherson Freiberufler. Es gibt kein festes Berufsbild, die Leute kommen aus den verschiedensten Ecken. Viele sind Historiker oder Kunsthistoriker, aber auch Dolmetscher oder Studenten, Hausfrauen und sogar Taxifahrer. Der 1994 gegründete deutsche Dachverband der Stadtführer mit seinen mittlerweile über 1500 Mitgliedern hat sich zum Ziel gesetzt, einheitliche Qualitätsmerkmale für Führungen und so etwas wie Mindestqualifikationen zu entwickeln.

In Köln, einem sehr regen lokalen Verein der Gästeführer, wurden bereits viermonatige Schulungen mit theoretischen und praktischen Prüfungen eingeführt. Hier arbeiten die organisierten Führer eng mit der Stadt zusammen, die das umfangreiche Angebot in ihr Tourismusprogramm aufgenommen hat. Die Spaziergänge reichen von klassischen Themen wie den römischen Bestattungsriten über Regionales wie »Kölle op Kölsch« und einen Rundgang zu den heiligen Stätten des Karnevals bis zur Geschichte der Frauen: Hexen, Huren, Heilige, von denen die alte Domstadt offenbar reichlich zu bieten hat. Der Verein schätzt, dass rund zwei Drittel seiner Mitglieder ausschließlich von den Führungen leben können.

Übrigens ist es bei Stadtführungen nicht verboten, Busse und Bahnen zu benutzen oder Fahrradtouren zu organisieren. Worauf es ankommt, das ist die Lust am Geschichtenerzählen.

Info-Box

Bundesverband der Gästeführer in Deutschland
Klingenteich 6 c
69117 Heidelberg
Telefon: (0 62 21) 16 02 42
Telefax: (0 62 21) 2 97 04
www.bvgd.de/kontakt.html

Der BVGD kann Kontakt zu über 50 regionalen Vereinen in Deutschland herstellen. Darüber hinaus bietet der Verband Versicherungsschutz mit einer beruflichen Haftpflicht sowie einer Unfallversicherung und Berufsunfähigkeitszusatzversicherung.

Diskjockey

Diskjockey, DJ, D-Jane, Selector: Wie auch immer die Leute heißen, die für die Musik zuständig sind – ein echter Quasselstrippenjob ist das Auflegen von Platten eigentlich nicht. Oder? »Es kommt darauf an«, meint DJ Vilas von Vibetribe Soundsystems in Köln (vibetribe@talknet.de). »Wer auf Ibiza Mainstream auflegt, moderiert die Stücke an und ab und macht zwischendurch Stimmung.« Im Szeneclub sehe das meistens anders aus, da zähle nicht das Mundwerk, sondern das Handwerk an den Reglern.

Trotzdem quasseln nach Erfahrung des Kölners auch Szene-DJs ausdauernd und gerne. Seine eigene wortreiche Erklärung (hier gekürzt wiedergegeben): »Die meisten DJs sind Jungs. Und Jungs reden nun mal gerne über ihr Hobby, denn da haben sie die einzige Chance, im Reden gegen die Frauen zu bestehen. Das Hobby ist für sie das Wichtigste auf der Welt. Manche reden endlos über Schallplatten, andere über Computer oder Motorrad fahren. Ich rede über alles. Außer wenn ich Platten auflege.«

Die Haupttätigkeit eines DJs ist es, Platten aufzulegen und Platten zu kaufen, in Vilas' Fall Techno, House, Dub und Drum'n'Bass. Seine Auftritte dauern zwischen einer und zehn Stunden. Dabei besteht seine Aufgabe darin, den Leuten einen guten Abend zu bereiten. »Das gelingt am besten mit einer Mischung aus eigener Lust und einem Gefühl für die Stimmung im Raum«, so Vilas. Die Kommunikation läuft hier – zum Leidwesen der begnadeten Quasselstrippe – eher nonverbal ab, ist aber trotzdem wichtig. Wer zudem selbst Raves, Events oder Partys veranstaltet, verhandelt mit anderen DJs und Bands, kümmert sich um Location, Licht, Anlage, Verträge, Gagen, Hotels, Versicherungen, Türsteher und Getränke. Reden, reden, reden – schon allein, um in der Szene bekannt zu werden und zu bleiben.

Vor zwanzig Jahren war es Job eines DJs, die Platten von anderen Musikern aufzulegen. Der Trick bestand darin, den Leuten eine wohldosierte Mischung aus drei bis vier hitverdächtigen Stücken und einem tatsächlichen Hit unterzujubeln. Die Stücke waren drei- bis fünfminütige Songs, bestehend aus Strophen und Refrain. DJs waren damals eher Moderatoren, eine echte Trennung zwischen Disko- und Radio-DJ gab es nicht.

Heute ist der DJ, wenn er sein Handwerk beherrscht und die nötige Inspiration hat, selber viel mehr Komponist. Die Tracks, aus denen der DJ seinen Auftritt zusammensetzt, sind als einzelne gar nicht mehr zu erkennen. »Die Höhepunkte auf der Tanzfläche entstehen oft nicht nur durch das vorliegende Material, sondern dadurch, dass der DJ an einer bestimmten Stelle an seinem Mischpult zum Beispiel die Basslinie ausblendet und genau im richtigen Moment wieder auf die Leute loslässt. Das gibt dann häufig ein großes Hallo«, beschreibt Vilas seine Arbeit. Und DJ Talisman vom Berliner Matrix-Club ergänzt: »Der moderne DJ verkriecht sich nicht hinterm Pult, sondern will eine gute Show liefern.« Der Mann oder die Frau an den Reglern müsse eine Beziehung zum Publikum aufbauen. »Du kannst zu Hause der Beste sein, es hilft aber nichts, wenn du bei den Leuten nicht ankommst.«[31] Interessant, dass nach wie vor in der Hauptsache mit Vinyl gearbeitet wird. Erstens ist das Handling der digitalen Medien für einen DJ nicht sonderlich geeignet. Außerdem haben die Bässe von Vinyl deutlich mehr Power.

Vilas sieht es als besondere Herausforderung, den Horizont der Leute zu erweitern. Das funktioniere aber nur, wenn diese bereit sind, Neues aufzunehmen. Er ist oft ein paar Stunden vor seinem Auftritt da und sieht sich an, was die anderen DJs machen und wie die Stimmung auf der Tanzfläche ist. »Dann überlege ich: Was passt jetzt? Wie könnte es weitergehen? Jeder DJ ist nur so gut wie sein Publikum. Wer in einer Disco auf Ibiza arbeitet und da die Charthits auflegt, der passt eben auch zu seinem Publikum.« Vilas' Tipp zum Einstieg ins DJ-Geschäft: »So häufig und so lange wie möglich Platten auflegen.«

Info-Box

Infos über Kollegen weltweit, Musik sowie Kommunikation mit anderen gibt es unter:

www.internetdj.com
www.techno.de/news/dj-sets/

Bei der GEMA (Gesellschaft für musikalische Aufführungs- und mechanische Vervielfältigungsrechte) müssen Veranstaltungen angemeldet werden. Für die Wiedergabe von musikalischen Werken anderer Künstler sind Lizenzgebühren zu zahlen. Techno- und House-DJs argumentieren dagegen, dass sie im Mix ein neues Stück Musik schaffen.

GEMA
Bayreuther Str. 37
10787 Berlin
Telefon: (0 30) 2 12 45 00
Telefax: (0 30) 21 24 50 09 50
www.gema.de

Ulf Poschardt, *DJ Culture. Diskjockeys und Popkultur*, Reinbek 1997
Ralf Niemczyk, Torsten Schmidt, *From Skratch. Das DJ Handbuch*, Köln 2000

Um sich einen Überblick über die Szene zu verschaffen, bieten sich auch Zeitschriften an wie etwa *Groove* (www.groove.de).

VIP-Begleiter

Auch Schauspieler, Sänger, Film- und Plattenproduzenten, Stars und Sternchen, kurz VIPs genannt, wollen nachts etwas erleben. Tourneen, Preisverleihungen, Festspiele und andere Auftritte führen sie oft in fremde Städte. Dort fehlt der Überblick: Wo lässt man sich standesgemäß sehen? Wo gibt es überhaupt Bars, Restaurants und Clubs, die dem persönlichen Geschmack entsprechen? Wo ist man vor kreischenden Teenagern und Fotografen sicher?

Der Club 90 Grad in Berlin bietet die Lösung aus einer Hand: Unter dem Namen VIP-Secretary of the 90 Degree können Stars und VIPs mehr als nur eine Lounge im angesagten Danceclub buchen. Wer etwas von Berlin sehen möchte, wird persönlich betreut. Filmstars wie Nick Nolte, Sean Penn und Denzel Washington haben den Service schon in Anspruch genommen.

Interview

Ariane Sommer ist PR-Chefin vom Berliner Szeneclub 90 Grad.

Frage: Was ist VIP-Secretary of the 90 Degree?

Sommer: VIP-Secretary ist ein persönlicher Service unseres Clubs für Prominente. Wer aus dem Film-, Musik- und Showgeschäft nach Berlin kommt und im 90 Grad eine Lounge bucht, wird von uns auch außerhalb des Clubs betreut. Der Gast soll eine schöne Zeit in der Stadt haben, auch wenn er oder sie Berlin nicht kennt und nur kurze Zeit hier ist.

Frage: Welchen Service können die VIPs bei Ihnen erwarten?

Sommer: Im Grunde machen wir alles möglich. Wir kennen in Berlin jeden und alles, wir begleiten unsere Gäste zum Shopping, zum Essen, beim Ausgehen und bei geschäftlichen Terminen.

Frage: Gab es schon einmal einen besonders kniffligen Wunsch?

Sommer: Einer der Begleiter von Jim Belushi ist Veganer, nimmt also keinerlei Tierprodukte zu sich, auch keine Eier oder Milch. Ich habe dann den Chef eines exklusiven Restaurants angerufen und gebeten, ein entsprechendes Angebot bereitzustellen. Wenn man die Leute persönlich kennt, ist das alles kein Problem.

Frage: Welche Eigenschaften muss man selbst mitbringen, um in der Betreuung von VIPs zu arbeiten?

Sommer: Eine gute Erziehung zuerst einmal. Ich komme selbst aus einer Diplomatenfamilie und habe daher immer mit hohen Tieren zu tun gehabt. Das ist wichtig, denn die Leute wollen ja als Mensch behandelt werden. Da kann man nicht vor Ehrfurcht erstarren, wenn auf einmal Denzel Washington vor einem steht. Immer natürlich bleiben, darauf kommt es an. Ansonsten ist es wichtig, genau zu beobachten, wie viel Aufmerksamkeit die Gäste gut finden und ab wann es aufdringlich wird. Manche möchten Unterhaltung, bei anderen reicht es, die Getränke zu holen.

Frage: Muss man dafür viel und gut reden können?

Sommer: Guten, abwechslungsreichen und intelligenten Small Talk muss man führen können, selbst wenn einem die Leute nicht immer sympathisch sind. Man muss rausfinden, wofür die sich interessieren, zum Beispiel Politik, Stadtgeschichte oder meinetwegen auch für Natur. Da sollte man in allen Fällen etwas zu sagen haben, wenigstens ein bisschen. Dann ist es wichtig zuzuhören. Wenn man den ganzen Abend zuhört, fühlen die Leute sich endlich mal verstanden. Dann gehen sie ins Hotel und haben das glückliche Gefühl, einen guten Abend verbracht zu haben. Da die VIP-Betreuung international ist, sollte man wenigstens zwei Fremdsprachen sprechen, Englisch sowieso, und zwar fließend. Ich spreche außerdem Französisch, Italienisch und Spanisch. Das hilft.

Frage: Welchen Star würden Sie am liebsten einmal betreuen?

Sommer: Zum Beispiel den Sänger und Schauspieler Will Smith. Er ist ein witziger Mensch mit viel Selbstironie. Ich bin sicher, dass man mit ihm unheimlich viel zu lachen haben kann.

Conférencier

Conférencier sei er eigentlich nicht, meint Peter Kunz, einer der erfolgreichsten deutschen Bühnen- und Radiomoderatoren. »Unter Conférencier stellt man sich eher einen dicken Typen vor, der zusätzlich Bauchredner ist und mit einer Puppe auf dem Arm rumläuft.«

Eigentlich ist Kunz Bauingenieur. Zur Moderation kam er über Radio Darmstadt. Das Ehrenamt beim Bürgerfunk brachte ihn auf den Geschmack. »Ich dachte mir: Was ich hier mache, kann ich eigentlich auch für Geld tun«, erzählt Kunz. Er begann, als Radiomoderator für MDR Life in Leipzig und Radio Energy in Sachsen zu arbeiten. Wie er an die Jobs kam? »Man schickt ein Demoband mit einer fiktiven Radiosendung an den Programmchef. Der hört sich das eine Minute an und entscheidet, ob er es mag oder nicht.« Offensichtlich mochte er.

Um sich zu professionalisieren, nahm Kunz Sprechunterricht bei einem Theaterregisseur. Er knüpfte Kontakte zu Eventagenturen und übernahm Auftritte bei Partys und Veranstaltungen. »Wichtig ist es, Praxis zu bekommen. Dann fühlt man sich auch wohl, wenn einen alle anstarren«, erklärt Kunz. Zusätzlich veröffentlichte das Multitalent als Rapper Der Ingenieur den selbst komponierten Song *Darmstadt* und wurde hessenweit bekannt.

Unter dem Motto »Peter Kunz – wenn Sie mal was zu sagen haben« moderiert der Darmstädter heute neben seinen Radiosendungen Events aller Art: von der Eröffnung eines neuen Porschezentrums über die Sommerparty des Computerherstellers Dell bis hin zu Galas, Stadtfesten und Versteigerungen. »Gerade bei Produktpräsentationen ist es wichtig, dass man sich auch inhaltlich auf die Sache vorbereitet. Schließlich muss ich wissen, wovon ich rede.«

Ein Höhepunkt seiner Karriere: Während des Bundestagswahlkampfs von Gerhard Schröder war Kunz Conférencier mehrerer Großveranstaltungen in der gesamten Republik. Dort moderierte er neben dem Entertainmentteil auch politische Talkrunden mit Ministerpräsidenten und Lokalpolitikern. Wenige Tage vor der Wahl kamen 20 000 Leute zur großen Open-Air-Bühne in Wiesbaden. Alle wegen Gerhard Schröder? Nun ja, auch Popstars à la Weathergirls traten auf. Das, so Kunz, sei gut für die Stimmung.

Gute Laune ist Kunz Geschäft. »Man muss mit dem Publikum umgehen können. Wenn die schmunzeln, dann kann ich die Dinge ganz anders präsentieren. Man erreicht die Leute am besten über den Bauch. Die müssen sehen: Hier steht ein Mensch, nicht ein Schauspieler, der seinen Text auswendig gelernt hat.« Sich nicht zu verstellen und nicht zu verbiegen, stattdessen offen und direkt sein, das ist sein Markenzeichen.

Zusätzlich zur Radio- und Bühnen-Moderation betreibt Kunz eine Medienagentur, die Service für alle Fälle bietet. Vor allem für Außergewöhnliches: Showtiere wie Fritz der Elefant, Showtrucks mit mobiler Bühne, Bodypainter oder ein ärztliches Notfallteam. Vor allem aber liefert Kunz Know-how: »Nicht jedes Unternehmen hat eine Eventagentur. Da gibt es oft einen großen Bedarf an Beratung.«

Nach seinem Tipp für ambitionierte Nachwuchs-Conférenciers, pardon, Moderatoren, gefragt, antwortet Kunz: »Fangen Sie mit kleinen Veranstaltungen an. Es ist viel besser, zwanzig Weihnachtsfeiern von Kleintierzüchtervereinen zu moderieren als grübelnd zu Hause auf dem Sofa zu sitzen.« Machen, machen, machen – das sei das Motto in der Branche. Er selbst ruht sich jedenfalls nicht auf seinen Lorbeeren aus. Seine Pläne für die Zukunft: »Einen Angriff in Richtung Fernsehen starten, meine Firma ausbauen und mit dem SV Darmstadt 98 in die Bundesliga aufsteigen.« Seinen wichtigsten Einsatz hat er nach wie vor in Darmstadt: zu jedem Heimspiel des Regionalligisten übernimmt Kunz die Stadionmoderation am Böllenfalltor (für Neugierige: www.peterkunz.de).

Weitere Berufe im Bereich Freizeit, Tourismus, Unterhaltung

Dolmetscher

Um als Dolmetscher bei offiziellen Stellen zu arbeiten, benötigen Sie meistens einen staatlich anerkannten Abschluss. Ansonsten können Sie dolmetschen, wenn Sie zum Beispiel zweisprachig aufgewachsen sind oder längere Zeit in einem anderen Land gelebt haben. Kenntnisse der jeweiligen Kulturkreise und auch Fachwissen zur Branche (Wirtschaft, Kultur, Politik, Showbusiness, Sport) sind manchmal wichtiger als ein offizieller Abschluss.

Hotelrezeption und Guest-Relation

Unendlich sind die Geschichten über gestandene Hotelportiers, die Karten für jede ausverkaufte Opernaufführung besorgen können. Dahinter steht ein anspruchsvoller Job, der tagtäglich Freundlichkeit und Hilfsbereitschaft verlangt. Schließlich ist die Rezeption der Ort, an dem Gäste das Gefühl erhalten, willkommen zu sein (oder womöglich nicht). In größeren Ferienanlagen und Familienhotels übernimmt die Guest-Relation-Abteilung einen Teil dieser Aufgaben, vor allem wenn es um die sinnvolle Freizeitbetätigung der Touristen geht.

Barkeeper

Schon sprichwörtliche Seelentröster hinter allen Tresen der Welt. Gute Laune, freundliches Zugehen auf Gäste, eine feste Hand mit Leuten, die über den Durst getrunken haben, gehören zum Handwerkszeug wie das Bierzapfen oder das Mixen der Cocktails. Profis haben sich im Berufsverband zusammengeschlossen:

Deutsche Barkeeper-Union
Kottwitzstr. 11
20253 Hamburg
Telefon: (0 40) 4 20 97 55
Telefax: (0 40) 4 22 03 14
www.dbuev.de

Rapper

Und zum Schluss noch ein wahrer Traumjob für Quasselstrippen: Rapper wie Smudo von den Fantastischen Vier oder Sabrina Setlur verdienen mit Sprechgesang ihr Geld.

Teil III
Workshop

Drei goldene Rede-Regeln:

Man kann über alles reden, aber nicht über 45 Minuten.
Nicht jede Rede muss bei Adam und Eva beginnen.
Auch wenn alles falsch ist: Die Namen müssen stimmen.

Rolf Breitenstein, Ghostwriter von Helmut Schmidt

Ein typisches Merkmal für Quasselstrippen ist das induktive Vorgehen: von Hölzchen auf Stöckchen und mit den Erfahrungen der Freundin in Castrop-Rauxel langsam auf das eigentliche Thema zugehen. Möglichst viele Exkurse einbauen, weil einem das gerade dazu einfällt. Möglichst jeden Satz einleiten mit »Das glaubst du mir jetzt nicht« oder »Weißt du, was mir gestern passiert ist?«

Regina-C. Henkel, Wirtschafts-Journalistin

Reden ist Silber. Quasseln Spielgeld.

Weisheit

10.

Workshop zur Individuellen Berufsfindung

Im vorangegangenen Teil des Buchs haben Sie gesehen, wie andere vor Ihnen das Reden zum Beruf gemacht haben. Fernsehmoderatoren, Politikerinnen, Verlagsvertreter, Kommunikationstrainerinnen: Die Möglichkeiten, sein Redetalent auf dem Arbeitsmarkt einzusetzen, sind fast unbegrenzt.

Genau diese Vielfalt aber ist es, die einige Quasselstrippen quasi zur Verzweiflung bringt. Wer alles machen kann, macht manchmal gar nichts. So wie Buridans Esel, der verhungert, weil er sich zwischen zwei gleich großen Heubündeln nicht entscheiden kann. Damit es Ihnen bei der Berufsfindung nicht ähnlich ergeht, zeigen wir jetzt, wie Sie aus all den Möglichkeiten das Richtige für sich auswählen.

Die folgenden zehn Schritte sind die Grundlage der Individuellen Berufsfindung. Wer es ausführlicher möchte und sich viele Anregungen und Beispiele wünscht, findet sie in der Berufsfindungsfibel *Der Job, der zu mir passt.*[32] Die Grundfragen der Individuellen Berufsfindung lauten:

1. Was kann ich? (Fähigkeiten)
2. Was will ich? (Motivationen)
3. Wo gibt es Tätigkeiten, in denen ich meine Fähigkeiten und Motivationen Gewinn bringend einsetzen kann?

Auch wenn die meisten Quasselstrippen lieber reden als schreiben, sollten Sie die folgenden Schritte unbedingt schriftlich bearbeiten. Legen Sie einen Berufsfindungsblock oder einen Ordner an. Dort erarbeiten Sie eine Übersicht, die Ihnen hilft, ein Tätigkeitsgebiet zu entwickeln. Begleiten wird Sie dabei das Beispiel eines Vielredners namens Christopher, der sein Talent zum Beruf gemacht hat.[33]

Schritt 1: Was kann ich?

Auch Kommunikationstalente tun sich oft schwer damit, ihre eigenen Stärken und Fähigkeiten anderen zu vermitteln. Und schlimmer noch: Viele fühlen sich selbst unsicher, was das eigene Potenzial angeht. Deshalb stellen wir die Frage nach persönlichen Fähigkeiten hier einmal anhand *konkreter* Situationen Ihrer Biografie.

Und das geht so: Nehmen Sie Ihren Berufsfindungsblock zur Hand, und schreiben Sie einige Situationen der letzten Monate und Jahre auf, in denen Sie stolz auf sich waren. Situationen, in denen Sie sich selbst auf die Schulter geklopft haben und dachten: »Das habe ich wirklich gut gemacht.«

Nun schauen Sie sich diese Situationen einmal genauer an. Analysieren Sie: Welche Fähigkeiten habe ich damals eingesetzt? Ohne welche meiner Stärken hätte das Ganze nicht funktioniert? Listen Sie diese Stärken auf.

Unser Beispiel: Christopher war stolz auf sich, als er einer russisch-jüdischen Familie erfolgreich bei der Auswanderung in die Niederlande geholfen hatte. Außerdem war er stolz, bei einem großen Streit zwischen seinem Bruder und den Eltern vermittelt zu haben. Auf Reisen ist es ihm oft und gut gelungen, Vorurteile gegen Deutsche in Diskussionen abzumildern. Christophers Stärkenliste:

- gute interkulturelle Kommunikation
- soziales Engagement
- planen, im Großen wie im Detail
- vermitteln zwischen verschiedenen Leuten/Generationen/Behörden/Interessengruppen
- die verschiedenen »Sprachen« der unterschiedlichen Gruppen sprechen

- zwischenmenschliches Verständnis
- Geduld und Beharrlichkeit
- argumentieren und mit Argumenten überzeugen
- anderen »die Bundesrepublik erklären«
- Konflikte nicht eskalieren lassen
- diplomatisches Geschick
- eigenen Standpunkt selbstbewusst vertreten

Schritt 2: Was will ich?

Die Antwort auf die Frage »Was will ich?« fällt den meisten noch schwerer als die Angabe der eigenen Fähigkeiten. Daher untersuchen wir hier noch einmal Ihre Biografie. Diesmal geht es um Situationen, in denen Sie hoch motiviert waren. Schreiben Sie auf, wann Sie schon einmal über sich selbst hinausgewachsen sind. Wann haben Sie unglaubliche Energie entwickelt und hatten das Gefühl, die Welt auf den Kopf stellen zu können? Es gibt sie nämlich, allen Unkenrufen zum Trotz: die Tage, an denen Sie wirbeln und an denen es Ihnen ganz leicht fällt, etwas zu tun.

Nun analysieren Sie wieder: Was genau hat Ihre Energiereserven in diesen Momenten mobilisiert? War es entscheidend, dass die Situation etwas mit einem bestimmten Thema (Kunst, Gesundheit, Sport) zu tun hatte? Oder dass Sie anderen in einem schwierigen Augenblick zur Seite stehen konnten? Was genau hat Sie angetrieben? Fertigen Sie eine zweite Liste mit Ihren Motivationen an.

Unser Beispiel: Christopher hatte besonders viel Energie an den Tag gelegt, als er sich für ein Studienjahr in Polen bewarb. Dort war er in einer international zusammengesetzten Studentengruppe zum Thema europäische Integration sehr aktiv, organisierte und moderierte beispielsweise eine Podiumsdiskussion zum Thema Polen und die Europäische Union. Erstaunliche Energie legte er auch an den Tag, um während seines Aufenthalts mit internationalen Nachrichten versorgt zu sein. Christophers Motivationsliste:

- im Ausland leben, andere Länder kennen lernen

- Kommunikation mit Leuten aus unterschiedlichen Kulturkreisen
- internationale Politik
- die Entwicklung der Europäischen Union beobachten und analysieren
- mit anderen zusammen Themen erarbeiten
- wissenschaftlich arbeiten
- in einer Diskussion seinen Standpunkt vertreten
- sich mit den Standpunkten anderer auseinander setzen

Schritt 3: Was ich tun würde, wenn ich nicht scheitern könnte

Nach der Analyse Ihrer Fähigkeiten und Motivationen geben wir Ihnen noch drei Fragen mit auf den Weg. Auch diese dienen als Wegweiser auf der Suche nach einem beruflichen Feld, das Sie wirklich motiviert und zu Höchstleistungen anstachelt.

1. Von dem amerikanischen Berufsberater Richard Bolles stammt die folgende besonders kurze Form der Berufsfindung: Von allen Leuten, die Sie kennen, wessen Job hätten Sie am liebsten?[34] Denken Sie dabei an Menschen, die Sie schon einmal im Fernsehen gesehen oder von denen Sie gehört oder in der Zeitung gelesen haben. Notieren Sie einen oder mehrere Namen, beispielsweise Alfred Biolek, Ingrid Noll, Joschka Fischer. Christophers Wahl: Auslandskorrespondent Gerd Ruge; Barbara Lochbihler, Leiterin von Amnesty International Deutschland.
2. Viele Berufssuchende haben in ihrem Leben schon einmal Vorstellungen von einem erstrebenswerten Beruf gehabt, die sie dann irgendwann aufgrund äußerer Umstände aufgaben. Wenn es einen solchen Berufswunsch bei Ihnen gab (Schauspielerin, Fußballtrainer, Grundschullehrerin) – bitte notieren. (Bei Christopher: Entwicklungshelfer, Prediger)
3. Eine der klassischen Berufsfindungsfragen lautet: Was würden Sie tun, wenn Sie *nicht* scheitern könnten? Stellen Sie sich vor,

eines Tages erscheint die Berufsfee: »Du hast jetzt einen Berufswunsch frei.« Was wünschen Sie sich? (ein Reisemagazin moderieren, Motivationstrainer sein, die erste grüne Bundeskanzlerin werden; Christophers Wahl: als Diplomat ins Ausland gehen, Schriftsteller sein)

Zwischenergebnis: Die Anatomie Ihres Traumberufs

Aus den bisherigen Ergebnissen Ihres Workshops erstellen Sie nun ein Schaubild (siehe Grafik). Zur Erinnerung: Sie suchen nach einem Tätigkeitsgebiet, auf dem Sie Ihre Interessen und Fähigkeiten sinnvoll und Gewinn bringend einsetzen können.

Fertigen Sie zu diesem Zweck Konzentrate aus den Listen mit Ihren wichtigsten Fähigkeiten und Motivationen an, und übertragen Sie diese in Ihr Schaubild. Wählen Sie von allen bisher notierten Situationen diejenigen Punkte Ihrer Biografie aus, die Ihnen am meisten bedeuten. Tragen Sie auch weitere Details Ihres Traumberufs zusammen: Möchten Sie einen Beruf, in dem Sie sich viel bewegen oder in dem Sie nicht so früh aufstehen müssen? Oder lieber einen, den Sie von zu Hause aus erledigen können? Halten Sie (beispielsweise unter dem Punkt Extrawünsche) fest, durch welche Eigenschaften sich Ihr Traumberuf auszeichnen sollte.

Die Grafik dient als Vorschlag für die Zusammenstellung Ihrer Antworten. Wichtig ist, dass Sie Ihre bisher notierten Ergebnisse zusammenstellen und sortieren. Das Schaubild dient als Grundlage für das folgende Brainstorming. Lesen Sie daher erst weiter, wenn alles seinen Platz hat.

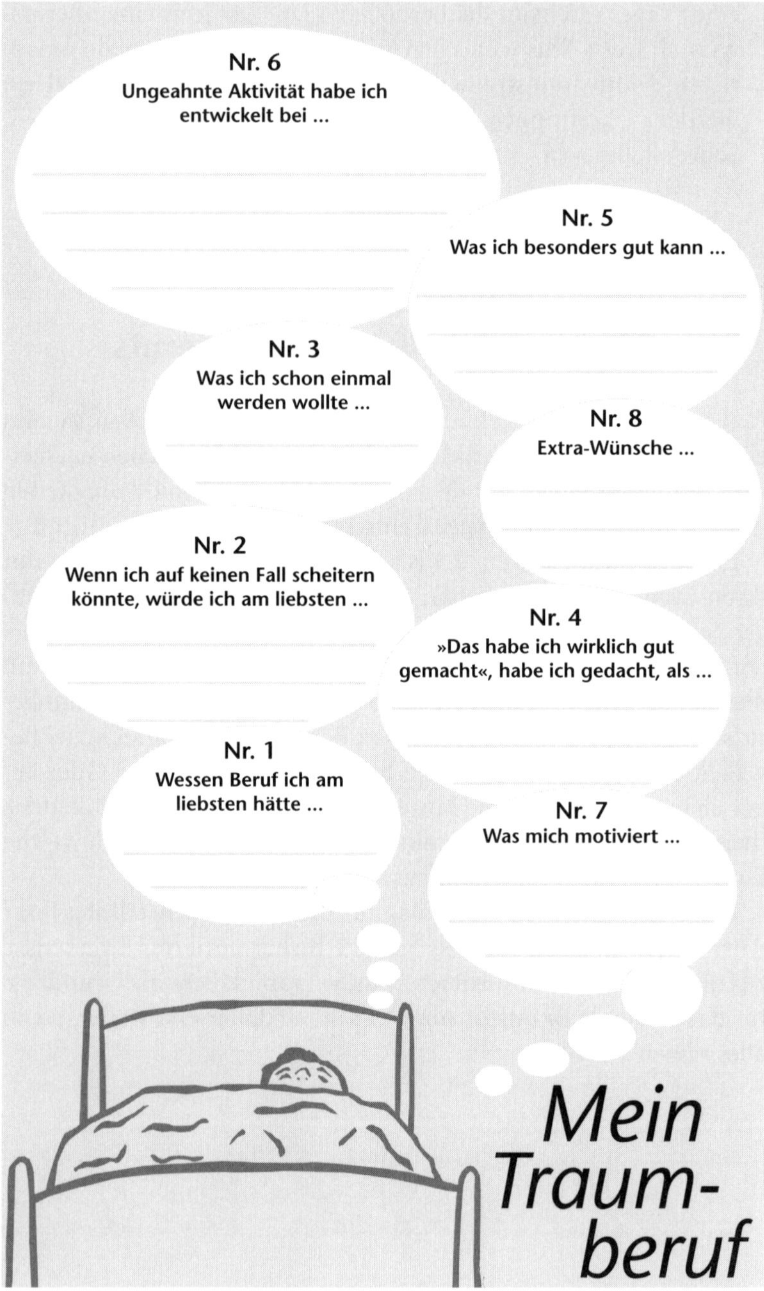
Nr. 6
Ungeahnte Aktivität habe ich entwickelt bei ...
Nr. 5
Was ich besonders gut kann ...
Nr. 3
Was ich schon einmal werden wollte ...
Nr. 8
Extra-Wünsche ...
Nr. 2
Wenn ich auf keinen Fall scheitern könnte, würde ich am liebsten ...
Nr. 4
»Das habe ich wirklich gut gemacht«, habe ich gedacht, als ...
Nr. 1
Wessen Beruf ich am liebsten hätte ...
Nr. 7
Was mich motiviert ...
Mein Traum-beruf

Schritt 4: Welche Tätigkeitsfelder ergeben sich aus diesen Fähigkeiten und Motivationen?

Neue Ideen entstehen vor allem aus der Verknüpfung von bereits Bekanntem. Das ist der Grund, warum Sie Ihre bisherigen Ergebnisse aufgeschrieben haben. Ihnen stehen nun die einzelnen Resultate für ein spielerisches Zusammensetzen zur Verfügung. Wie das geht? Fantasieren Sie einmal:

- Wenn Sie besonders stolz waren, auf Ihrer Abifeier die Gäste zu begrüßen und vorzustellen, denken Sie darüber nach, ob Sie daraus einen Beruf machen möchten. Wenn Sie darüber hinaus Humor, die Fähigkeit, andere zu begeistern, und schauspielerisches Talent zu Ihren Stärken zählen, lohnt es sich, über einen Job als Moderator oder Conférencier nachzudenken.
- Wenn Sie während des Studentenstreiks an der Uni besonders viel Energie hatten, denken Sie über eine Tätigkeit in der Politik nach. Wenn Sie darüber hinaus vor allem Sport motiviert: In der Politik ist der Sport im Innenministerium angesiedelt.
- Wenn Sie am liebsten den Job des Motivationstrainers Anthony Robbins hätten und besonders stolz auf Ihre selbst geschriebenen Kurzgeschichten sind, ziehen Sie in Erwägung, Workshops zum Thema Creative Writing zu geben.

Vielleicht ist Ihnen bei der bisherigen Beschäftigung mit Berufsbildern für Quasselstrippen bereits eine Idee gekommen. Falls nicht, tasten Sie sich vorsichtig an Ihren neuen Traumberuf heran. Veranstalten Sie zunächst ein ungezwungenes Brainstorming: Welche Tätigkeiten oder Bereiche wären laut Ihrer Traumberufgrafik *genau das Richtige* für Sie? Gehen Sie dabei spielerisch und nicht schematisch vor. Nicht immer ergibt eine Kombination von A und B bereits Ihren Traumberuf. Experimentieren Sie stattdessen mit Ihren Ergebnissen, und seien Sie kreativ! Formulieren Sie imaginäre Tätigkeitsfelder und echte Traumberufe, in denen Sie Ihre Fähigkeiten und Motivationen am liebsten einsetzen würden. Übertragen Sie die Lieblingssituation Ihres Lebens in ein berufliches Tätigkeitsfeld!

Und Christopher? Er entschließt sich, in die internationale Politik zu gehen. Was genau er dort tun wird und wie er es schafft, seinen Fuß in die Tür zu bekommen – davon handeln die nächsten Schritte.

Schritt 5: Spezialisierung

Die meisten Berufswünsche sind viel zu allgemein. Unkonkrete Formulierungen wie »Ich will etwas mit Fernsehen machen« oder »Ich stelle mir etwas im Bereich Coaching vor« eignen sich überhaupt nicht für die zielgerichtete Suche nach einem Arbeitsplatz. Daher geht es in diesem Schritt darum, Ihr Ziel weiter einzugrenzen.

Eine berufliche Spezialisierung bringt erhebliche Vorteile mit sich: Durch ein spezielles Thema oder eine spezielle Zielgruppe schafft man sich ein individuelles Profil, mit dem man sich bei einer Bewerbung, einem Casting oder bei einer Auftragsvergabe leicht von anderen abheben kann. Zur Erklärung einige Beispiele für gelungene Spezialisierungen:

- Moderatorin für Kindersendungen
- Verkäufer von italienischen Delikatessen
- Reitlehrer für verhaltensauffällige Kinder
- Werbetexter für Rechtsanwälte
- Freizeitprogrammgestalter für die Teilnehmer großer Kongresse
- Berufsberater für arbeitslose Ingenieure
- Sport- und Ernährungsberater für Herzinfarktgefährdete
- Öffentlichkeitsarbeit bei einer politischen Institution
- Leiter der betrieblichen Weiterbildung eines Automobilkonzerns

Für die folgenden Überlegungen ist es wichtig, dass Sie Ihr berufliches Ziel inklusive Spezialisierung so konkret wie möglich fassen. Das bedeutet, dass Sie in einem klaren Satz formulieren, was Sie werden wollen, und nicht nur allgemeine Stichworte zum Thema Berufsfindung notieren. Clarity is power – in der klaren Formulierung eines Ziels liegt die Kraft, dieses auch zu erreichen. Schauen Sie sich einmal die unterschiedliche Wirkung an zwischen dem Stichwort »historische Stadtführungen« und dem präzise und selbstbewusst formulierten: »Ich will Stadtführungen zum Thema ›Die römische Vergangenheit der Stadt Köln‹ leiten.« Oder: »Ich will Deutsch unterrichten in Organisationen, die Migranten aus osteuropäischen Ländern bei der Integration in die Bundesrepublik helfen.«

Notieren Sie Ihre Ziele dort, wo Sie sie regelmäßig zur Kenntnis nehmen: im Kalender, über Ihrem Schreibtisch oder sichtbar neben dem Bett (um sie vor dem Einschlafen immer wieder durchzusehen).

Schritt 6: Wo gibt es solche Tätigkeiten?

Die verbleibenden Schritte leiten Sie nun an, Ihr frisch formuliertes Ziel in die Tat umzusetzen. Denn: Ob man ein Ziel erreicht oder nicht, hängt in erster Linie von der eingesetzten Strategie ab. Wer nicht wohl überlegt plant und organisiert, kann nichts erreichen.

Es ist nun an der Zeit, die Welt nach Einsatzmöglichkeiten für Sie zu durchforsten. Beginnen Sie wieder mit der Sammlung von Ideen. Fragen Sie: Wo werden solche Tätigkeiten gebraucht? Oder: An welchen Orten *könnten* solche Tätigkeiten gebraucht werden? Märchenerzähler beispielsweise treten nicht nur im Kindergarten und auf Kindergeburtstagen auf. Märchenerzähler können Kinder auch in großen Kauf- und Möbelhäusern oder auf Straßenfesten und Märkten, in Arztpraxen, Krankenhäusern und Vorschulen unterhalten. Auch das Kinderfernsehen, der Zirkus, Restaurants, Oper und Theater kommen als Märchenerzählort infrage. Fertigen Sie eine Liste an, auf der sämtliche Ideen festgehalten werden. Christophers mögliche Einsatzorte im Bereich internationale Politik:

- UNO, NATO, ILO, UNESCO
- Außenministerium, Auswärtiges Amt

- Wirtschaftsministerium
- Verteidigungsministerium
- Umweltministerium
- Ministerium für wirtschaftliche Zusammenarbeit
- Bundestag (Abgeordnete, die sich in entsprechenden Ausschüssen engagieren)
- Europäische Kommission, Europäisches Parlament, Europarat
- Weltbank, Internationaler Währungsfonds
- Botschaften, Konsulate
- Politische Institute an Hochschulen
- Auslandsvertretungen der Politischen Stiftungen
- Goethe-Institut
- Europakollegs (Warschau/Brügge)
- Politikberatung
- Lobbys/Verbände
- NGOs (Greenpeace, Amnesty International)
- Tageszeitungen, Nachrichtenmagazine, Fachpublikationen
- Presseagenturen
- Radio/Fernsehen (Deutsche Welle, Weltspiegel, Auslandsjournal)
- Fachverlage
- Institutionen für Politische Bildung

Nach Zusammenstellen dieser Liste entscheidet sich Christopher dafür, dass ihm der Einstieg über die Mitarbeit bei einem Abgeordneten am aussichtsreichsten und attraktivsten erscheint. Gehen Sie genauso vor: Fertigen Sie eine Liste mit möglichen Einsatzgebieten an, und wählen Sie dann einen Bereich aus. Formulieren Sie Ihr spezifisches Ziel jetzt inklusive Einsatzgebiet. Einige Beispiele:

- Moderatorin für Kindersendungen auf dem Kinderkanal
- Verkäufer von italienischen Delikatessen im Express- oder Fensterverkauf neben einem Restaurant
- Reitlehrer für verhaltensauffällige Kinder in einem alternativen Bauernhofprojekt
- Werbetexter in einer PR-Agentur, die sich auf die Öffentlichkeitsarbeit für Rechtsanwälte spezialisiert hat
- Freizeitprogrammgestalter für die Teilnehmer großer Kongresse bei einer Eventagentur

- Berufsberater für arbeitslose Ingenieure in einem Verband
- Ernährungsberater für Herzinfarktgefährdete in einer Sport- und Freizeitanlage
- Öffentlichkeitsarbeit bei der Bundeswehr
- Leitung der betrieblichen Weiterbildung bei einem Automobilkonzern mit amerikanischen Strukturen und einer internationalen Belegschaft

Schritt 7: Informationsphase

Im vorangegangenen Schritt haben Sie ein konkretes Einsatzgebiet für Ihre Tätigkeit festgelegt. Es ist nun an der Zeit, Informationen über die Unternehmen zu beschaffen, die in genau diesem Bereich tätig sind. Beginnen Sie Ihre Recherche mit einer Liste aller Firmen, Auftraggeber oder Projekte, die möglicherweise für Ihr Vorhaben infrage kommen.

Glücklicherweise gibt es in der Bundesrepublik für fast alles einen Verein, eine Interessengemeinschaft oder Initiative. Man muss dann lediglich in der Presseabteilung anrufen und um Zusendung von Informationen bitten. Wenn Sie Personalmanagerin in einem deutsch-türkischen Unternehmen werden möchten, wenden Sie sich an den Verband türkischer Unternehmer in Deutschland, und fragen Sie nach einer Mitgliederliste. Wollen Sie dagegen Werbekampagnen für Naturkosmetikprodukte entwickeln, bietet sich ein Blick in die *Grünen Seiten* an. Dort finden Sie Adressen von Firmen, die Naturkosmetik vermarkten.

In einigen Fällen ist die Beschaffung erster Adressen zeitaufwändiger: Wer beispielsweise in einer Eventagentur für Sportmarketing arbeiten möchte, ist möglicherweise auf die Berichterstattung in der Tages- und Fachpresse angewiesen. In manchen Fällen liegen die Adressen noch nicht an einer zentralen Stelle gesammelt vor, sondern müssen einzeln recherchiert werden. Übrigens hilft es auch, bewusst Augen und Ohren offen zu halten. Ist man erst einmal für bestimmte Themen sensibilisiert, findet man überall interessante Neuigkeiten. »Berufsfindung macht magnetisch für Informationen«, behaupten die Berufsberater Johanna Frank und Lorenz Wolff.[35]

Ein Anruf pro Firma

Wenn Sie eine Liste mit allen für Sie interessanten Arbeitgebern zusammengestellt haben, beginnen Sie damit, diese systematisch abzutelefonieren. Bitten Sie jede Firma, jedes Projekt um ausführliches Informationsmaterial. Wenn Sie beispielsweise Moderatorin für Kindersendungen im Kinderkanal werden möchten, empfiehlt sich ein Anruf in der Presseabteilung des Kinderkanals. Dort kann man Ihnen Informationen über die verschiedenen Shows und Showmaster zuschicken. Wenn Sie lieber Reitlehrerin für verhaltensausffällige Kinder in einem alternativen Bauernhofprojekt werden möchten, ist es mit einem Anruf möglicherweise nicht getan. Fahren Sie stattdessen hin, und machen Sie sich vor Ort ein Bild von dem Projekt.

Manchen Berufssuchenden fällt es leichter, diese erste Informationsphase unter einem Vorwand durchzuführen. Um sich die Sache zu erleichtern, geben Sie beispielsweise an, dass sie im Rahmen einer Hausarbeit eine Studie erstellen oder dass sie für einen Artikel recherchieren. Ob Sie eine Ausrede bemühen oder nicht, bleibt ganz allein Ihnen überlassen. Sagen Sie das, womit Sie sich wohl fühlen.

Die Informationen, die Sie auf diese Weise sammeln, arbeiten Sie sorgfältig durch. Heften Sie alles in Ihrem Berufsfindungsordner ab. Sie sollten jetzt bereits eine ganze Menge über die Unternehmen und Organisationen in Erfahrung gebracht haben, die sich möglicherweise für Ihre Arbeit interessieren. Allein die Beschäftigung mit diesen Informationen bietet Ihnen wertvolle Hinweise für Ihr weiteres Vorgehen.

Und Christopher? Er recherchiert zunächst im Internet, welche Abgeordneten überhaupt mit internationaler Politik befasst sind. Dann lässt er sich Informationen und Veröffentlichungen aus dem Hauptstadt- und Wahlkreisbüro der ausgewählten Abgeordneten, aus der Parteizentrale und vom Bundespresseamt zuschicken. Er liest die Artikel »seiner« Abgeordneten in der Fachpresse, möglicherweise sogar von ihnen verfasste Bücher. Alle gesammelten Informationen heftet Christopher in seinem Berufsfindungsordner ab.

Eine Auswahl treffen

Wenn Sie alle Informationen zu den für Sie interessanten Organisationen und Projekten auf Ihrer Liste durchgearbeitet haben, wählen Sie die etwa zwei bis vier für Sie interessantesten Unternehmen aus. Diese Organisationen stehen von nun an im Zentrum Ihrer Aufmerksamkeit. Sammeln Sie weiter gezielt alles über diese für Sie besonders attraktiven Unternehmen und Projekte! Je mehr Sie über Ihren zukünftigen Wunsch-Arbeitgeber wissen, desto stärker Ihre Position.

Wenn Sie sich als Fußballreporter bei einem neuen Internet-Sportservice bewerben wollen, sammeln Sie alles, was Sie über das Programm in Erfahrung bringen können, beispielsweise wie der Service vermarktet werden soll, welche Schwierigkeiten bereits aufgetreten sind, welche Personalpolitik dort verfolgt wird und welchen beruflichen Werdegang der Chefredakteur hat. Jede Information bringt Sie Ihrem Ziel ein kleines Stück näher.

Eine der besten Quellen für Informationen sind Leute, die in den betreffenden Projekten arbeiten oder einmal gearbeitet haben und die daher Auskunft über die internen Abläufe und Besonderheiten geben können. Wenn Sie nicht über entsprechende Kontakte verfügen, hören Sie sich in Ihrem Bekanntenkreis um, ob es nicht jemanden gibt, der Ihnen weiterhelfen kann.

Da sich Christopher für Migrationspolitik interessiert, entscheidet er sich für vier Abgeordnete, die in Ausschüssen tätig sind, die sich mit Fragen der Einwanderung und Flüchtlingspolitik befassen. Zusätzlich zu den bereits gesammelten Informationen findet Christopher bei seinen Recherchen heraus, dass einer der Politiker bereits seine Abschlussarbeit an der Universität über Migration geschrieben hat (die er in der Bibliothek einsehen kann). Zusätzlich besucht er Vorträge der ausgewählten Abgeordneten und eine öffentliche Ausschusssitzung. Er findet heraus, wann die betreffenden Abgeordneten eine Rede im Bundestag halten und besorgt sich eine Karte für die Besucherränge oder verfolgt die Rede auf dem Politikkanal Phoenix.

Schritt 8: Persönliche Kontakte aufbauen

In nahezu jeder Phase Ihrer Berufsfindung, vor allem aber dann, wenn Sie das Gefühl haben, nicht weiterzukommen, werden Ihnen gute Kontakte helfen. Dabei geht es keinesfalls darum, dass Ihr Vater Sie in der Firma eines Studienkollegen unterbringt. Es geht vielmehr um die Beschaffung von guten Informationen und manchmal auch darum, Türen für Sie zu öffnen. Hineingehen und »Guten Tag« sagen müssen Sie jedoch selber.

Leute, die in »Ihrem« Bereich arbeiten oder gearbeitet haben, liefern Ihnen besonders interessante Informationen für Ihr berufliches Vorhaben: Welche Entwicklungen zeichnen sich in einer Branche ab? Was sind die mittel- und langfristigen Pläne bestimmter Unternehmen? Welche Probleme bestehen dort oder welche werden sich voraussichtlich entwickeln? Wann werden welche Stellen frei? Und: Welche Leute sind besonders wichtig? Wer in dem von Ihnen angestrebten Bereich arbeitet, kann Ihnen viele Detailinformationen geben, die von außen schwer zu bekommen sind.

Wie man solche Leute findet? Zunächst einmal müssen Sie sich überlegen, zu wem Sie einen Kontakt aufbauen wollen. Wenn es Sie beispielsweise ins Talkshow-Geschäft zieht, ist es nützlich, sich mit Produzenten, Redakteuren und Kameraleuten, die sich auf Shows spezialisiert haben, zu unterhalten. Auch Mitarbeiter von Casting-Agenturen oder Radiomoderatoren können interessante Gesprächspartner sein. Hören Sie sich in Ihrem Bekanntenkreis um, wer jemanden kennt, auf den diese Beschreibung zutrifft. Es wird sich schnell jemand finden, der einen Kontakt vermitteln kann.

Die erste Kontaktaufnahme

Den Kontakt zu einer konkreten Person herzustellen ist oft viel leichter als man denkt. Die Strategieberaterin Kerstin Friedrichs beschreibt das so: »Mit maximal vier Kontakten kann man praktisch jeden Menschen auf der ganzen Welt erreichen.« Spielen Sie es einmal im Kopf durch: Sie wollen einen Kontakt zu Boris Becker herstellen (oder zu Angela Merkel oder zu Til Schweiger). Wen könnten Sie fragen? Wie viele Kontakte würden Sie benötigen?

Christopher beispielsweise knüpft über einen ehemaligen Studienkollegen den Kontakt zu einem Abgeordneten-Mitarbeiter. Er ruft an, etwa so: »Guten Tag, hier spricht Christopher Fuchs. Ich habe Ihre Nummer von meinem Studienkollegen Rainer Müller, von dem ich Sie ganz herzlich grüßen soll. Es geht um Folgendes: Ich habe mich bislang ehrenamtlich bei XYZ mit Fragen der Flüchtlingspolitik befasst und im Rahmen von ... eine Podiumsdiskussion zum Thema Änderung der Asylgesetzgebung veranstaltet. Um meine Erfahrungen auf diesem Gebiet auch in die Politik zu tragen, interessiere ich mich für die Arbeit von wissenschaftlichen Mitarbeitern von Bundestagsabgeordneten. Darf ich Ihnen ein paar Fragen stellen? Es dauert auch nicht länger als zehn Minuten.«

Da sich die meisten Leute freuen, wenn man sich ernsthaft für sie und ihre Arbeit interessiert, können Sie Ihrem Gesprächspartner folgende Fragen stellen:

1. Wie sieht Ihr ganz normaler Arbeitsalltag aus?
2. Wie sind Sie in diese Position gekommen?
3. Was muss man dafür können, fachlich und außerfachlich?
4. Was sind die besonderen Vorteile und Erfolgserlebnisse dieses Berufs?
5. Was sind die spezifischen Nachteile und Belastungen?
6. Haben Sie einen Tipp, mit wem ich mich noch unterhalten sollte?[36]

Die Auskünfte Ihrer »Informanten« liefern Ihnen weitere wertvolle Hinweise darüber, wie Sie Ihren Traumberuf realisieren können. Auch hier gilt: Jede einzelne Information bringt Sie Ihrem Ziel ein kleines Stück näher. Natürlich notieren Sie die wichtigsten Punkte des Telefonats in Ihrem Berufsfindungsblock.

Kontaktpersonen spielen nicht nur bei der Informationsbeschaffung eine große Rolle. Sie helfen auch bei der Anbahnung von ersten Bewerbungsgesprächen. Wer seinen Anruf beim Projektleiter beginnen kann mit: »Ich soll Sie herzlich von Frau Wartenberg vom Deutschen Journalistenverband grüßen«, wird schneller als andere auf offene Ohren treffen.

Überlegen Sie, auf wen Sie sich in einem ersten Gespräch berufen können. Vielleicht auf Ihren Universitätsprofessor, auf den Experten, den Sie auf einer Konferenz kennen gelernt haben oder auf eine andere wichtige Person, zu der Sie während Ihrer Recherche Kontakt aufgenommen haben. Selbstverständlich müssen Sie diese Menschen von Ihrem Vorhaben unterrichten.

Schritt 9: Wie man schon vor der Bewerbung die ersten Arbeitserfahrungen macht

Wenn Sie sich bei Ihrem Traumunternehmen um einen Job oder einen Auftrag bewerben, sollten Sie in jedem Fall vorweisen können, dass Sie auf dem von Ihnen anvisierten Gebiet bereits etwas auf die Beine gestellt haben. Das bringt die Frage mit sich, wie es möglich ist, die allerersten Erfahrungen auf einem Tätigkeitsgebiet zu machen.

Der beste Weg, diese Erfahrungen zu sammeln, ist – wie bereits in der Einleitung erwähnt – ein eigenes kleines (oder großes) Projekt. Damit beweisen Sie von Anfang an unternehmerisches Denken, Eigeninitiative und Begeisterungsfähigkeit. Mit einem eigenen Projekt können Sie in einem Bewerbungsgespräch Ihr Engagement und Ihre Ziele viel überzeugender darstellen. Sie werden erstaunt sein, wie schnell Sie auf einmal Arbeitgeber von sich einnehmen. Es ist ungemein schwierig, sich der Anziehungskraft zu entziehen, die Leute ausstrahlen, die mit Leib und Seele bei der Sache sind.

Wenn Sie also Conférencier werden wollen, beginnen Sie mit

Auftritten auf den Partys Ihrer Freunde und Bekannten. Schnell wird sich jemand melden, der einen Moderator für eine große Feier, für eine Produktpräsentation oder eine Konferenz sucht. Auch zukünftige Eventmanager tun gut daran, erst einmal im Kleinen ihr Veranstaltungstalent zu erproben. Sie können beispielsweise in Zusammenarbeit mit Ihrer ehemaligen Schule einen Mädchentag ins Leben rufen. Auf dem Schulhof zeigen dann Kfz-Mechanikerinnen, wie man Reifen wechselt. In einem Klassenraum finden Computer-Einführungskurse für Mädchen statt, in einem anderen berichten ehemalige Schülerinnen über ihren beruflichen Weg.

Neben den beschriebenen Vorteilen eines eigenen Projekts zum Berufseinstieg kommt Ihnen höchstwahrscheinlich ein weiteres Phänomen zugute: Wer das macht, was er wirklich gerne macht, wird in der Regel auch andere Jobangebote von außen erhalten. Viele Arbeitgeber suchen händeringend Leute, die etwas bewegen und Begeisterung vermitteln können. Diese Arbeitgeber werden aber nur dann auf Sie aufmerksam werden, wenn Sie sich mit Herzblut für Ihre Sache ins Zeug legen und Ihr Engagement auch deutlich zeigen.

Neben dem eigenen Projekt gibt es noch andere Möglichkeiten, die ersten Gehversuche auf einem neuen Gebiet zu machen: Praktika, Ehrenämter, die Teilnahme an Veranstaltungen von Arbeitgebern (Workshops, Aushilfstätigkeiten, Messeauftritte, Tage der offenen Tür). Entscheidend dabei ist immer, dass Sie einen Fuß in die Tür bekommen und erste Kontakte knüpfen.

Christopher plant als erstes Projekt eine Reihe von Podiumsdiskussionen. Für die Unterstützung gewinnt er den Pfarrer seiner Gemeinde und einen Journalisten der örtlichen Tageszeitung. Von nun an lädt er einmal im Monat Universitätsprofessoren, Politiker, Kirchenmänner und -frauen und Vertreter von Wohlfahrtsorganisationen zu Diskussionen ein. Der Pfarrer sorgt für den offiziellen Raum, der Journalist für die Berichterstattung. Christopher plant die Veranstaltungen, spricht mögliche Teilnehmer an und moderiert die Diskussion. Dadurch knüpft er professionelle Kontakte zu allen Leuten, die sich in seiner Region mit Fragen der Flüchtlingspolitik beschäftigen.

Schritt 10: Gezielt an den gewünschten Arbeitgeber herantreten

Das ist der Moment, auf den Sie in Ihrem persönlichen Workshop hingearbeitet haben! Bevor Sie den entscheidenden Schritt tun und Ihren Traumarbeitgeber kontaktieren, hier noch einmal das bisher Erarbeitete zusammengefasst:

1. In der Berufsfindung funktioniert nichts, bevor Sie nicht Ihre persönlichen Fähigkeiten ausgelotet haben und diese auch konkret benennen können. Schließlich werden Sie Ihrem potenziellen Arbeitgeber vermitteln müssen, warum er ausgerechnet Sie einstellen soll. Eine genaue Anleitung dazu finden Sie in Schritt 1 des Workshops.
2. Suchen Sie sich nicht irgendein Berufsfeld, das Ihnen gerade aussichtsreich erscheint. Wenn Sie in einem Bereich nicht wirklich arbeiten wollen, werden Sie dort nicht viel erreichen können. Finden Sie stattdessen heraus, was Ihnen wirklich Spaß macht und was Sie morgens aus dem Bett treibt, auch wenn Sie eigentlich hundemüde sind. Beruflich erfolgreich wird, wer mit echter Begeisterung bei der Sache ist. Dazu gehört auch eine Spezialisierung, die zu Ihnen und Ihren Wünschen passt. Diese einzelnen Elemente Ihres beruflichen Ziels haben Sie in den Schritten 2 bis 5 entwickelt.
3. Stellen Sie eine Liste mit sämtlichen Orten zusammen, an denen eine solche Tätigkeit gebraucht wird oder gebraucht werden könnte. Suchen Sie aus dieser Liste den Bereich aus, der Sie am meisten anspricht. Sammeln Sie nun Adressen von Firmen und Projekten, die dort tätig sind, und lassen Sie sich Informationen darüber schicken. Wählen Sie die attraktivsten Organisationen aus und sammeln Sie über diese Traumarbeitgeber alle verfügbaren Informationen. Näheres dazu haben Sie in den Schritten 6 bis 8 gelesen.
4. Machen Sie Ihre ersten Erfahrungen mit einem eigenen Projekt, oder arbeiten Sie dort, wo es bereits Strukturen von ehrenamtlicher Arbeit gibt. Suchen Sie nach »ganz einfachen« Möglichkeiten, erste Erfahrungen zu sammeln. Auf diese Weise können Sie

sich auch während einer Berufstätigkeit oder während eines Studiums Ihr (neues) berufliches Feld erarbeiten.

Wenn Sie alle Schritte bis hierhin erledigt haben, sind Sie bestens auf das entscheidende Telefonat vorbereitet. Wieso Telefonat?

Die meisten Bewerber scheuen sich vor einer ersten Kontaktaufnahme per Telefon. Dabei vergeben sie leichtfertig die wichtige Chance, durch einen persönlichen Anruf Initiative zu zeigen und einen guten Eindruck zu hinterlassen. Schließlich suchen die meisten Unternehmen heute kommunikationsstarke Mitarbeiter.

Vom unangekündigten Verschicken von Bewerbungsmappen ist dagegen abzuraten. Diese landen häufig wenig beachtet auf irgendwelchen Ablagen. Die meisten Leute werden täglich mit Post zugeschüttet und müssen einen Weg finden, mit der Informationsflut fertig zu werden. Dazu gehört leider in vielen Fällen, dass unaufgefordert eingesandte Bewerbungen keine große Beachtung finden.

Damit Ihr Gesprächspartner Ihnen auch zuhört, obwohl er Sie noch gar nicht kennt, sollten Sie im ersten Satz eine Trumpfkarte ausspielen, und das ist die Erwähnung eines persönlichen Kontakts oder der Bezug auf etwas, das Ihr Gegenüber geäußert oder getan hat. Wenn Sie beispielsweise in der Zeitung lesen, dass Ihre Zielperson in einem Interview eine bestimmte Meinung geäußert hat, dann können Sie sich in Ihrem ersten Satz darauf beziehen: »Guten Tag, Frau Fischer, ich rufe Sie von der Heinrich-Heine-Universität an. In Ihrem Interview mit dem *Kölner Stadtanzeiger* habe ich gelesen, dass Sie die bisherigen Studienreformen für gescheitert halten. Prinzipiell finde ich Ihre Begründung sehr interessant und richtig. Und doch gibt es eine Ausnahme. Bei den Germanisten in Düsseldorf haben wir beispielsweise folgendes Projekt ins Leben gerufen: ...«

Der Mechanismus, den Sie hier nutzen, lautet: Jeder Mensch freut sich, wenn andere sich mit dem beschäftigen, was er oder sie gesagt, getan oder geschrieben hat. Wenn Sie sich bei der Ausländerbeauftragten der Bundesregierung als Referent für Flüchtlingspolitik bewerben wollen, müssen Sie sich vorher mit ihren zahlreichen Publikationen zum Thema beschäftigt haben. Je mehr Sie über die Meinungen Ihrer Zielperson wissen, desto stärker ist Ihre Position in Ihrem ersten Telefonat und während der gesamten Bewerbungsprozedur.

Entscheidend ist, dass Sie es in Ihrem ersten Telefonat schaffen, die Aufmerksamkeit Ihres Gegenübers zu wecken und ihn für sich zu interessieren. Hier ein Beispiel:

»Guten Tag, Frau Schumann, hier ist Michaela Merker. Ich habe gerade Ihre Ausführungen zu neuen Kreativitätstechniken im Bonner *Generalanzeiger* gelesen. Ich habe mich sehr gefreut, dass Sie betonen, dass Kreativität vor allem trainiert werden muss. Auch die Thesen Ihres neuen Buchs dazu finde ich sehr interessant. Ich leite selbst eine Gruppe von jungen Kunststudenten, die sich mit kreativen Prozessen beschäftigt. Da ich die Arbeit Ihres Instituts sehr interessant finde, würde ich mich gerne bei Ihnen um ein Praktikum bewerben. Kann ich Ihnen meine Unterlagen einmal vorbeibringen? Dann könnte ich Ihnen auch kurz einen Artikel von mir zum Thema ›Kreativität als Disziplin‹ zeigen.«

Oder: »Guten Tag, Herr Schmitz, hier ist Christopher Fuchs. Ich habe Ihren Artikel im *Blickpunkt Bundestag* zu den neuesten Entwicklungen in der Asyldebatte gelesen. Ich finde Ihre Herangehensweise XYZ sehr richtig und habe auch in einigen Artikeln für eine kleine Tageszeitung hier vor Ort immer wieder darauf hingewiesen. Seit einem halben Jahr leite ich Podiumsdiskussionen zum Thema Migration, auf der schon X, Y und Z mit uns über aktuelle Entwicklungen gesprochen haben. Ich denke, dass durch den europäischen Einigungsprozess noch wesentlich mehr in Richtung A, B und C überlegt werden muss. Da ich nächste Woche in Berlin bin, würde ich mich gern kurz bei Ihnen vorstellen. Wenn Sie auf eine Tasse Kaffee Zeit haben, bringe ich auch die Dokumentation über die Diskussionen mit.«

Mit einem solchen Einstieg hat sich Christopher übrigens geschickt aus der Position des Bittstellers herausmanövriert. Er ist nun ein »interessanter Gesprächspartner«. Eine strategisch viel günstigere Ausgangsposition für eine Bewerbung!

Natürlich ist die Vorbereitung eines solchen Einstiegs mit sehr viel Arbeit verbunden. Deshalb kommen die meisten Bewerber nicht über ein »Guten Tag, hier ist Peter Schmitz, ich wollte mal fragen, ob ich bei Ihnen ein Praktikum machen kann« hinaus. Doch genau *das* ist Ihre Chance!

Wenn Sie Ihr Telefonat detailliert vorbereiten, wird es Ihnen auch gelingen, ein persönliches Treffen anzubahnen, bei dem Sie sich und Ihre Arbeitskraft präsentieren. Dieses Ziel halten Sie sich kurz vor dem Gespräch noch einmal klar vor Augen.

Ihr Telefonat im Überblick:

- Beginnen Sie mit dem Bezug auf einen persönlichen Kontakt und/oder dem Bezug auf etwas, das Ihr Gegenüber gesagt oder getan hat. Damit erreichen Sie die Aufmerksamkeit Ihres Gesprächspartners, Ihrer Gesprächspartnerin.
- Zeigen Sie, dass Sie sich gut informiert haben, und dokumentieren Sie dadurch, dass Ihr Interesse ernst ist.
- Berichten Sie von Ihrem Engagement, und transportieren Sie echte Begeisterung.
- Bitten Sie nicht unterwürfig um ein Gespräch, sondern vermitteln Sie, dass Sie Ihrem potenziellen Arbeitgeber etwas Interessantes anzubieten haben.

Wenn Sie die einzelnen Schritte des Workshops sorgfältig durchgearbeitet haben, wird es Ihnen keine Probleme bereiten, in all diesen Punkten zu glänzen.

Nicht für jedes berufliche Projekt lassen sich die Schritte des Workshops mit derselben Stringenz durchführen. Nehmen Sie die beschriebenen Lösungen daher als Wegweiser für Ihren ganz individuellen Kurs. Kleben Sie nicht an einzelnen Details, sondern benutzen Sie die aufgezeigte Systematik und Herangehensweise als Werkzeug.

Teil IV

Service

Sprechtraining

Sie kennen das Problem: Nach einem Tag voller Besprechungen und Telefonate krächzt die Stimme. Kein Räuspern, kein Gurgeln hilft – was sonst klingt wie ein plätschernder Wasserfall, ähnelt jetzt den Geräuschen einer in die Jahre gekommenen Kaffeemühle.

Wenn die Stimmbänder angegriffen sind, kann jeder gesprochene Satz zur Qual werden. Ein Problem vor allem für Leute, die mit Vielreden ihr Geld verdienen. Das Sprechen kostet mehr Kraft als sonst, und die fehlt an anderer Stelle. Was Schauspielern recht ist, sollte daher auch professionellen Quasselstrippen billig sein: Sprecherziehung. Wer den ganzen Tag redet, tut gut daran, seine Stimme so einzusetzen, dass sie länger als ein paar Jahre mitmacht. Dabei ist es nicht nötig, teure Schulen zu besuchen. Auch Volkshochschulen bieten Kurse zum Stimmtraining an. Einige Tipps und Hinweise:

Atmung: Wer im Brustton der Überzeugung sprechen möchte, darf nicht in die Brust atmen. Bewusstes, tiefes Atmen durch die Nase in den Bauch schont den Kehlkopf und schützt davor, sich zu verhaspeln oder mitten im Gespräch zu hyperventilieren. Wer durch die Nase atmet, wärmt die Luft an, bevor sie auf die Stimmbänder trifft. Außerdem gibt es Ihnen die Möglichkeit, mitten im Reden nachzudenken.

Artikulation: Mit einer deutlichen Aussprache, bei der die Lippen ruhig ein bisschen übertrieben bewegt werden, spricht man automatisch langsamer und fordert so mehr Aufmerksamkeit von seinen Zuhörern. Artikulationsübung: Klemmen Sie einen Korken zwischen die Zähne, und reden Sie. Das trainiert eine klare und verständliche Aussprache.

Stimmlage: Wer im Eifer des Gefechts dazu neigt, höher zu sprechen (vor allem Frauen), sollte üben, ein längeres Gespräch mit natürlicher ruhiger Stimme zu führen.

Rezitieren: Eine effektive Übung für Anfänger: Nehmen Sie sich einen Text Ihrer Wahl vor. Atmen Sie am Anfang des Satzes tief durch die Nase ein, und lesen Sie so lange, bis keine Luft mehr in Ihrer Lunge ist. Erst dann wieder durch die Nase einatmen.

Selbstgespräche: Laut mit sich selbst reden, vorzugsweise bei einsamen Waldspaziergängen, sonst wirkt es vielleicht ein bisschen komisch. Hier wird nicht nur die Stimme, sondern auch die Fantasie geschult. Sprechen Sie sich vor, was sie Ihren Kunden, Zuschauern oder Schülern mitteilen möchten. Sie kommen dadurch auf zusätzliche Ideen.

Stimmung: Eine Stimme sagt viel über eine Person. Freude oder Frust, Kraft oder Passivität – all das schlägt sich auch in der Stimme nieder. Je aktiver Sie sind, desto kraftvoller klingt Ihre Stimme.

Stress: Stimmreizungen sind auch stressbedingt. Sorgen Sie also für Ruhepausen, nicht nur für Ihre Stimme. Gönnen Sie Ihrem Redefluss auch mal einen entspannten Ton. Die Worte nicht pressen.

Bewegung: Kurzatmigkeit beim Reden macht keinen guten Eindruck. Sport und Konditionstraining unterstützen daher auch die Stimme.

Trinken: Ein trockener Hals ist anfälliger für Reizungen. Trinken Sie daher ausreichend. An redeintensiven Tagen noch mehr als sonst. Bei längeren Redeeinsätzen – auch am Telefon – brauchen Sie ein Glas Wasser.

Warmreden: Chöre singen sich mindestens eine Stunde vor dem Auftritt warm. Vor einem Vortrag sollten auch Sie ein paar Stimmübungen einlegen.

Stimmbänder schonen: Nicht räuspern, nicht flüstern, denn beides strengt die Stimmbänder besonders an. Den Frosch im Hals lieber mit Schnauben (wie ein Pferd) beseitigen.

Dialekt: Leute, die nicht Hochdeutsch sprechen, haben es in vielen Quasseljobs schwer. Hier hilft nur eins: viel Training, am besten täglich.

Übungen für Stimme und Aussprache können Sie nicht einsetzen, wenn bereits erste Beschwerden eingetreten sind. Dann hilft nur noch eins: die Stimme schonen. Vermeiden Sie jedes unnötige Geplapper, auch wenn es Ihnen als professionelle Quasselstrippe schwer fällt. Ersetzen Sie – wo es geht – Worte durch Gesten. Reduzieren Sie Ihr tägliches Telefonpensum auf Null. Trinken Sie keinen Whisky, rauchen Sie keine Zigaretten. Und reden Sie erst dann wieder los, wenn die Beschwerden vollständig geheilt sind.

Kleines Wörterbuch

Agent: neutraler Begriff, der andeutet, dass es sich um eine Person handelt, die in einem bestimmten Bereich tätig ist: Call-Center-Agent, Change-Agent.

Akquise/Akquisition: Werbung von Kunden

Anchorman/Anchorwoman: wichtiger Moderator, wichtige Moderatorin im Fernsehen; stellt das Gesicht des Senders dar

Art-Consultant: Kunstberater

Assessment-Center: Testverfahren, um Bewerber zu prüfen

Audit: Prüfung

Big Brother: Begriff aus dem Orwell-Klassiker *1984* und Fernsehspektakel, bei dem die Teilnehmer in einem Wohncontainer unter ständiger Kamerabeobachtung leben. Wer nach einem bestimmten Selektionsmodus am Ende übrig bleibt, kassiert eine hohe Summe.

Bodypainter: Künstler, die großflächig auf Haut malen

Brainstorming: Technik zur Erzeugung von Ideen. Zu einem Thema trägt jeder vor, was ihm spontan einfällt. Einzige Bedingung: Niemand darf negativ kommentieren.

Briefing: Versorgen mit wichtigen Informationen und Eckdaten

Broker: Makler, zum Beispiel: Informationsbroker, Energiebroker

Business-to-Business (B2B): Geschäft zwischen zwei Unternehmen, ohne Endverbraucher

CAD, CAM, CAE: Computer Aided Design, Manufacturing und Engineering; hoch komplexe Softwareanwendungen im Konstruktionsbereich

Casting: Kandidaten für eine Show, Moderatoren für eine neue Sendung, Schauspieler für eine Inszenierung stellen sich vor.
Catering: Service für Speisen und Getränke
Chatroom: virtueller Raum, in dem Leute per Internet miteinander diskutieren
Cicerone: Fremdenführer
Coach: persönlicher Berater und Trainer, meistens im psychologischen Sinne
Coachee: jemand, der gecoacht (also beraten oder trainiert) wird
Conférencier: Moderator
Consultant: Berater
Controlling: Überwachung von Entwicklungen, Vergleichen von Ergebnissen mit Plänen und Zielsetzungen
Creative Writing: kreatives Schreiben (oft in Zusammenhang mit Seminaren für Hobby-Belletristik-Autoren)
Crew: Mannschaft
Cutter: Schnitttechniker (Film, TV, Video)

Direct Mail: Werbepost vom Unternehmen an den Kunden (ohne Handel)
Do it yourself: Mach es selbst!
Dos and Don'ts: was man machen sollte und was nicht

E-Commerce: Verkauf über das Internet
Event: Veranstaltung

Face-to-face-Beziehung: persönlicher Kontakt, von Angesicht zu Angesicht
Facility-Management: Gebäude-Management
Feedback: Rückmeldung, Kommentar, Beurteilung
Fotoshooting: Fototermin
Freelancer: Freiberufler

Ghost-Walks: Stadtführungen zum Thema Geister
Green Card: Arbeitserlaubnis (für ausländische Arbeitskräfte)
Guest Relation: Serviceangebot von Hotels. Dort können die Gäste sich Informationen über Ausflugs-, Sport-, Freizeitmöglichkeiten etc. geben lassen.

Headhunter: Leute, die Führungskräfte im Auftrag andere Unternehmen abwerben
High Society: Wichtige Leute, Stars, Prominente, feine Gesellschaft
Hotline: Telefonservice eines Unternehmens
Human Resources: menschliches Kapital (gemeint sind die Mitarbeiter einer Firma)
Hybridberufe: Mischberufe, zum Beispiel Wirtschaftsjurist, Wirtschaftsingenieur

Incentive: Ansporn (meistens von einem Unternehmen für seine Mitarbeiter)
Intranet: Firmeninternes Netzwerk
Internet-Learning-Tool: Anwendung, mit der man interaktiv über das Internet etwas lernen kann

Job Sharing: zwei (oder mehr) Leute teilen sich einen Job

Last (but) not least: zuletzt, aber deshalb nicht weniger wichtig
Lean Management: abgespecktes Management; Managementphilosophie, in der es darum geht, mit wenig Personal flexibel arbeiten zu können
Learning by doing: Lernen dadurch, dass man etwas macht, statt durch lange Ausbildungen oder Studien
Location: Ort, Veranstaltungsort
Location-Scout: jemand, der Drehorte für Film- und Fernsehproduktionen sucht

Mailing: Aktion, in der Werbebriefe oder Ähnliches in großer Zahl per Post versendet werden
Management-Audit: Externe Berater überprüfen, ob das Management selbst gesetzte Ansprüche und Ziele erfüllt.
Manager: jemand, der zur Führungsebene eines Konzerns gehört, heute auch gebraucht als neutrale Bezeichung (ähnlich wie Agent) für eine Person, die in einem bestimmten Bereich arbeitet: Quartiermanager, Büromanager, Gebäudemanager
Meeting: Zusammentreffen, Sitzung ohne oder mit wenig Hierarchie

Multimedia: Zusammensetzen von Präsentationen aus verschiedenen Elementen: Grafik, Text, Musik, Videofilme, Animationen etc.

Neurolinguistische Programmierung: Methode, um psychologisch zu beeinflussen
New Business: Anbahnung von neuen Geschäftskontakten
Non Government Organisations (NGOs): nicht-staatliche Organisationen mit politischem Einfluss, wie Amnesty International oder Greenpeace

online: online zu sein bedeutet per Computer, Software und Telefonleitung mit dem weltweiten Internet verbunden zu sein. Wenn Sie die Verbindung unterbrechen, gehen Sie offline.
Open Space: Konferenzen, in denen die Teilnehmer selbst Themen einbringen und selbstorganisiert arbeiten
Outsourcing: Auslagerung von Aufgaben an externe Anbieter

Performance: Vorstellung, Aufführung
Prime Time: Haupt-(Sende-)Zeit mit hohen Einschaltquoten
Profit-Center: organisatorische Einheit im Unternehmen, die selbstständig Gewinn erzielen muss
Promotion: Verkaufsförderung zum Beispiel durch Zigarettentests in der Kneipe, Käsehäppchen im Supermarkt, Gewinnspiele auf Messen oder in der Fußgängerzone
Pub: Kneipe
Public Relations (PR): Öffentlichkeitsarbeit

Reader: Leseband
Red-Carpet-Shots: Fotos von Stars auf dem roten Teppich am Eingang einer Veranstaltung
Relocation: Betreuung von Leuten, die aus beruflichen Gründen in eine andere Stadt ziehen und dort beispielsweise Unterkunft, eine Schule für ihre Kinder, Reinigungskräfte usw. benötigen
Research: Forschung
Resume: Lebenslauf
Roadshow: mobile Show

Sabbatical: Arbeitszeitmodelle mit Sabbatjahren bieten beispielsweise die Möglichkeit, sechs Jahre lang regelmäßig Überstunden zu machen und dann ein ganzes Jahr frei zu haben.
Sampling: Verschenken von Produktproben und Werbegeschenken
Selfmade-Mann/-Frau: jemand, der es durch Eigeninitiative zu etwas gebracht hat
Scout: eigentlich Pfadfinder, heute eine ähnlich neutrale Bezeichnung für eine Person wie Agent. Location-Scouts suchen Locations, Immobilien-Scouts suchen Wohnungen und Häuser.
SMS (Short Message Service): Möglichkeit, per Handy kurze schriftliche Nachrichten an andere Handys zu übermitteln
Soft Skills: »weiche« Fähigkeiten wie Kommunikation, soziale Kompetenz, Team- und Konfliktfähigkeit
Spindoctor: Wahlkampfmanager
Supervisor: jemand, der eine Diskussion oder einen Prozess (meist psychologisch) begleitet

Talk-Radio: Radioprogramm mit sehr geringem Musikanteil. Nach einem vorgegebenen Thema können Zuhörer anrufen und sich mit dem Moderator unterhalten
Telearbeit: Arbeit von zu Hause aus; häufig unterstützt durch die Möglichkeiten moderner Telekommunikation
Transferee: jemand, der beruflich in eine Stadt zieht und von einem Relocation-Service betreut wird
Trekking: Wandern

Understatement: Tiefstapeln; stilvolle, aber eigentlich unangebrachte Bescheidenheit
Unique Selling Proposition (USP): das, was ein Produkt von allen anderen unterscheidet

Very Important Person (VIP): sehr wichtige Person

Warm-Upper: Vor einer Show wird das Publikum durch einen Warm-Upper in Stimmung gebracht.

Yellow Press: Klatsch-/Boulevardpresse

Anmerkungen

1 Bob Boylan, *Bring's auf den Punkt! Professionelle Vortragstechnik schnell trainiert*, München 1996, S. 21.
2 *Uni-Magazin*, 2/1998 S. 8.
3 *Der Tagesspiegel*, 30.4./1.5. 2000, S. 3.
4 In: *Skrupellose Skorpione* aus der Reihe *Aszendent Mord*, Frankfurt/Main 2000.
5 *Junge Karriere*, Nr. 3/1998, S. 90.
6 *Junge Karriere*, Nr. 3/1998, S. 94.
7 Vgl. Bundesverband der deutschen Volks- und Raiffeisenbanken (Hg.), *Branchenspezial »Werbeagenturen«*, Nr. 52, S. 2; *Uni-Magazin* 2/2000, S. 57.
8 Jack Foster, *Einfälle für alle Fälle*, Wien/Frankfurt am Main 1998.
9 Auskunft des Gesamtverbands Deutscher Werbeagenturen, Frankfurt/Main.
10 Georg Baums, »Der Kontakter – Kundenberater und Manager«, in Esther Mikus (Hg.), *Berufe in Werbeagenturen*, Düsseldorf 1989, S. 33.
11 Ebenda.
12 *Uni-Magazin*, 2/2000, S. 14-17.
13 *Der Spiegel*, Nr. 1/2000, S. 48-51.
14 Auskunft des Instituts der deutschen Wirtschaft, Köln.
15 Mündliche Auskunft: Die Bahn, Berlin.
16 Uta Glaubitz, *Durchstarten in einen neuen Job*, Niedernhausen 2000, S. 14 f.
17 Uta Glaubitz in: Jürgen Hesse, Hans Christian Schrader, *Berufsorientiert studieren: Ingenieurswissenschaften*, Frankfurt/Main 1998, S. 65-68.
18 Auskunft des Instituts der deutschen Wirtschaft, Köln.
19 *Forum*, Nr. 1/1999, S. 16.
20 *UNI-Magazin*, 6/1999, S. 19.
21 Auskunft der Commerzbank, Berlin.
22 Auskunft der Centralvereinigung deutscher Wirtschaftsverbände für Handelsvermittlung und Vertrieb, Köln.

23 Auskunft des Börsenvereins des Deutschen Buchhandels, Frankfurt.
24 Auskunft des Bundesverbands Deutscher Versicherungsmakler, Hamburg.
25 Auskunft des Bundesverbands der deutschen Volksbanken und Raiffeisenbanken.
26 Auskunft des Instituts der deutschen Wirtschaft, Köln.
27 Auskunft des Instituts der deutschen Wirtschaft, Köln.
28 Auskunft des Instituts der deutschen Wirtschaft, Köln.
29 *Der Tagesspiegel*, 30.4./1.5.2000, S. 37.
30 *Junge Karriere/Handelsblatt*, Nr. 3/1999, S. 18.
31 *Berliner Zeitung*, 17.4.2000, S. 32.
32 Uta Glaubitz, *Der Job, der zu mir passt. Das eigene Berufsziel entdecken und erreichen*, Frankfurt/New York 1999.
33 Angelehnt an Christopher aus Berlin, der an meinem ersten Workshop zur Individuellen Berufsfindung teilnahm (und dem für seinen Mut herzlicher Dank gilt).
34 Richard Nelson Bolles, *Durchstarten zum Traumjob. Das Bewerbungshandbuch für Ein-, Um- und Aufsteiger*, Frankfurt/New York 2000.
35 Lorenz Wolff, Johanna Frank, *Berufszielfindung und Umsetzungsstrategie für Studium/Ausbildung/Weiterbildung*, Speyer 1992, S. 25.
36 Ähnlich Richard Nelson Bolles in: *What color is your parachute?*, Berkeley 1997, S. 141; siehe auch: Bolles, *Durchstarten zum Traumjob*, S. 163.

Berufsregister